ВНИМАНИЕ! НОВИНКИ!

«НАЧАЛО НАЧАЛ» и «КАРДИНАЛЬНЫЙ ПОВОРОТ»
Новые книги авторов
Тихоплав Т. С. и Тихоплав В. Ю.
в серии «На пороге Тонкого Мира»

W0236985

Другие книги авторов:

с п р а ш и в а й т е в м а г а з и н а х

Тихоплав В. Ю., Тихоплав Т. С.

на пороге тонкого мира

Гармония Хаоса,

или Фрактальная реальность

ИД «ВЕСЬ»
Санкт-Петербург
2003

В СЕРИИ «НА ПОРОГЕ ТОНКОГО МИРА» ВЫШЛИ:

Тихоплав В., Тихоплав Т.
Физика веры

▪

Тихоплав В., Тихоплав Т.
Жизнь напрокат

▪

Тихоплав В., Тихоплав Т.
Великий переход

▪

Тихоплав В., Тихоплав Т.
Кардинальный поворот

▪

Тихоплав В., Тихоплав Т.
Начало начал

▪

Тихоплав В., Тихоплав Т.
Наше духовное исцеление

▪

Коротков К.
Загадки живого свечения

▪

Коротков К.
Свет после жизни

▪

Баркер Э.
Письма живого усопшего

ББК 86.30
Т 46

Тихоплав В. Ю., Тихоплав Т. С.

Т 46 Гармония Хаоса, или Фрактальная реальность. — СПб.: ИД «ВЕСЬ», 2003. — 352 с., ил. — (*На пороге Тонкого Мира*).

ISBN 5-94435-246-9

Доктор технических наук В. Ю. Тихоплав и кандидат технических наук Т. С. Тихоплав хорошо известны читателям как авторы популярных книг «Физика веры», «Жизнь напрокат», «Великий переход», «Кардинальный поворот» и «Начало начал».

В своей новой книге авторы детально исследуют и предельно ясно интерпретируют такие важнейшие категории как хаос, фрактальность, аттрактор и объясняют их важную роль в основе строения всего во Вселенной, в том числе человека. На базе выполненных исследований в книге подробно рассмотрены медицинские аспекты практического приложения фрактальной доктрины.

Для широкого круга читателей.

Все права защищены. Никакая часть данной книги не может быть воспроизведена в какой бы то ни было форме без письменного разрешения владельцев авторских прав.

© Тихоплав В. Ю.,
Тихоплав Т. С., 2003.
© Лисовский П. П., 2003.
© ИД «ВЕСЬ», 2003.

ISBN 5-94435-246-9

ОГЛАВЛЕНИЕ

Предисловие 7

Глава 1. НАУЧНЫЕ АСПЕКТЫ ТАЙН МИРОЗДАНИЯ

Нелинейная Вселенная, или от Аристотеля к теории Хаоса 18

Кое-что об аттракторах 34

Фракталы 48

Множество Мандельброта 61

Человек — нелинейный фрактал Вселенной 73

Глава 2. МЕДИЦИНСКИЕ АСПЕКТЫ

Путешествие по палатам 90

О «золотом потоке» 101

Информационные основы здоровья 114

Немного об особенностях воды 123

Биоэнергоинформатика в медицине 149

О гомеопатии 184

Об одном из действенных средств поддержания здоровья 213

О свободных радикалах 213

О биологически активных добавках 220

Глава 3. НЕСТАНДАРТНОЕ ЦЕЛИТЕЛЬСТВО

О Центре биоинформационных технологий «Ноосфера» 236

Немного о клетке 265

О стволовых клетках 286

Информационные клеточные взаимодействия . . . 301

Список литературы 332

ПРЕДИСЛОВИЕ

О, были б помыслы чисты!

Б. Окуджава

После выхода из печати книги «Кардинальный поворот» на нас обрушился буквально шквал звонков и писем от читателей с просьбой о помощи. Просто сердце разрывается от той огромной боли, которую они содержат. Люди изливают свои беды, свое горе, присылают фотографии больных или умерших близких им людей. Их понять можно. Им некуда обратиться со своими бедами, болезнями, проблемами, и они готовы использовать любую возможность, чтобы как-то исправить положение. К сожалению, мы сами не обладаем феноменальными способностями целительства и тем более воскрешения. И когда к нам обращаются с такими просьбами, как: «Попросите Грабового воскресить мою дочь» или: «Попросите Петрова вылечить мою внучку», мы помочь не можем. Такие вопросы каждому нужно решать лично.

Например, в биоинформационном Центре «Ноосфера» вначале диагностируют больного, изучают имеющиеся у него медицинские заключения, затем составляют договор на лечение, производится оплата (условия дифференцированы), и после этого целители приступают к работе. Некоторые заболевания проходят сразу после воздействия целителя, а иногда лечение требует длительного времени. Процесс лечения может идти и дистанционно. При этом целители «Ноосферы», связываясь с пациентом по телефону или электронной почте, указывают, какие обследования ему необходимо сделать или какие анализы сдать.

А процесс воскрешения — вообще дело очень интимное и тонкое. В нем должны участвовать родственники, и чем больше, тем лучше. Ибо воскрешение производится работой их сознания. Но, конечно, процесс воскрешения должен идти под контролем академика Грабового.

Другое дело, когда к нам обращаются с просьбой дать телефон или адрес, куда можно было бы обратиться за помощью. Если мы его знаем, то даем. Но отвечать на все многочисленные звонки и письма мы просто не в состоянии, потому что наша жизнь превращается в круглосуточную работу секретарей, и становится некогда работать над следующей книгой. Да и почтовые отправления достаточно дороги.

Однако, учитывая огромный поток писем и звонков от читателей, касающихся проблем здоровья, мы решили дать в этой книге, которую вы, уважаемые читатели, держите в руках, некоторые аспекты энергоинформационной медицины — самой современной, бурно развивающейся науки, набирающей огромный потенциал и силу; аспекты, которые могут помочь вам самим активно бороться за свое здоровье.

Отметим, прежде всего, что энергоинформационная медицина — это новое направление в медицине, которое не признается многими ортодоксальными медиками. Удивительные успехи энергоинформационной медицины связаны, прежде всего, с тем, что она рассматривает человека как комплекс физического и тонких тел (тело — Душа — Дух), ищет причины возникновения болезни в его энергоинформационной структуре, ибо в физическом теле болезнь проявляется уже как следствие. Ведь даже самыми эффективными лекарствами невозможно излечить болезнь, не устранив причины. Вот и не лечится подавляющее большинство болезней, да еще таких, как рак, СПИД, вирус Эбола, диабет, эпилепсия и др. А лечить-то надо, и врачи лечат, как умеют. Поэтому не случайно Всемирная организация здравоохранения считает, что «здоровье и лечение человека официальной медициной и фармакологией в конце XX века стоит очень дорого и малоэффективно».

Энергоинформационная медицина утверждает, что врачи могут помочь больному противостоять болезни, но настоящее исцеление происходит лишь на духовном уровне. Это и понятно, если признать, что болезнь зарождается именно в духовном плане. Там ее корни, и, чтобы избавить физическое тело человека от болезни, нужно, прежде всего, выкорчевать их.

Научной основой энергоинформационной медицины в полной мере является теория BIP (биоинформационного программирования), которая опирается на фрактальность мироздания.

Новейшие научные достижения — теория Хаоса и фрактальность мироздания — четко объясняют и доказывают взаимосвязанность человека и Космоса, человека и его информационной составляющей, которая является фракталом информационного поля Вселенной. Со всей очевидностью становится ясно, что человек в самой основе — это духовная сущность. А духовная сущность — это не что иное, как фрактал Бога. И именно эта сущность определяет нашу жизнь на Земле и наше здоровье.

В книге «Начало начал» в разделе под названием «Демографическая трагедия» достаточно скромно описана демографическая ситуация в нашей стране (по официальным источникам). И основными причинами высокой смертности мы указали утрату смысла жизни и духовный дискомфорт. Именно они вызывают массовые инфаркты и инсульты, да и другие болезни, унося ежегодно до одного миллиона человек. Конечно, неправильное питание, курение, отвратительная экология и т. д. тоже делают свое гнусное дело. Но главное все-таки — отсутствие надежной духовной опоры.

Такой духовной опорой для каждого из нас, безусловно, является неистребимая вера в Творца, в божественность мироздания. Эта вера в земных условиях выражается в бескорыстной, всепоглощающей любви, в которой, собственно, и заложен смысл человеческой жизни. Здесь имеются в виду любовь к себе самому, братская любовь к друзьям или ближним, отношения между влюбленными и любовь к Богу. Наивысшая форма духовной любви — это, конечно, не требующая ответного чувства бескорыстная любовь к другим людям.

Создав человека по образу и подобию своему, Господь наградил нас способностями любить и творить. Эти способности даны всем, как талант, но развиваются и раскрываются они у каждого по-разному. Или не раскрываются вовсе.

Проявление любви — это наиболее важный урок, ради которого люди рождаются на Земле в физическом облике. Без любви жизнь была бы бессмысленной. Правильно поется в песне: «Не страшно, если вдруг тебя разлюбят. Куда страшней, когда разлюбишь ты». Конечно, любить и быть любимым — это счастье. Но любить и не быть любимым — это лучше, чем быть любимым, но не уметь любить. Земная жизнь такого человека (целая реинкарнация) прошла зря.

Человек, который любит, делает все возможное, чтобы объекту его любви было хорошо, даже если ему самому при этом будет плохо. Любящий человек живет ради любимого и счастлив уже тем, что объект его любви существует на белом свете. Апофеозом такой любви можно считать любовь, описанную в повести А. И. Куприна «Гранатовый браслет». Некоторые говорят: «Любовью можно задушить». Это неправда, любовью задушить нельзя, если, конечно, это любовь, а не уязвленное самолюбие, не беспредельный эгоизм, не чувство рабовладельца.

Любовь — это гармония со своим внутренним миром, это гармония с любимым человеком, это гармония в семье, это гармония с мирозданием и, наконец, любовь — это гармония с Богом. И, как установила энергоинформационная медицина, отсутствие гармонии и есть болезнь.

Хорошее подтверждение всему вышесказанному — исследования группы ученых под руководством Вадима Маслова, которая, анализируя демографический кризис, решила проверить: есть ли после рождения период, когда организму человека задается конечная точка в его жизни? И если есть, то как организм переходит с одной траектории жизни на другую?

Стоит отметить, что в решении этого вопроса группа Маслова не была первой. Еще английский астроном Э. Галлей (1629—1695) разработал математическую модель изменений продолжительности жизни народонаселения. С помощью известного математика Лейбница он получил от Лондонского Королевского общества (прообраз Академии наук) церковные списки «почивших» в городе Бреслау (ныне Вроцлав) за 1687—1692 годы. Сгруппировав данные по возрасту, Галлей вывел закономерность смены поколений на данной территории в конкретный исторический период. Но этот метод можно было применять лишь при условии постоянства численности и возрастной структуры населения. Метод Галлея попытался усовершенствовать другой ученый — Р. Бек.

В 1812 году французский математик и естествоиспытатель Пьер Лаплас предложил вероятностный подход для изучения динамики поколений. Его теорию развил бельгиец А. Кетле, а в 1825 году на основе работ Кетле написал свое знаменитое уравнение английский ученый Б. Гомперц. Именно его уравнение используют сегодня демографы, вводя для предупреждения «сбоев» поправочные коэффициенты.

В конце прошлого века французский ученый А. Сови, возглавлявший демографическую службу ООН, решил сравнить параметры дожития из таблицы, составленной в XVIII веке Дювийяром, с французской таблицей середины XX века и составил так называемую «биологическую таблицу дожития».

Наши российские ученые, разработав специальную координатную сетку и теорию «кривых кратчайшего времени», получили графический результат, показанный на рис. 1, по которому сделали следующие выводы. Прежде всего, выяснилось, что жизнь человека условно разбивается на три участка, каждый со своей кривой времени жизни: от рождения до 3—5 лет; от 5 до 50—55 лет; от 55—60 лет и старше. То есть человек дважды самопроизвольно переходит с одной траектории кратчайшего времени жизни на другую. При определенных условиях возможен такой переход и по «собственному желанию».

На рис. 1 по вертикальной оси графика откладывается процент людей, доживших до определенного возраста

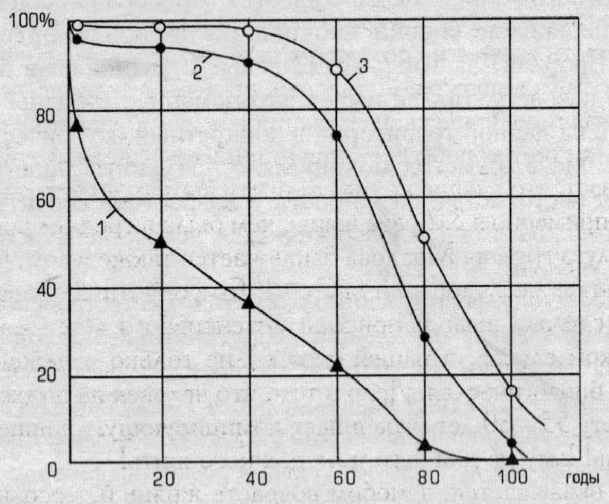

Рис. 1. Зависимость количества (в процентах) доживающих людей от возраста доживания (годы)

(процент дожития), отмеченного по горизонтальной оси. Кривая *1* , построенная по данным Дювийяра, относится к XVIII веку. Из 100 процентов родившихся детей до 3—5 лет доживало 75—77 процентов, до 20 лет — 50 процентов, а затем кривая падала довольно монотонно. Кривая *2* характерна для середины XX века, а кривая *3* построена по результатам «биологической таблицы дожития» Сови (перспективы). Из сравнения кривых *1* и *2* видно, что ситуация изменилась, причем до 50—55 лет — в лучшую сторону, а для старшей возрастной группы — в худшую. Интересен участок для средней возрастной группы прошлого столетия. Если продлить эту часть кривой дальше, то окажется, что продолжительность жизни могла бы составить около 500 лет! Эта абстрактная величина характеризует запас биоресурса, даваемого Создателем в юности и зрелости. А о том, как мы распорядились этим «запасом здоровья», в определенной степени можно судить по наклону кривых на следующем участке. Этот наклон характеризует скорость вымирания старшего поколения. Безусловно, на эту скорость влияет не только наше безалаберное отношение к своему здоровью в молодости, но и нравственная, экологическая и политическая ситуация в мире. Сравнение наклонов участков кривых *1* и *2* для старших возрастных групп показывает, что в наше время скорость вымирания старшей группы примерно в 3,2 раза выше, чем была в средние века.

Заслуга группы Маслова заключается также в том, что в результате исследований она со 100-процентной уверенностью сделала вывод: причина интенсивного вымирания (во всяком случае, в нашей стране) не только и даже не столько биологическая. Дело в том, что человек на подходе к возрасту 55—60 лет утрачивает доминирующую жизненную цель! Ему не для чего и не для кого жить!

Но, оказывается, в любом возрасте жизнь без осознания высшего предназначения, без любви теряет смысл, становится тягостной, и человек переходит на укороченную траекторию жизни. Вот и проявляются в физическом теле человека болезни. Человек обязательно должен быть кому-то нужен! Он обязательно должен кого-нибудь любить, пусть даже маленькую собачку, маленького попугайчика. На то он и человек! Самое страшное для него — это чувство одиночества, ненужности, бесцельности жизни. Именно это является причиной всех наших болезней, и для исцеления от них нам следует, в первую очередь, научиться любить!

Вот сейчас, дорогие читатели, не лукавя перед собой, вспомните, когда вы в последний раз произносили теплые, нежные или просто добрые слова, слова, которые поддержали кого-то, помогли кому-то, может быть, даже спасли кого-то? Оцените хотя бы примерно процент таких слов (а значит, и мыслей) в общей массе исходящей от вас информации. Не кажется ли вам, что если бы ваших добрых слов было хотя бы на один процент больше, в человеческом обществе было бы меньше самоубийств, было бы меньше людей, находящихся в депрессии, меньше болезней? Может быть, не было бы и рака, и СПИДа, не появился бы SARS?

К сожалению, мы поступаем иначе. Хороших, нежных, добрых слов мы зачастую стыдимся. А сказать близкому человеку: «Я тебя люблю» — вообще считаем унижением для себя. Неужели так трудно понять, что эти слова необходимы всем и каждому, что они несут в себе огромный энергетический потенциал, что вы своими теплыми словами придаете силу и энергию близкому человеку, помогаете ему жить. Да и ваши ощущения изменятся после добрых слов и поступков. Задумайтесь над удивительной фразой: «Вдвоем горя в два раза меньше, а радости — в два раза больше!» Потому что радуются двое, и «радости» оказывается две, а горе делят на двоих, и каждому достается половина. Мы должны научиться служить ближним не только для того, чтобы иметь крышу над головой и материальные блага, но и чтобы выразить им нашу благодарность, нашу любовь просто за то, что они есть. Не будьте скупыми на добрые слова и чувства.

Окружающий нас Мир всегда адекватно отвечает на наше отношение к нему.

В качестве примера мы приводим случай, который произошел с нашей дочерью, когда она с десятилетним сыном гуляла в парке.

Был теплый летний вечер. Я сидела на скамейке, а Кирилл неподалеку увлеченно ковырял палкой землю. Высокое голубое небо, зеленое кружево деревьев, освещенных солнцем, тишина вокруг создавали в душе ощущение умиротворенности и покоя.

Думалось о Боге, о Вечности, о духовном!

Мимо прошли два бомжа. Мое внимание привлек один из них: высокий крупный мужчина средних лет с седыми давно немытыми волосами, заросший густой щетиной. Он нес мешок грязно-серого цвета.

Короткие, едва доходившие до щиколоток брюки, отсутствие носков и длинные руки, торчащие из коротких рукавов пиджака, создавали ощущение его беззащитности. Мне стало нестерпимо жалко этого большого человека, выброшенного жизнью на обочину.

Я смотрела ему вслед, и волна жалости и сострадания захлестывала меня. Она нарастала и вдруг какой-то свербящей болью стала отзываться в моем сердце.

И в этот момент он остановился, повернулся и пошел ко мне. Мгновенно исчезли жалость и сострадание, и появилось чувство страха, смешанного с брезгливостью. Подумалось. «Сейчас подойдет и ударит грязной лапой».

Он подошел, развязал свой мешок, порылся в нем, вытащил водяной пистолет зеленого цвета, протянул его мне и хрипло сказал: «На! Отдай своему пацану!» Я обомлела, а он повернулся и ушел.

Каков посыл, таков ответ! Самый сильный посыл всегда идет из нашего сердца.

Объединенные информационным полем Вселенной, люди на уровне души, на уровне сердца имеют один язык! Это логическое сознание (интеллект) разъединило нас, обособило каждого из нас, ибо «оно признает только себя одного, а все остальное мыслит как внешнее и чужое для себя. Это начало борющееся, враждующее, самоутверждающее, готовое уничтожить все, что стоит между ним и предметом его желаний» (А. Н. Клизовский).

Поэтому человек, признающий только свой интеллект и поклоняющийся только ему, игнорирующий порывы своего сердца, в своем «гордом одиночестве» не может быть счастлив.

Счастье человека должно следовать счастью Земли, счастью человечества. И пока этого не будет, пока мы не научимся любить и беречь свою Землю, пока мы не научимся любить и беречь друг друга, мы будем «хлебать полным ртом» одну проблему за другой, одну болезнь за другой. И каждый раз эти проблемы будут все сложнее, а болезни — все безнадежнее. И мы будем вымирать по миллиону человек в год!

Дорогие читатели! Если наши утверждения противоречат вашим жизненным установкам, вере или вашей личной философии, пожалуйста, возьмите из них то, что подходит вам, и отбросьте остальное.

Глава 1

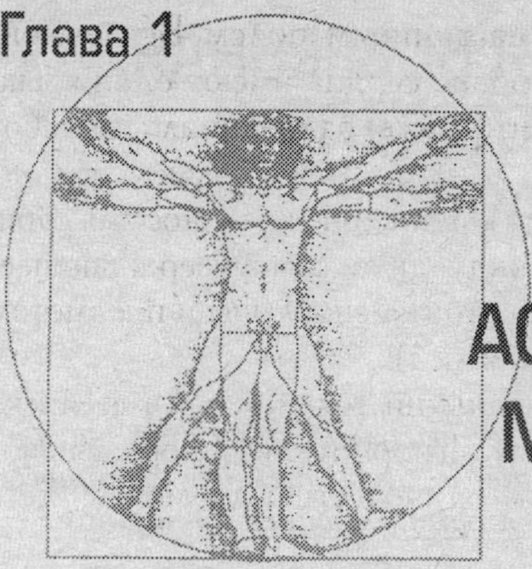

НАУЧНЫЕ АСПЕКТЫ ТАЙН МИРОЗДАНИЯ

НЕЛИНЕЙНАЯ ВСЕЛЕННАЯ, ИЛИ ОТ АРИСТОТЕЛЯ К ТЕОРИИ ХАОСА

Хаос — более высокая форма порядка, где случайность и бессистемные импульсы становятся организующим принципом.

Б. Вильямс

Наша логика зародилась приблизительно 2500 лет назад, когда между двумя противоположными лагерями, представленными, с одной стороны, Аристотелем, а с другой — Гераклитом, велись философские войны. Величайший представитель левополушарной цивилизации Аристотель верил в *редукционистский* подход: если разбить что-либо на мельчайшие составные части, можно понять, как это работает. Его кредо: «Для решения проблем следует выбирать расчленения и деления». Аристотель поддерживал идею о том, что все имеет свои собственные границы, все может быть локализовано и категоризовано.

Являясь основоположником формальной логики и создателем силлогистики (от *греч.* syllogistikos — выводящий умозаключение — учение о логической дедукции [25, с. 1218]), он, по существу, соблазнил мир, сказав, что, если вы чего-то не знаете, спросите у тех, кто знает.

Совет звучит разумно, и большая часть населения Земли следует ему вот уже два с половиной тысячелетия. Но это вовсе не означает, что он справедлив. Вспомните, наша цивилизация благополучно просуществовала несколько столетий в убеждении, что Земля плоская. И ничего — жизнь продолжалась, карты Земли успешно составлялись. Утверждение Галилея и других ученых о том, что Земля круглая, дорого им обошлось, и потребовалось еще около 200 лет, чтобы наука в конце концов признала этот факт. Или существовавшая два с половиной тысячелетия уверенность в том, что мельчайшей частицей всего сущего является атом. А в XX веке наука открыла субатомные (элементарные) частицы, что полностью изменило базовые представления о Вселенной. Интересно отметить, что все субатомные частицы вначале были вычислены, и только потом их существование было доказано экспериментально. И возникает вопрос: верим ли мы тому, что мы видим? Или, скорее, мы видим то, чему верим?

Философия Аристотеля повлияла на всю нашу жизнь. Например, корни образовательной системы, когда непререкаемый авторитет учителя довлеет над личностью обучаемого во всех аспектах, или науки (требование повторяемости экспериментов) прорастают из философии Аристотеля. Позднее, следуя этой философии, были разработаны причинно-следственные концепции, законы движения, сохранения энергии и увеличения энтропии. Новейшие результаты научных исследований доказали ошибочность этих положений и концепций.

Иной точки зрения придерживался оппонент философии Аристотеля Гераклит. Он интуитивно чувствовал, что Вселенная находится в постоянном движении, что стабильность и гомеостазис не являются нормой. Вероятно, самое известное его изречение: «Все течет... Нельзя войти в одну и ту же реку дважды». Здесь имеется в виду, что к тому моменту, как вы опустите ногу в воду во второй раз, не только река, но и ваша нога успеют претерпеть некие изменения. Самый известный последователь Гераклита, Клайт, пошел еще дальше, сказав: «Вы не можете войти в одну и ту же реку однажды»: то есть вы и река изменяетесь уже *в процессе* опускания вами ноги в реку.

Спор Аристотеля и Гераклита по своим убеждениям намного драматичнее, чем конфликт относительно устройства Вселенной. Поскольку Аристотель выиграл эту интеллектуальную войну, наша жизнь такова, какова она сегодня. Если бы выиграл Гераклит, то у нас была бы совершенно другая цивилизация. Практически все наши мысли, любой тип анализа, который мы используем, — следствие влияния Аристотеля [1].

Буквально до XX века классическая наука базировалась на предположении Аристотеля о том, что Вселенная аналогична точно идущим часам. «Естественное» положение вещей передавалось гладкими линиями, округлыми кривыми и формами, приятными глазу. Непредвиденные отклонения рассматривались как «случайное поведение» и считались несущественными. Так, Галилей писал: «Книга природы раскрыта перед нами, но она написана не теми буквами, из которых состоит наш алфавит: ее буквы — это треугольники, круги, шары», хотя в природе нельзя встретить ни одного листочка треугольной формы, облака в виде окружности или человека в форме шара. Здесь хотелось бы привести еще высказывание Платона: «Бог творит мир по геометрическим линиям». При этом, однако, он не уточнял, какие именно геометрические линии используются при создании, например, физического мира.

Как известно, в истории человечества катастрофические изменения происходят примерно каждые 500 лет. Приблизительно через пять столетий после эпохи античности произошло зарождение христианства. Пятью столетиями позже Римская империя пала под натиском варварских захватчиков. В эпоху мрачного средневековья католическая церковь скрывала большинство знаний от западной культуры, сохраняя в Ватиканской библиотеке огромное количество рукописей, которые могли стать источником получения знаний. Церковь полагала, что только священников нужно учить читать, ибо только они могли должным образом интерпретировать священные писания. Считалось, что священнослужители получают истину непосредственно от Бога, поэтому нет необходимости осваивать непознанное в поисках более новых и более глубоких истин. Принятая на себя церковью миссия «охраны истины от осквернения» со стороны язычников, еретиков и неверующих породила Крестовые походы, инквизицию и печально известную охоту на ведьм. Этот страшный период нашей истории характеризуется застоем в распространении известных и в развитии новых знаний.

Приблизительно в 1500 году нашей эры важнейшими открытиями, повлиявшими на ход истории, были пороховое ружье и самостоятельно летающие предметы — ядра и пули. Знание начало распространяться во всем мире с невообразимой скоростью. Соответственно, церковная и политическая власть стала резко ослабляться. А со времен великого Ньютона бурными темпами начала развиваться современная наука. «Научный метод», полученный в наследство от Аристотеля и громогласно провозглашенный Ф. Бэконом, стал общепринятым методом научных исследований и открытий. Крупнейшие ученые с мировыми именами самым тщательным образом изучали законы мироздания и, проверив их действие экспериментально, формулировали эти законы. Однако не все можно было проверить опытом, и не все можно было объяснить.

В научной литературе достаточно подробно описан путь, пройденный материалистической наукой (основанной на физическом приборном эксперименте) за последние три столетия. Но наша цивилизация имеет многотысячелетний опыт получения знаний на базе мысленного эксперимента, то есть проведенного в состоянии глубокой медитации. Первыми учеными-экспериментаторами, проводившими опыты с информационными структурами без применения внешних технических приспособлений, были индийские йоги, египетские жрецы, даосские и буддийские монахи, аскеты различных религиозных конфессий. В XX веке подобными технологиями занимались такие известные адепты, как Свами Вивекананда, Парамахамса Йогонанда, Шри Чинмой, Георгий Гурджиев, Рам Дасс, Карлос Кастанеда, Сатья Саи Баба, Григорий Грабовой и др. Информация, полученная таким путем, преобразовывалась сознанием адепта в слуховую, зрительную, кинестетическую составляющую, которая затем трансформировалась в произведения искусства, философскую доктрину, физическую или математическую теорию или разновидность внешней деятельности (организация эзотерических школ и т. д.).

Фактически вся ортодоксальная наука была создана также на базе той информации, которую такие ученый, как Галилей, Ньютон, Максвелл, Менделеев, Эйнштейн, Гейзенберг, Мандельброт, получили из информационного поля Вселенной и преобразовали в компактные физико-математические конструкции. Многое из полученных знаний позднее удалось подтвердить экспериментально, но далеко не все. И наука подошла к XX веку с огромным количеством наработанного, но необъяснимого (в рамках старой парадигмы) материала.

XX век вошел в историю науки благодаря трем фундаментальным открытиям, полностью изменившим наше представление о мире: теории относительности; квантовой механики; теории Хаоса, которая включает информатику, кибернетику, голографию, нелинейную динамику и фрактальную геометрию.

В истории науки ничто не предвещало создания теории относительности. До XX века классическая наука занималась четырьмя основными элементами, которые считались не связанными друг с другом: массой, энергией, пространством и временем. Эйнштейн, который, судя по всему, преодолел «диктат» левого полушария, выдвинул свою теорию относительности, утверждающую, что пространство и время представляют собой единый континуум. Он также объявил, что вещество и энергия взаимообратимы, следовательно, не различаются между собой [3, с. 76].

Это привело к такому научному прорыву, о котором даже не мечтали, например, к овладению атомной энергией и коренному изменению научных представлений о мире. Единственная постоянная величина, которую нам оставил Эйнштейн, —

скорость света. Эту постоянную уничтожило другое революционное открытие современной науки — квантовая механика.

После открытия субатомных частиц наш логический мир распался. Оказалось, что субатомные частицы «ведут себя» не так, как, по мнению ученых, им положено себя вести. Стали рушится базовые принципы. Так, например, Аристотель утверждал, что объект не может быть одновременно «А» и не «А». Квантовая наука вступила в спор с Аристотелем. И многие эксперименты показали, что одни объекты могут быть и не быть чем-либо в один и тот же момент времени. Выяснилось также, что возможны скорости, существенно превышающие скорость света. Было, например, доказано, что электрон, двигаясь с невероятной скоростью, может находиться одновременно в двух местах. Если следовать старой логике Аристотеля, представляется, что здесь не обошлось без мистики.

Реальный мир элементарных частиц и Вселенной, оказывается, не подчиняется классическим законам, так тщательно сформулированным учеными. Столкнувшись с неожиданными парадоксами, наука XX века подвергла сомнениям те самые законы, которые считались точными и постоянными в течение веков.

В 1965 году блестящий ученый Джон Стюарт Белл опубликовал теорему, получившую название «О нелокальности причин» [3, с. 87]. Теорема Белла подвергла сомнению всю теорию причинно-следственной связи. Белл утверждал, что отдельные причины не могут быть изолированы одна от другой. Он поддержал идею о том, что все во Вселенной взаимосвязано. Это очень серьезное заявление. На сегодня уже тысячами экспериментов доказано, что теорема Белла является более точным описанием существующего порядка вещей. Его теорема гласит, что изолированных систем не существует, и что вся система, даже разделенная на части огромными расстояниями, между которыми отсутствуют сигналы, поля, механические силы, энергии и т. д., функционирует как Единая Система.

Следующим ученым, который сказал новое слово в науке, был блестящий американский исследователь Дэвид Бом. Он оказался в числе участников слушаний Маккарти в США в 1950-е годы и решил покинуть страну, где разыгрывался этот фарс. Он переехал в Англию и стал профессором Лондонского университета. Бом пошел дальше Белла. Основной и фундаментальной чертой космологии Бома является утверждение о том, что реальность *едина*, что она представляет собой неделимую целостность, лежащую в основе всей Вселенной, в основе материи и сознания, поставляя исходный материал для всех проявленных сущностей и событий, порождая, поддерживая и контролируя все путем постоянной связи со всем в глубинной структуре целого [4, с. 124]. То есть, по Бому, все во Вселенной не только взаимосвязано, но в действительности является *одной и той же вещью*. Все возникает из одного и того же пульсирующего квантового облака — поля Сознания.

Так что в жизни мы наблюдаем мир, совершенно отличный от мира Аристотеля, в нем нет дискретных категорий, нет фактической длящейся стабильности. В этом мире все непрерывно изменяется, и идеальные формы евклидовой геометрии являются аберрациями, а не нормой. Явления, которые ученые в течение столетий игнорировали как «случайные» отклонения, фактически оказались краеугольным камнем реальности.

Возникает вопрос: будем ли мы и дальше использовать законы, к которым привыкли и которые нас устраивают, или мы позволим новым наблюдениям изменить наше представление о мире? Что нам делать со всей этой новой информацией, которая не соответствует законам физики?

Традиционная наука, создавшая автомобили, самолеты, ракеты, компьютеры и много других полезных и нужных вещей, оказалась совершенно беспомощной в двух жизненно важных областях — живые системы и турбулентность.

Хотя классическая физика может смоделировать процесс создания Вселенной от первой наносекунды «большого взрыва» до настоящего времени, она не в состоянии создать модель потока крови, протекающей по левому желудочку человеческого сердца за одну секунду. Классическая физика может смоделировать структуру вещества от кварков в составе атомов до галактических скоплений. Но она не в состоянии создать модель формы облака, структуры растения, потока или махинаций рынка. Наука обладает большой способностью создания моделей, использующих линейную математику и евклидову геометрию. Но ее успехи не впечатляют, когда дело приходится иметь с нелинейными турбулентными и живыми системами.

Главным направлением физической науки XX века считалась физика элементарных частиц, которая исследовала основные слагающие материи при все более высоких энергиях, малых масштабах и коротких отрезках времени и породила современные теории о природе физических взаимодействий и происхождении Вселенной. Однако она так и не смогла ответить на некоторые фундаментальные вопросы, поставленные природой: как зародилась жизнь, что такое турбулентность, как во Вселенной, подчиняющейся закону повышения энтропии и неумолимо движущейся ко все большему беспорядку, может возникнуть порядок?

Давно уже зрело ощущение, пусть и не выражавшееся открыто, что теоретическая физика далеко уклонилась от интуитивных представлений человека об окружающем мире.

Декан физического факультета Кембриджского университета, лауреат Нобелевской премии космолог Стивен Хокинг в 1980 году в обзорной лекции, посвященной развитию теоретической физики и названной «Не наступает ли конец физической теории?», выразил мнение многих ученых, заявив, что понимание законов природы в терминах хорошо освоенной физики элементарных частиц оставило без ответа вопрос о том, как применить эти законы к любым системам, кроме простейших. «Предопределенность бывает двух видов: одна ситуация — когда частицы, окончив свой бег между пластинами ускорителя, сталкиваются в пузырьковой камере, и совсем другая — в случае лоханки, наполненной мутной водой, или погоды, или человеческого мозга» [5, с. 15].

Физика Хокинга опиралась на теорию относительности и квантовую механику, но могла исчерпать себя, если бы не «третья революция» — наука о хаосе, позволившая окончательно освободить ее (физику) из тенет ньютоновского видения мира. По словам одного физика, «теория относительности разделалась с иллюзиями Ньютона об абсолютном пространстве-времени, квантовая механика развеяла мечту о детерминизме физических событий и, наконец, хаос развенчал Лапласову фантазию о полной предопределенности развития систем» [5, с. 14].

Стоит отметить, что наука о хаосе родилась не в один день. Она подспудно развивалась из непопулярных областей физической науки, а ее приверженцы были большими энтузиастами, поскольку им «не светили» не только Нобелевские премии и известность, но и нормальные условия работы.

Так, однажды в 1974 году директор Национальной физической лаборатории в Лос-Аламосе Гарольд Эгнью, ученик Оппенгеймера, встретив в коридоре Митчелла Файгенбаума, талантливого физика, признанного эксперта, но увлекшегося «изучением облаков», бросил ему: «Наслышан о ваших талантах. Почему бы вам не заняться чем-нибудь стоящим? Скажем, термоядерной реакцией или управляемым лазером?» Не сумел этот крупный специалист в области атомного оружия на интуитивном уровне понять и оценить зарождающийся источник нового направления в науке, которое буквально перевернет все представления об окружающем нас мире.

А пока Файгенбаум продолжал размышлять об облаках, наблюдая их с борта самолета, а когда его лишили этой привилегии — с утесов, обступивших лабораторию в Лос-Аламосе. Он пришел к выводу, что облака кочуют в беспорядке, но структура их в каком-то смысле упорядочена. Они принимают формы горных цепей или изрытых глубокими морщинами образований, похожих на поверхность мозга. Перед бурей, когда небеса мерцают и дрожат от зарождающегося в их недрах электричества, облака видны издали. Они пропускают и отражают свет. Небесный купол являет взору человеческому грандиозное зрелище, безмолвный укор физикам, которые обходят своим вниманием облака — феномен, хоть и структурированный, доступный наблюдению, но слишком расплывчатый и совершенно непредсказуемый. Вот так и размышлял Файгенбаум — тихо, незаметно и не очень продуктивно. Действительно! Физику ли думать про облака?

Забегая вперед, скажем, что уже в 1979 году на заседании Академии наук Нью-Йорка, посвященном хаосу, Митчелл Файгенбаум стал главной фигурой. Именно ему, Файгенбауму, удалось открыть всеобщность нелинейных систем, которая означала, что различные системы ведут себя одинаково, и создать универсальную теорию перехода от упорядоченного состояния к турбулентному.

А пока, изучая природные закономерности, физики почему-то пренебрегали хаотическими проявлениями: формированием облаков, турбулентностью в морских течениях, колебаниями численности популяций растений и животных, апериодичностью пиков энцефалограммы мозга или сокращений сердечных мышц. Порождаемые хаосом природные феномены, лишенные регулярности и устойчивости, ученые всегда оставляли за рамками своих изысканий.

Знаменитый американский ученый Джеймс Глейк в своей замечательной книге о Хаосе пишет о том, что наука в течение веков обманывала саму себя, игнорируя малейшие отклонения в ходе сбора данных и проведения экспериментов. Фраза «ошибка в измерениях» использовалась всякий раз, когда данные не укладывались в рамки причинно-следственной парадигмы. Ученые стали ограничивать свои исследования замкнутыми системами, даже если они были возможны лишь в искусственных условиях, вместо того чтобы решать проблемы открытых систем, жизни, турбулентности.

Именно этим объясняется провал классического технического анализа, который попадает в ловушки, созданные классической физикой в течение столетий.

Однако начиная с середины 1970-х годов, когда ученые осознали, что довольно простые математические уравнения позволяют моделировать системы столь же неупорядоченные, как самый бурный водопад, исследователи в США, Европе и в том числе в России начали настойчиво и кропотливо изучать хаотические явления. Математики, физики, биологи, химики стали искать связи между различными типами беспорядочного в природе. Физиологи обнаруживают присутствие некоего порядка в хаотических сокращениях сердечных мышц, которые являются основной причиной внезапной и необъяснимой смерти. Экологи исследуют скачки численности популяций шелкопряда. Экономисты раскапывают старые биржевые сводки, пробуя на них новые методы анализа рынка ценных бумаг. В результате выясняется, что полученные закономерности имеют прямое отношение к множеству других природных явлений: очертаниям облаков, формам разрядов молний, конфигурации сеточек кровеносных сосудов, скоплениям звезд в Галактике.

Десять лет спустя понятие «Хаос» дало название стремительно развивающейся дисциплине, которая перевернула всю современную науку. В огромной степени этому способствовало создание достаточно мощных компьютеров и другого оборудования, необходимого для математического и функционального анализа нашего мировоззрения. Первый подход, успешно моделирующий сложные формы (живые и неживые) и турбулентные потоки, в соответствии со строгими канонами математической методологии был разработан благодаря теории Хаоса. Стоит сразу же отметить, что слово «хаос» — крайне неудачное название для этого открытия. Если бы потребовалось придумать самое неподходящее название этой теории, чтобы предельно запутать людей, то лучше, чем «Хаос», мы бы ничего не нашли, поскольку в традиционном понимании «хаос» — это беспорядок и безумие. На самом деле, наука о Хаосе — это система представлений о различных формах порядка. «*Хаос представляет собой более высокую форму порядка, где случайность и бессистемные импульсы становятся организующим принципом скорее, нежели более традиционные причинно-следственные отношения в теориях Ньютона и Евклида*» [2]. Чтобы не думать о традиционном значении слова «хаос», американский ученый Б. Вильямс в своей книге «Новые измерения в биржевой торговле» даже предложил заменить его на более точное определение: *новая информация*. Однако такое определение в науку пока не вошло.

Хаос не нов, он существовал повсюду еще до появления времени и человечества. Мы — продукт хаоса, а не изобретатели его. Хаос создал нас, и хаос будет влиять и определять наше существование в будущем. Мы сами, наше тело, индивидуальность и все прочее развивались в результате хитрых взаимодействий между стабильностью и хаосом, порядком и беспорядком. Хаос — место встречи инь/ян, черное/белое, здесь/там, теперь/потом. Даже сам процесс мышления — результат взаимодействия стабильности и хаоса, линейной активности и нелинейной. Если бы мы решили сотворить мир, используя для этого только левое полушарие, у нас получились бы прямые реки, круглые облака и конические горы. Искусственные продукты, созданные человеком, например языки общения, есть результат процессов в левом полушарии мозга, а следовательно, представляют собой линейные и цифровые системы. Однако природа имеет другой вид, она возникла из нелинейных источников. И неудивительно, что в описании природы язык часто беспомощен.

Как писал Бенуа Мандельброт: «Почему геометрию часто называют холодной и сухой? Одна из причин — в ее неспособности описать форму облака, горы, дерева или берега моря. Облака — это не сферы, горы — не конусы, берега — не окружности, и кора дерева не является гладкой, и молния не движется по прямой... Природа демонстрирует нам не просто более высокую степень, а совсем другой уровень сложности... Существование этих объектов бросает нам вызов, склоняя к изучению их форм. Этого избежал Евклид, оставив в стороне вопрос о том, как быть с бесформенным, как исследовать морфологию живого. Математики пренебрегли этим вызовом, более того — хотели убежать от природы, изобретая теории, не связанные ни с чем, что бы мы могли увидеть или почувствовать» [2].

Как утверждают современные теории, хаос присутствует везде. Завихряется струйка сигаретного дыма, трепещет и полощется флаг на ветру, одна за другой капли воды из подтекающего крана то срываются вниз, то словно выжидают. Хаос обнаруживается и в капризах природы, и в траектории движения летательного аппарата, и в поведении автомобилей в дорожной пробке. Хаос более точно объясняет явления в области астрономии, биологии, химии, созидательных сил природы, магнитного поля земли, экономики, галактических орбит, здоровья, человеческого сердца, дорожного движения, использование языка, поведение рынка. Каковы бы ни были особенности конкретной системы, ее поведение подчиняется одним и тем же недавно открытым закономерностям.

Теория Хаоса является революционной теорией, основанной на «возможности» Канта и никогда не прекращающемся изменении Гераклита. История описания хаоса другими исследователями может дать некоторое дополнительное представление об этом новом мировоззрении.

Джозеф Форд описывает Хаос как «динамику, вырвавшуюся, наконец, из оков порядка и предсказуемости системы... Возбуждающее разнообразие, богатство хаоса, рог изобилия возможностей». Родерик В. Йенсен определяет его как «неупорядоченное, непредсказуемое поведение детерминистических нелинейных систем». Дуглас Хофстадтер пишет: «Получается, что наводящий ужас хаос может скрываться за фасадом порядка, но вместе с тем в глубине хаоса всегда прячется сверхъестественный порядок» [1]. Хаос свидетельствует, что нелинейное мышление приводит к более точному пониманию нестандартных ситуаций. Более того, ученые пришли к выводу, что «интуиция, вооруженная образованием», становится важным фактором при решении задач.

Итак, жизнь показала, что законы природы являются гибкими, а не строгими, как это предполагалось классической физикой. Природа и структура Вселенной находятся в процессе постоянного изменения. Теория Хаоса позволяет сконцентрироваться на процессе, в то время как классическая физика концентрировалась в основном на его содержании. Ценность философии Хаоса состоит в том, что она учитывает и использует данные, которыми классические аналитики пренебрегают как случайными.

Теория Хаоса опровергает прежние традиционные взгляды ученых на Вселенную. Старый «часовой механизм» неадекватен реальности. Прежние аксиомы оказались всего лишь вероятностными. Ранее считалось, что, зная все первоначальные условия, можно делать точные прогнозы. Считалось, что Вселенной управляют неизменные законы. Да, Вселенной действительно управляют законы, но не те, которые ранее были открыты учеными. Они не высечены на камне, они являются всеобщими и развивающимися. И они значительно более свободны, чем мы предполагали... Как считает крупнейший физик Пол Девис: «Нет детального плана, а только набор законов, обладающих встроенной возможностью приводить в действие интересные механизмы. Вселенная вольна создавать себя, по мере своего развития. Предначертана общая схема развития, но не детали. Таким образом, существование разумной жизни на определенном этапе неизбежно: оно прописано, так сказать, в законах природы. Но человек, как таковой, далек от предопределения» [1].

Действительно, зная законы природы, мы абсолютно точно можем предсказать, что за весной обязательно последует лето, что летом будет теплее, чем зимой, но предсказать точно погоду даже на ближайшую неделю (а это уже детали) совершенно невозможно. К такому пониманию привела ученых наука о Хаосе.

Так, в 1961 году Эдвард Лоренц, один из ученых-метеорологов, использующих в своих исследованиях компьютер, пришел к удивительному выводу, что даже минимальное изменение начальных условий в любом непериодическом процессе приводит к непредсказуемым результатам. Он сформулировал «Эффект бабочки», который достаточно долго отвергался метеорологами [5, с. 31]. Ведь это было в то время, когда прогнозирование погоды стало отправной точкой, с которой началось использование компьютеров для моделирования сложных систем. С его помощью ученые пытались предугадать буквально все. Программисты надеялись, что некоторые упрощающие предположения не слишком исказят истину. В результате огромных затрат средств и труда выяснилось, что прогнозы, в частности, погоды, составленные более чем на 2—3 дня, умозрительны, а более чем на неделю — просто бесполезны. Наконец все признали, что долгосрочное прогнозирование погоды обречено.

Знаменитый «Эффект бабочки», сформулированный Лоренцом, звучит так:

Движение крыла бабочки в Перу через серию непредсказуемых и взаимосвязанных событий может усилить движение воздуха и, в итоге, привести к урагану в Техасе.

Да ведь еще на рубеже веков знаменитый математик Анри Пуанкаре, придя к подобному выводу, писал: «Совершенно ничтожная причина, ускользающая от нас по своей малости, вызывает значительное действие, которое мы не можем предусмотреть» [6, с. 14].

«Эффект бабочки» хорошо и очень понятно объяснен в детском стихотворении, которое в переводе С. Я. Маршака звучит так:

Не было гвоздя — подкова пропала,
Не было подковы — лошадь захромала,
Лошадь захромала — командир убит,
Конница разбита — армия бежит.
Враг вступает в город, пленных не щадя,
Потому что в кузнице не было гвоздя!

Казалось бы, «Эффект бабочки» — символ торжества случая над предопределенностью. Но, дорогие читатели, не спешите уповать на случай. Ничего случайного нет! Лоренц в своей модели погоды обнаружил не только встроенную в нее хаотичность. Он обнаружил некий *порядок, выдающий себя за случайность!* Порядок, законы которого мы пока еще не знаем.

Но самое удивительное, что подобный феномен встретился в исследованиях турбулентности, скачков численности популяций различных животных, в анализах биржевых цен и даже в хаотических сокращениях сердечной мышцы.

И как выразился известный историк науки Томас Кун: «Научное сообщество словно оказалось вдруг на другой планете, где изученные уже предметы видятся в новом свете и появляются совсем незнакомые» [5, с. 52]. А английский писатель Стоппард в своей книге «Аркадия» написал менее дипломатично и более откровенно следующее: «Обычная жизнь — не Вселенная и не атом. Ее проблемы совсем иного рода. Мы даже не в состоянии предсказать, когда из крана упадет последняя капля. Каждая предыдущая создает совершенно новые условия для последующей, малейшее отклонение — и весь прогноз насмарку. С тех пор как человек поднялся с четверенек, дверь в будущее приоткрылась раз пять-шесть, не больше. И сейчас настало изумительное время: все, что мы почитали знанием, лопнуло, точно мыльный пузырь».

КОЕ-ЧТО ОБ АТТРАКТОРАХ

Первая хаотическая система, обнаруженная Лоренцом, точно соответствует механическому устройству — водяному колесу, которое может вести себя удивительно сложным образом. Водяное колесо — это обод большого размера, сидящий на валу. На ободе по окружности подвешены восемь черпаков с отверстиями внизу. Сверху на это колесо льется вода с постоянной скоростью. Если скорость ее небольшая, верхний черпак никогда не становится полным, трение не преодолевается, и колесо не поворачивается. С увеличением скорости воды колесо начинает двигаться под тяжестью верхнего черпака и даже вращаться с постоянной скоростью. Однако при чрезмерной скорости воды вращение колеса может стать хаотичным из-за нелинейных воздействий, появившихся в системе. Черпаки, проходя под водяным потоком, наполняются в зависимости от того, насколько быстро вращается колесо. При быстром вращении им не хватает времени, чтобы наполниться. Кроме того, оказалось, что емкости могут начать двигаться в обратную сторону, не заполнившись водой. В результате полные черпаки на движущейся вверх стороне колеса способны замедлить вращение всей системы, а затем вызвать ее поворот в обратную сторону. Оказалось, что в течение длительного времени вращение может менять свое направление несколько раз, никогда не достигая постоянной скорости и никогда не повторяясь каким-либо предсказуемым образом.

Движение данной системы описывалось тремя уравнениями с тремя переменными X, Y, Z. Компьютер ученого распечатал меняющиеся значения этих переменных в виде наборов из трех чисел. Чтобы наглядно изобразить полученные результаты, Лоренц использовал каждый набор из трех чисел в качестве координаты точки в трехмерном пространстве и получил на графике нечто бесконечно запутанное, но никогда не повторяющееся. Траектория не пересекает саму себя, образуя лишь новые и новые петли. Изгибы линии приобрели странные, весьма характерные очертания, что-то похожее на два крыла бабочки или на двойную спираль в трехмерном пространстве (рис. 2).

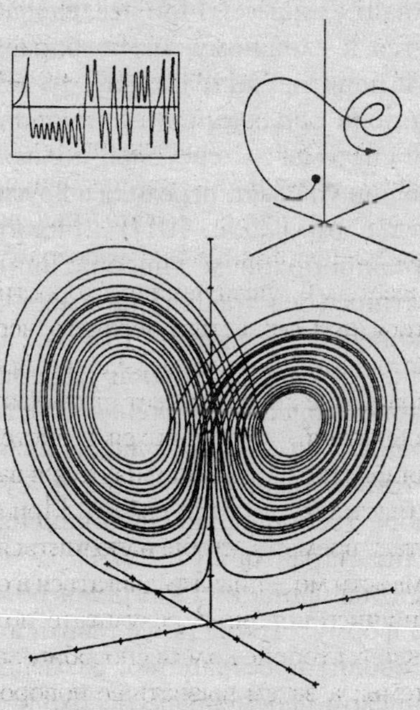

Рис. 2. Аттрактор Лоренца

Это магическое изображение стало эмблемой первых исследователей хаоса и было названо аттрактором. Аттрактор был устойчивым, непериодическим, имел малое число измерений и никогда не пересекал сам себя. Движение в аттракторе абстрактно, но тем не менее оно передает особенности движения реальной системы. Например, переход от одного из «крыльев» аттрактора к другому соответствует началу обратного хода водяного колеса.

Годы спустя нечто подобное получил, работая с маятником, Стивен Смэйл из Калифорнийского университета в Беркли [5, с. 69].

Итак, появился новый термин — аттрактор, сложное, но очень важное понятие, о смысле которого стоит поговорить.

Лауреат Нобелевской премии И. Пригожин в книге «Время, хаос, квант» пишет: «При исследовании того, как простое относится к сложному, мы выбираем в качестве путеводной нити понятие „аттрактора", то есть *конечного состояния или хода эволюции диссипативной системы* (диссипативные системы — системы, полная энергия которых при движении убывает, переходя в другие виды энергии, например в теплоту [25, с. 401]) ...Понятие аттрактора связано с разнообразием диссипативных систем... Идеальный маятник (без трения) не имеет аттрактора и колеблется бесконечно. С другой стороны, движение реального маятника — диссипативной системы, движение которой включает трение, — постепенно останавливается в положении равновесия. Это положение является аттрактором... В отсутствии трения аттрактор не существует, но даже самое слабое трение радикально изменяет движение маятника и вводит аттрактор» [7, с. 74].

Для большей наглядности Пригожин облекает идеи в геометрическую форму. Чтобы представить аттрактор геометрически, он вводит пространство, размерность которого совпадает с числом переменных, необходимых для описания временной эволюции системы. Например, это могут быть координаты маятника. Тогда во введенном пространстве равновесное состояние такой диссипативной системы будет соответствовать так называемому «Точечному Аттрактору» (маятник остановился в положении равновесия).

«Во всех случаях, каково бы ни было первоначальное предназначение системы, ее эволюция — при данных граничных условиях — может быть описана траекторией, ведущей из точки, которая представляет начальное состояние, к аттрактору. Таким образом, *конечная точка — аттрактор — представляет собой финальное состояние любой траектории в пространстве»* [7, с. 75].

Но оказывается, не все диссипативные системы эволюционируют к одной-единственной конечной точке, как в случае с реальным маятником. Существуют системы, например, сильно неравновесная диссипативная система под названием «химические часы», которые эволюционируют не к какому-нибудь состоянию, а к устойчивому периодическому режиму. В этом случае аттрактор более не точка, а линия, описывающая периодические во времени изменения системы. Но и это еще не все. Как указывает И. Пригожин: «В других случаях, пытаясь построить изображение аттрактора, мы получаем не точку или линию, а поверхность или объем. Полной неожиданностью стало открытие аттракторов, не относящихся к столь простым геометрическим объектам, так называемых Странных Аттракторов. В отличие от линии или поверхности, Странные Аттракторы характеризуются не целыми, а дробными размерностями» [7, с. 77].

Итак, в связи с разнообразием диссипативных систем существуют разные аттракторы, которые удалось классифицировать по числу переменных, необходимых для описания временной эволюции этих систем.

Наиболее четко классификацию аттракторов, да еще с философским обоснованием, дал крупный американский исследователь, доктор Билл М. Вильямс, президент и основатель Profitunity Trading Group, который на протяжении четырех десятков лет проводил исследования, связанные с хаосом рынка. В его исследованиях задействованы самые передовые достижения физики, математики и психологии. Он открыл фракталы и волны Эллиота, первым разработал практический и прибыльный подход к использованию новой науки о хаосе в процессе функционирования рынка. Но особенно интересно он изложил свои взгляды на теорию Хаоса и фрактальную геометрию в двух своих книгах [1, 2], широко распространенных в Интернете.

Так, он пишет: «*Наука Хаоса открыла, что* ***всеми внешними явлениями управляют четыре силы, извлекающие порядок из беспорядка****, получившие название аттракторов*»:

- Точечный Аттрактор;
- Циклический (Круговой) Аттрактор;
- Аттрактор Торас;
- Странный Аттрактор.

Именно аттракторы формируют Космос из Хаоса. С точки зрения некоторых современных ученых, аттракторы действуют подобно магниту.

Вот как объясняет аттракторы американский ученый Б. М. Вильямс [1].

Точечный Аттрактор — аттрактор первой размерности — это простейший способ привнести порядок в Хаос. *Он живет в первом измерении* линии, которая составлена из бесконечного числа точек. Под действием этого аттрактора человек испытывает склонность к одной деятельности и отвращение к другой. Середина континуума приязнь/неприязнь известна как седловая точка. В ней находятся в равновесии все виды энергии перед тем, как та или иная сила возобладает и направит энергию в ту или иную сторону. В человеческом поведении Точечный Аттрактор создает психологическую фиксацию на одном желании (или нежелании), и все остальное откладывается до тех пор, пока не будет удовлетворено (уничтожено) это желание. Точечный Аттрактор — это целеустремленный — «черное/белое, «хорошее/плохое, «симпатия/антипатия» — аттрактор, за исключением седловой точки (рис. 3).

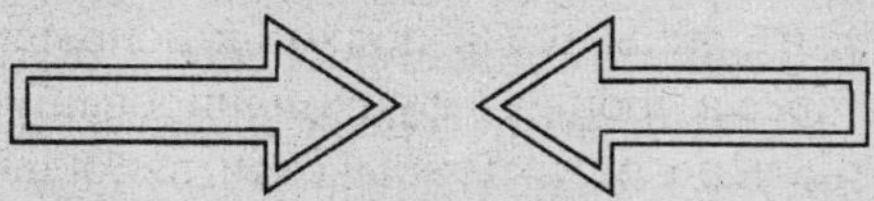

Рис. 3. Точечный Аттрактор

Характеристика Циклического Аттрактора — движение взад-вперед, подобно маятнику или циклическому магниту. Он притягивает, затем отталкивает, затем снова притягивает и т. д. *Он живет во втором измерении* плоскости, которая состоит из бесконечного числа линий. Им характеризуется рынок, заключенный в коридор, где цена движется вверх и вниз в определенном диапазоне в течение некоторого промежутка времени. Этот аттрактор более сложен, чем Точечный Аттрактор, и является основной структурой для более сложного поведения (рис. 4).

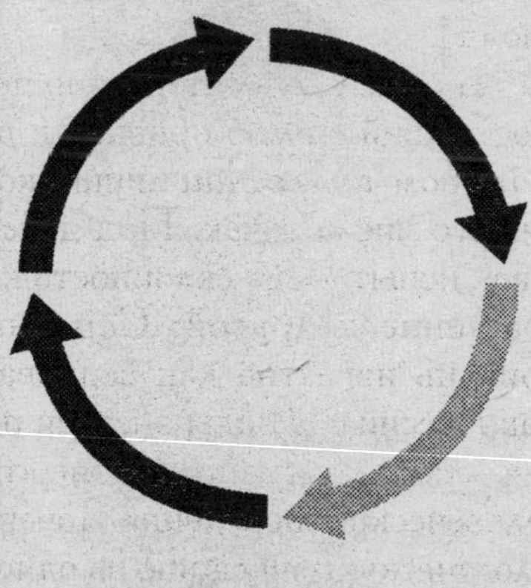

Рис. 4. Циклический Аттрактор

Одна деятельность автоматически ведет к другой в повторяющемся порядке, как за светом дня следует темнота ночи. Или, например, высокие рыночные цены на зерно осенью этого года вызовут увеличение посевных площадей следующей весной, что, в свою очередь, приведет к увеличению урожая зерна и снижению цены в будущем году. Затем фермеры уменьшат посевные площади и т. д.

Аттрактор Торас является еще более сложным аттрактором. Он начинает сложную циркуляцию, которая повторяет себя по мере движения вперед. *Он живет в третьем измерении*, которое состоит из бесконечного числа плоскостей. По сравнению с Циклическим и Точечным Аттракторами, Аттрактор Торас вводит большую степень беспорядоченности, и его модели более сложны. Графически он выглядит, как кольцо или рогалик. Он образует спиралевидные круги на ряде различных плоскостей и иногда возвращается сам к себе, завершая полный оборот.

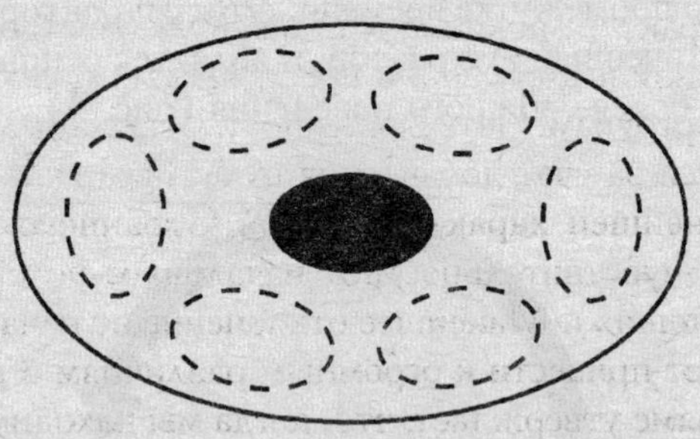

Рис. 5. Аттрактор Торас

Его основная характеристика — это повторяющееся действие. Этот аттрактор создает что-то вроде беспорядоченного гомеостазиса, подобно тому, как популяция насекомых влияет на популяцию лягушек. В частности, присутствие большого числа насекомых приводит к увеличению числа лягушек, а большее число лягушек будет поедать больше насекомых, что сократит популяцию этих насекомых. Из-за снижения количества пищи, популяция лягушек начнет уменьшаться.

Из всего вышесказанного следует, что Точечный Аттрактор можно представить в виде одномерной линии, Циклический Аттрактор — множеством линий (необязательно прямых) в двухмерной плоскости, Аттрактор Торас — множеством линий в трехмерном пространстве.

И, наконец, странный ***Странный Аттрактор***, больше всего влияющий на поведение человека. *Этот аттрактор из четвертого измерения* самоорганизующийся. То, что поверхностный взгляд воспринимает как абсолютный Хаос, в котором не заметно никакого порядка, имеет определенный порядок, базирующийся на Странном Аттракторе, *если наблюдение ведется из четвертого измерения*.

По аналогии с вышеуказанными аттракторами Странный Аттрактор можно представить множеством пульсирующих линий в трехмерном пространстве, подобных вибрирующим струнам. Четырехмерность Странного Аттрактора получается за счет добавления пульсаций (вибраций).

Важнейшей характеристикой Странного Аттрактора является чувствительность к начальным условиям («Эффект бабочки»). Малейшее отклонение от начальных условий может привести к огромным различиям в результате.

Вильямс утверждает, что, когда мы находимся под действием первых трех аттракторов, нами манипулируют, и мы становимся предсказуемыми. Только в диапазоне Странного Аттрактора мы можем быть действительно свободными, мы можем нашим «взмахом крыла» влиять на окружающий нас мир. Странный Аттрактор организует прекрасный мир спонтанности и свободы.

Как считал главный герой книг Карлоса Кастанеды Дон Хуан, мы живем «в трещине между мирами». «Когда мы входим в поток, мы настраиваемся на Странный Аттрактор и прозреваем скрытый порядок. Время останавливается, и мы испытываем пиковый прилив, в течение которого кажется, что все идет хорошо само по себе. Усилия становятся простыми, когда мы *знаем*, не зная, что мы знаем» [1].

И вот здесь уместны некоторые правила, позволяющие вступать во взаимодействие со Странным Аттрактором.

Дорогие читатели! Если вас постигла какая-либо неудача, не ломайте себе ногти, пытаясь взобраться на недоступную вершину; остановитесь и не воспринимайте это как поражение. Вам ни к чему инфаркты и инсульты! Поверьте, во всем плохом обязательно есть что-то хорошее. Найдите его. Помните, провалы, как и успехи, ведут вас к свободе, дают вам новый опыт, новые знания. Если вы позволите Хаосу организовать вашу жизнь, то это даст вам возможность перейти на следующий более высокий уровень. Наслаждайтесь полнотой и красотой жизни. А когда созреют условия, необходимые для вашей успешной деятельности, примите решение еще раз воспользоваться шансом, который в терминах Хаоса означает возвращение к нулю. А такие условия рано или поздно обязательно созреют. И вот тогда, как поется в песне: «Начни сначала, все начни с нуля!» Не случайно русская пословица гласит: «За одного битого двух небитых дают». Что для вас будет означать удача? Это зависит от ваших убеждений, от вашей шкалы ценностей. Вы учитесь методом проб и ошибок, меняя «минус» на «плюс», то есть извлекая из своих ошибок новый позитивный опыт и всегда начиная с нового уровня осведомленности. Вы вступаете во взаимодействие со Странным Аттрактором только через личный опыт, который пополняется осведомленностью.

Следует отметить, что философская трактовка аттракторов встречается в научной литературе нечасто. Гораздо чаще можно встретить трактовку аттрактора просто как траектории, причем без особых разъяснений.

Например, в книге академика РАЕН Г. Н. Дульнева аттрактором называется «траектория (или достаточно узкий коридор траекторий), которая отличается относительной устойчивостью и как бы притягивает к себе все множество траекторий систем с разными начальными состояниями» [8, с. 101].

Но аттрактор — это не обязательно траектория. Как указывает И. Пригожин: «В других случаях, пытаясь построить изображение аттрактора, мы получаем не точку или линию, а поверхность или объем».

Известно, что нелинейные динамические системы обладают несколькими устойчивыми состояниями. То состояние, в котором оказалась динамическая система после некоторого числа итераций, зависит от ее начального состояния. Поэтому каждое устойчивое состояние (вот его-то и называют аттрактором, независимо от того, точка это, линия или какая-нибудь поверхность) обладает некоторой областью начальных состояний, из которых система обязательно попадет в рассматриваемые конечные состояния. Таким образом, фазовое пространство системы разбивается на области притяжения аттракторов.

Любой процесс можно описать условной траекторией или множеством траекторий. Например, фиксируя параметры здоровья человека, его настроение, деятельность и т. д. в течение определенного времени, можно построить условную «траекторию» его жизни за прошедшее время. Конечно, таких «траекторий» будет бесконечное множество, поскольку пришлось бы использовать бесконечно большое количество показателей. Но если все эти условные «траектории» собрать в большой жгут, получится условная «траектория жизни» данного человека.

А теперь воспользуемся высказыванием И. Пригожина: «Во всех этих случаях, каково бы ни было первоначальное приготовление системы, ее эволюция — при данных граничных условиях — может быть описана траекторией, ведущей из точки, которая представляет начальное состояние, к аттрактору. Таким образом, конечная точка — аттрактор — представляет собой финальное состояние любой траектории в пространстве».

Что же является конечной точкой — аттрактором для человека? Если рассматривать человека только как физическое тело, то его аттрактором при любых начальных условиях является... смерть. К счастью, физическое тело — только «костюм» духовной сущности, эволюция которой — это движение к Богу. Так что аттрактор для нашей духовной сущности — более высокое состояние сознания. Именно это состояние и представляет собой Странный Аттрактор.

Давая философское объяснение аттракторам, доктор Вильямс пишет: «*Наука Хаоса открыла, что всеми внешними явлениями управляют четыре силы, извлекающие порядок из беспорядка, получившие название „аттракторов“*».

Однако «сила» доктора Вильямса — настолько неопределенное понятие, что его никак нельзя рассматривать в качестве исчерпывающего объяснения причины, порождающей возникновение аттрактора. Невозможно объяснить появление откуда-то какой-то «силы, управляющей всеми внешними явлениями..., которая действует наподобие магнита», если не признать существование в мироздании Высшего Начала!

Уважаемые читатели! Обращаем ваше внимание на следующее. Такие резкие новаторские повороты в науке, как переход от философии Аристотеля к теории Хаоса, неточности математических моделей Вселенной, огромное влияние малейших отклонений на реальные процессы, а теперь вот появление невесть откуда взявшихся сил, которые якобы, «как магнит, создают порядок из беспорядка», — и все это без опоры на Творца, — свидетельствует, по нашему мнению, о чудовищном непонимании основ мироздания, о беспомощном барахтанье в океане незнания основных законов Природы. Ах, как прав Стоппард, говоря: «И сейчас настало изумительное время: все, что мы почитали знанием, лопнуло, точно мыльный пузырь».

Ведь ни для кого не секрет, что в Хрониках Акаши или в Информационном поле Вселенной (или в Мировом банке данных) имеется вся информация о прошлом, настоящем и будущем. И эти знания в результате озарения поступают к людям, давая импульс к правильной интерпретации основ мироздания. Следовательно, в мироздании все известно! Нужно только найти эту информацию, суметь разобраться в ней и выразить научным языком основополагающие законы Божественной Вселенной.

Итак, роковая ошибка ученых, ищущих эти законы, в том, что они игнорируют Творца! Но если принять положение, что основополагающим началом Вселенной является Творец, немедленно придем к категории Сознания, которое творит все сущее в мироздании! И, как мы считаем, именно исследование Вселенского Сознания поможет найти четкие законы, управляющие Хаосом!

Будучи убежденными, что «Сознание творит Мир», мы считаем, что именно ***Вселенское Сознание «формирует порядок из беспорядка, создает Космос из Хаоса».*** В книге «Начало начал» мы дали следующее определение Вселенского Сознания:

«Сознание Вселенское — это волновая энергоинформационная субстанция вселенского масштаба, олицетворяющая Творца, обладающая неограниченными, бесконечно разнообразными возможностями саморазвития и самоосознанности и такими же безграничными возможностями вечно творить все сущее в Мироздании» [9, с. 135].

Проявление действия Сознания в одномерном измерении является Точечным Аттрактором, в двухмерном измерении — Циклическим Аттрактором, в трехмерном — Аттрактором Торас, а в четырехмерном — тем самым Странным Аттрактором, который так сильно влияет на человека, ибо именно Сознание формирует все протекающие в мироздании процессы. Видимо, не случайно Б. Вильямс отмечает, что «сегодня Бог выглядит как гигантский Странный Аттрактор». А американский исследователь Д. Глейк в своей книге «Хаос» называет Странный Аттрактор «фрагментом мироздания» [5, с. 203].

Таким образом, Странный Аттрактор есть не что иное, как более высокий уровень развития сознания. Странный Аттрактор кажется нам странным потому, что мы находимся на трехмерном уровне развития сознания, и неожиданный выход в более высокое состояние сознание воспринимается нами как нечто сверхъестественное, потрясающе прекрасное. «В этом более высоком состоянии сознания человек оказывается способным совершать действия, которые с точки зрения обыденного бодрствующего сознания представляются невероятными, фантастическими... Человек с более высоким состоянием сознания *оказывается избавленным от ограничивающей его модели трехмерного пространства и времени,* того способа восприятия Мира, который свойствен обыденному бодрствующему сознанию, и человек способен начать воспринимать фундаментальную реальность» [10, с. 14]. Именно это имеет в виду доктор Вильямс, говоря о том, что Странный Аттрактор творит мир, в котором человек свободен.

И задачей сегодняшнего дня является именно повышение уровня развития сознания.

Академик Г. П. Грабовой в своей книге «Воскрешение людей и вечная жизнь — отныне наша реальность!» пишет: «И когда, бывает, мы испытываем особые состояния, состояния подъема, ощущение полноценности жизни, наполненности радостью и счастьем, то это все как раз признаки более высокого состояния сознания по сравнению с нашим обычным. Может, конечно, случиться и так, что и из нашего обычного состояния вдруг произойдет выход в достаточно высокое состояние сознания, и тогда человек испытает нечто вроде озарения, блаженства, безграничной радости бытия» [10, с. 21].

Да! Г. П. Грабовой пишет как раз о том самом потоке, о котором говорит Дон Хуан Кастанеды, и о том прекрасном мире спонтанности и свободы, который, по мнению Вильямса, «создается Странным Аттрактором», а в действительности создается Вселенским Сознанием, но проявляется как Странный Аттрактор.

Кроме того, академик Грабовой утверждает, что существуют пространства любого числа измерений [10, с. 10], а следовательно, и аттракторов не четыре, а бесконечное множество.

Несмотря на некоторые значительные пробелы и неточности, молодая теория Хаоса подводит человечество к познанию Божественной основы мира, поскольку никакими другими условиями науке не объяснить процесс сотворения мира из Хаоса.

Одним из инструментов теории Хаоса, используемых для изучения феноменов, которые являются хаотическими только с точки зрения евклидовой геометрии и линейной математики, является фрактальная геометрия, способная описать естественные объекты. Фрактальный анализ произвел революцию в характере исследований, ведущихся в несметном количестве различных областей науки: метеорологии, медицине, геологии, экономике, метафизике. Фрактальный анализ — новая мощная парадигма.

ФРАКТАЛЫ

Фракталы — геометрические фигуры, полученные в результате дробления на части, подобные целому, или при одном и том же преобразовании, повторяющемся при уменьшающихся масштабах.

Дж. Глейк

До недавнего времени природные объекты и их динамику исчислить и описать математическими формулами было невозможно. Ведь холмы — это не конусы, реки — не прямые (и не математические кривые), равнины — не плоскости, а камни — не шары. Но сегодня у нас есть геометрия, способная описать естественные объекты. Появились формулы, позволяющие моделировать природные процессы: превращения облаков, развитие листа. В основе этих методов лежит теория фракталов.

Понятие фрактал (от *лат.* fraktus — расколотый, раздробленный, состоящий из фрагментов) ввел в 1975 году французский ученый Бенуа Мандельброт (рис. 6) для обозначения нерегулярных, но самоподобных структур, которыми он занимался. В его работах использованы результаты других ученых, работавших в 1875—1925 годах в той же области (Пуанкаре, Жюлиа, Кантор, Хаусдорф). Но только в наше время удалось объединить их работы в единую систему. Рождение фрактальной геометрии связано с выходом в 1977 году книги Мандельброта «Фрактальная геометрия природы».

Рис. 6. Бенуа Мандельброт

По-видимому, Мандельброт понимал, что стоит на пороге открытия новой геометрии, поэтому не дал новому основополагающему понятию строгого определения. «Я не стал приводить математическое определение, — вспоминал через десять лет Мандельброт, — чувствуя, что это понятие, как и хорошее вино, требует выдержки, прежде чем оно будет „разлито по бутылкам". Все фигуры, которые я исследовал и назвал фракталами, в моем представлении обладали свойством быть „нерегулярными", но самоподобными» [11, с. 214]. Позднее Мандельброт дал такое определение фрактала: «Фракталом называется структура, состоящая из частей, которые в каком-то смысле подобны целому».

Но бесконечное дробление и подобие мельчайших частей целому — это есть принцип «устройства» природы. В настоящее время придумано множество искусственных моделей, иллюстрирующих этот принцип.

Мандельброт объясняет сущность этого принципа на примере вычисления длины береговой линии или любой национальной границы. С феноменом береговой линии он столкнулся, изучив малоизвестную работу английского ученого Льюиса Ф. Ричардсона, опубликованную уже после смерти автора. Зачарованный извивами береговых линий, Ричардсон проштудировал энциклопедии Испании, Португалии, Нидерландов и Бельгии и обнаружил 20-процентное отклонение истинной протяженности их общих рубежей от длины, указанной в справочниках.

Мандельброт тщательно проанализировал возможности измерения длины береговой линии и получил результат, который не только ошеломил, но и стал поворотным пунктом в его мышлении.

По Евклиду, длина береговой линии вообще неизмерима. Если бы у побережья, например, Великобритании, была гладкая евклидова форма, то ответ на вопрос относительно ее длины был бы известен. А как быть в том случае, если береговая линия имеет сложные, изломанные очертания?

Длина берега Великобритании, утверждает Мандельброт, зависит от... длины инструмента, которым мы будем пользоваться. Очень неточное значение, значительно меньше реального, покажет километровая линейка — таким гигантом нельзя будет измерить заливы и мысы длиной в сотни, тем более десятки метров. Берег, измеренный метровым инструментом, окажется значительно больше. А если мы, не жалея собственной психики, воспользуемся меркой в один миллиметр, то обмерим каждый камешек в полосе прибоя, увеличив в собственных глазах длину объекта. Однако при этом не каждая песчинка поддалась измерению. Одним словом, чем короче измеряющая линейка, тем большее количество деталей захватывается измерением. Так какова же длина измеряемого берега? Бесконечность, потому что природные объекты дробятся до бесконечности. Лишь при достижении атомного уровня измерения подойдут к концу. Может быть...

Береговая линия — представитель класса объектов, имеющих бесконечную длину в конечном пространстве. Парадокс, поставивший в тупик многих математиков XX века. Такой же парадокс — «снежинка», описанная шведским математиком Хельгом фон Кохом в 1904 году.

Что это за феноменальная «снежинка»?

Представим себе равносторонний треугольник. Мысленно разделим каждую его сторону на три равных части. Уберем среднюю часть на каждой стороне и вместо нее приставим равносторонний треугольник, длина стороны которого составляет одну треть от длины исходной фигуры. Получим звезду Давида. Она образована уже не тремя отрезками определенной длины, а двенадцатью отрезками длиной в три раза меньше исходной. И вершин у нее уже не три, а шесть.

Повторим эту операцию вновь и вновь, число деталей в образуемом контуре будет расти и расти. Изображение приобретает вид снежинки. Связная линия, составленная из прямых (или криволинейных) участков и названная кривой Коха (рис. 7), обладает целым рядом особенностей. Прежде всего, она представляет собой непрерывную петлю, никогда не пересекающую саму себя, так как новые треугольники на каждой стороне достаточно малы и поэтому не сталкиваются друг с другом. Каждое преобразование

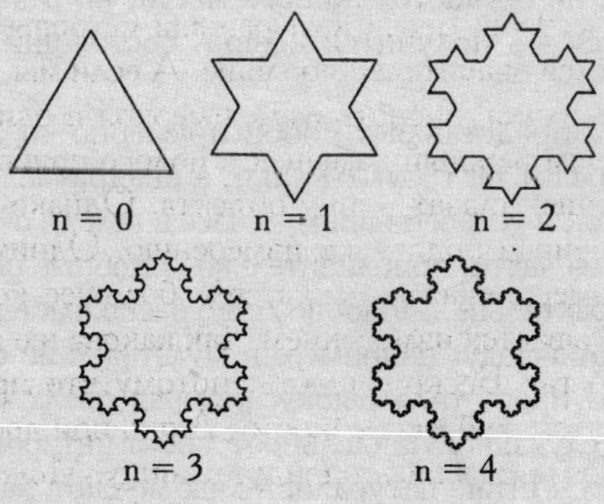

Рис. 7. Звезды Коха — классический пример линейного фрактала и совершенный образец эстетики порядка

добавляет немного пространства внутри кривой, однако ее общая площадь остается ограниченной и фактически лишь незначительно превышает площадь первоначального треугольника. И кроме того, кривая никогда не выйдет за пределы окружности, описанной около него. Кривая Коха бесконечной длины теснится в ограниченном пространстве!

При этом она представляет собой уже нечто большее, чем просто линия, но все же это еще не плоскость. «Она глубже одномерного объекта, но поверхностнее двухмерной формы» [5, с. 132].

Странные черты кривой Коха присущи и другим формам, созданным дотошными математиками. Принцип бесконечного дробления и подобия мельчайших частиц целому отлично иллюстрируют «набивка» и «коврик» Вацлава Серпиниски. Для построения «набивки» нарисуем на листе бумаги равносторонний треугольник. Соединим прямыми линиями середины сторон треугольника, внутри него получатся четыре треугольника. Средний вырежем. То же проделаем в трех угловых треугольниках. Получатся четыре отверстия и девять маленьких треугольников. Каждый подвергнем той же операции. По теории конца этому процессу не будет, в треугольнике не останется живого места, но и на части он не распадается — получится «сыр», состоящий из одних дырок.

«Коврик» представляет собой примерно то же самое, но его составляют не треугольники, а квадраты.

Именно так и устроен наш мир. Все в нем до бесконечности дробится на части, приблизительно подобные целому, ибо реальность фрактальна. Подобие легко распознается, ведь его образы витают всюду: например, в мультфильме о том, как большая рыба проглотила рыбку, которая съела маленькую рыбешку. Не случайно Мандельброт любит цитировать Джонатана Свифта: «Итак, натуралисты наблюдают, как на блоху охотятся маленькие блошки, а их, в свою очередь, кусают еще более мелкие блошки, и так далее до бесконечности».

Во фрактальной структуре любая произвольная точка является точкой разветвления. Хорошим примером этому служит Эйфелева башня: ее антенны, металлические связки и мачты, разветвляясь на изящные решетчатые конструкции, представляют собой мерцающую сетку тончайших деталей. А конструкцию Эйфелевой башни постоянно сравнивают с конструкцией человеческих костей, например, большой берцовой кости, которой так же присущи свойства фрактального объекта, в частности, дробление на части, подобные целому, или одно и то же преобразование, повторяющееся при уменьшающемся масштабе.

На рис. 8 показано фрактальное дерево, созданное с помощью компьютера английским ученым Майклом Бэтти.

Каждая веточка дерева разделяется на две, чтобы в итоге создать фрактальный купол. На рисунке слева представлено шесть итераций, а справа — тринадцать. Такое рекурсивное моделирование может генерировать различные разновидности деревьев с помощью изменения фрактального числа. Фрактальные деревья иллюстрируют тот факт, что фрактальная геометрия — мера изменений. Каждое разветвление дерева, каждый изгиб на реке — точка принятия очередного решения.

Итак, фракталы — это геометрические фигуры с набором очень интересных особенностей (дробление на части, подобные целому, или одно и то же преобразование, повторяющееся

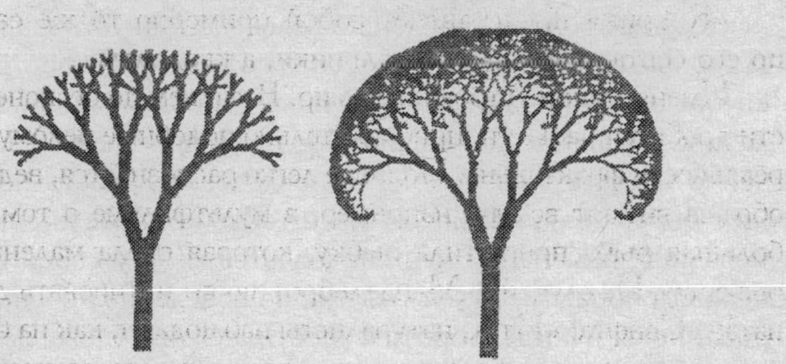

Рис. 8. Фрактальное дерево, смоделированное на компьютере

при уменьшающемся масштабе), обладающие двумя важнейшими признаками: *изломанностью и самоподобием*. Изломанность фрактала понятна и визуально, и математически как отсутствие производной в каждой точке излома. Самоподобные фрактальные функции, не имеющие производной ни в одной своей точке, были открыты еще в конце XIX века (функции Вейерштрасса). Однако по эстетическим соображениям эти патологические «некрасивые» функции были решительно отвергнуты всеми математиками. Математику изломанных функций изгнали с математического Олимпа. По поводу всюду недифференцируемых функций Шарль Эрмит писал своему другу Томасу Стилтьесу: «Я с ужасом и отвращением отворачиваюсь от этой разрастающейся язвы функций, не имеющих производной» [11, с. 215]. Для осознания могущества этой идеи потребовалось еще сто лет.

Фрактальность — это мера неправильности. Например, чем больше поворотов и изгибов имеет река, тем больше ее фрактальное число. Создатель теории фракталов Мандельброт обнаружил близкое родство между фрактальным числом реки Миссисипи и ценами на хлопок на всем временном интервале, которое он изучал.

Бенуа Мандельброт работал в исследовательском центре IBM с массивами ценовых данных о неочищенном хлопке-сырце. Он искал общие параметры, свойственные характеру природы и поведению человека. Он установил, что товарные цены, как правило, создают такие конфигурации, которые напоминают рисунок иных береговых линий и русла рек. «Каждое специфическое изменение цен было случайно и непредсказуемо. Но последовательность изменений была независима от масштаба: кривые дневных и месячных изменений цен согласуются между собой совершенным образом». Невероятно, но поведение проанализированного Мандельбротом шестидесятилетнего периода оставалось постоянным, несмотря на то, что во время него случились две мировые войны и депрессия. Мандельброт пришел к выводу, что «течение случайных, стохастических процессов подчиняется особым законам» [5, с. 109].

Фракталы могут быть линейными и нелинейными. Линейные фракталы — это фракталы, определяемые линейными функциями, то есть уравнениями первого порядка. Они проявляют самоподобие в самом бесхитростном «прямолинейном» виде: любая часть есть *уменьшенная точная копия целого.*

Значительно богаче и разнообразнее нелинейные фракталы — это фракталы, определяемые нелинейными функциями, то есть уравнениями степени выше первой. Более разнообразным является и самоподобие нелинейных фракталов: в них часть есть *не точная, а похожая деформированная копия целого.*

«Фрактал, — пишет американский ученый Джеф Проузис, — это объект, обладающий бесконечной сложностью, позволяющий вблизи рассмотреть не меньше деталей, чем издалека. Классический пример — Земля. Из Космоса она выглядит как шар. Приближаясь к ней, мы обнаружим океаны, континенты, побережья и цепи гор. Позднее взору предстанут более мелкие детали: кусочек земли на поверхности горы, столь же сложный и неровный, как сама гора. Потом покажутся крошечные частички грунта, каждая из которых сама является фрактальным объектом» [6, с. 14].

Итак, самоподобные фрактальные функции, не имеющие производной ни в одной своей точке, описывают весь реальный мир. Математики говорят: «Фрактал — бесконечно самоподобная фигура». А самое удивительное — это фигура с дробным числом измерений, например, 0,63-мерная или, скажем, 1,6-мерная.

Отталкиваясь в своих исследованиях от идеи размерности, Мандельброт пришел к выводу, что ответ на вопрос о том, сколько измерений имеет тот или иной объект, зависит от уровня восприятия.

Например, сколько измерений имеет клубок бечевки? С огромного расстояния он выглядит точкой, имеющей нулевую размерность. Приблизимся к клубку и обнаружим, что это сфера, и у нее три измерения. На еще более близком расстоянии становится различимой сама бечевка, а объект приобретает одно измерение, но скручен таким образом, что задействуется трехмерное пространство. Под микроскопом обнаружим, что бечевка состоит из скрученных трехмерных протяженных объектов, а те, в свою очередь, из одномерных волокон, вещество которых распадается на частицы с нулевой размерностью. То есть в зависимости от нашего восприятия размерность менялась так: нулевая — трехмерная — одномерная — трехмерная — одномерная — нулевая. И Мандельброт делает вывод: «Представление о том, что численный результат измерений зависит от отношения объекта к наблюдателю, вписывается в понятия современной физики и даже является их превосходной иллюстрацией» [5, с. 128].

В рассмотренном примере Мандельброта слабо аргументированы такие понятия, как «издалека», «ближе», «еще ближе». Однако именно неточность определения дальности перемещений заставила его по-новому взглянуть на проблему размерности. В результате он пришел к дробным измерениям, то есть к нецелой (фрактальной) размерности.

Но как может размерность быть нецелой? Ведь размерность характеризует геометрический объект числом переменных, которые необходимо задать, чтобы указать местоположение одной из точек объекта. Например, для задания точки на линии необходимо одно-единственное число, точки на поверхности — два числа, точки в объеме — три числа. Но существуют и другие, более абстрактные способы определения размерности. Представим отрезок прямой длиной в 1 см. Сколько отрезков длиной в 1/10 см понадобится для того, чтобы покрыть этот отрезок? Очевидно, десять. А сколько квадратов со стороной в 1/10 см потребуется для того, чтобы покрыть квадрат со стороной в 1 см? Сто. Куб с ребром в 1 см можно покрыть тысячью кубами с ребрами в 1/10 см. Мы видим, что размерность появляется в показателях степеней:

10^1, 10^2, 10^3... Эта последовательность не зависит от масштаба, выбранного для измерения мерного отрезка, стороны мерного квадрата или ребра мерного куба. Важно следующее: геометрический объект характеризуется минимальным числом «клеток», необходимых для покрытия объекта.

Обозначим показатель степени в вышеуказанных соотношениях d, число «клеток» N, а размер «клетки» u. Тогда из рассмотренных нами примеров получим выражение $N = (1/u)^d$.

Перейдем от обычных геометрических объектов к фрактальным.

Классическим примером фрактального объекта может служить *канторовское множество* или «пыль» Кантора (рис. 9).

Возьмем единичный отрезок. Разделим его на три равные части, а затем удалим среднюю треть. Повторим ту же операцию снова: разделим каждый из двух оставшихся отрезков на три равные части и удалим средние трети. Повторяя эту операцию до бесконечности, мы получим странную «пыль» точек — бесконечное множество «микроотрезков», которые уже невозможно охарактеризовать их длинами. Однако этому предельному множеству можно приписать некоторую размерность, если использовать подход, рассмотренный выше.

После первой операции деления отрезка на три равные части и удаления средней трети для покрытия получившегося множества нужно взять два отрезка длиной 1/3. После второй операции понадобятся четыре отрезка длиной 1/9, после

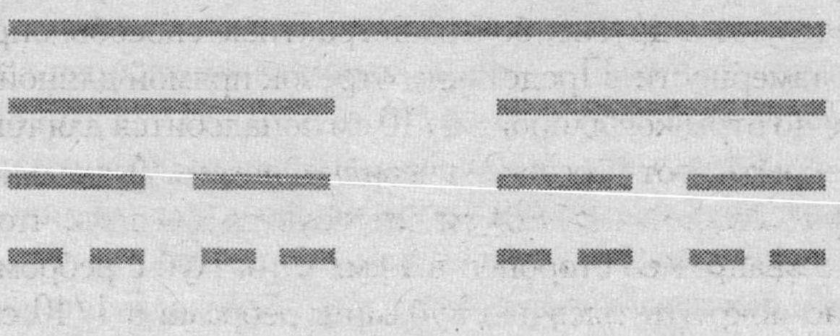

Рис. 9. «Пыль» Кантора

третьей — восемь отрезков длиной 1/27. После n-й операции число N отрезков равно 2^n, а длина каждого из отрезков равна $1/3^n$. Чтобы определить размерность канторовского множества d устремим N к бесконечности, а размер u — к нулю. Получим соотношение $2^n = (3^n)^d$, откуда $d = \log 2/\log 3$, что примерно 0,63 (удивительно близкое знаменитому числу Фибоначчи, которое равно 0,618). Следовательно, канторовскому множеству, которое уже не линия, но и не точки, соответствует дробная размерность, заключенная между 0 (размерностью точки) и 1 (размерностью линии).

Кстати сказать, полученная путем стирания средней трети линии фрактальная размерность, которая пролегает между нулевой размерностью и первой (точкой и линией), является одной из наиболее известных размерностей Хаусдорффа. Вообще, размерности Хаусдорффа считались аномалией и в начале XX века игнорировались большинством математиков как «бесполезное уродство». В действительности, это важнейшая часть реального мира — неорганического вещества, растений, животных. Аналогичным образом можно построить двухмерные геометрические объекты с размерностью между 1 и 2, и трехмерные с размерностью между 2 и 3. Например, названное в честь Вацлава Серпиниски уплотнение имеет размерность 1,58, а размерность линии Коха оказалась равной 1,2618.

Действительно, если каждая сколь угодно малая часть фрактальной линии содержит в себе уменьшенную копию всей линии, то значит, она состоит не из точек, а из функций. И значит, это уже не линия в евклидовом смысле «длина без ширины», а нечто большее, некая «толстая линия». То есть фрактальная линия — уже не одномерная евклидова линия, но еще и не двухмерная поверхность. Фрактальная линия есть некая «толстая линия» дробной размерности больше единицы и меньше двух. Чем более изломана фрактальная линия, тем ближе к двум ее фрактальная размерность. Соответственно, и фрактальная поверхность — это уже не поверхность размерности 2, но еще и не объемное тело размерности 3. Фрактальная поверхность есть некая, так сказать, «вспененная» поверхность дробной размерности больше двух, но меньше трех.

Открытие Мандельбротом фрактальных объектов позволило по-новому взглянуть на удивительный мир форм, существующих в природе. Большинство этих форм не являются правильными геометрическими объектами, но могут быть охарактеризованы дробными размерностями. Например, облако является не каким-нибудь объемным телом или поверхностью, а неким промежуточным геометрическим объектом с размерностью, заключенной между 2 и 3.

Дробное измерение позволяет вычислять характеристики, которые не могут быть четко определены иным путем: степени неровности, прерывистости или неустойчивости какого-либо объекта. Например, извилистая береговая линия, несмотря на неизмеримость ее «длины», обладает присущей только ей шероховатостью. Мандельброт указал пути расчета дробных измерений объектов окружающей действительности. Создавая свою геометрию, он выдвинул закон о неупорядоченных формах, что встречаются в природе. Закон гласил: *степень нестабильности постоянна при различных масштабах*. И как подчеркивает в своей книге Д. Глейк: «Справедливость этого постулата подтверждается вновь и вновь. Мир снова и снова обнаруживает устойчивую неупорядоченность» [5, с. 129].

И если на начальной стадии в концепции фрактала доминировало компьютерное моделирование, сегодня все более популярным становится математический аппарат интегрирования и дифференцирования дробного порядка. Это имеет фундаментальное значение не только для самой математики, но и для развития естественных и гуманитарных направлений [12, с. 4].

Теория фракталов, начатая с геометрических понятий, оказалось, охватывает и физические объекты, выходящие за рамки геометрической версии. Физические системы с фрактальной структурой обладают уникальными свойствами с точки зрения общеизвестных свойств. К свойствам такого рода, например, относится степенная зависимость между параметрами системы. Фракталы иначе рассеивают электромагнитное излучение, по-другому колеблются и звучат, иначе проводят электричество, по фракталам иначе происходит диффузия вещества. Аналитические методы в теории фракталов, основанные на математическом аппарате интеродифференцирования дробного порядка, позволяют наиболее тонко и тщательно исследовать фрактальные функции в физике.

А известное евангельское выражение: **«Я есть Альфа и Омега, начало и конец, первый и последний»**, — безупречно сформулированное определение математического фрактала.

Как ни парадоксально, открытие фрактальных множеств не только установило существование непрогнозируемых процессов, но и научило человека ими управлять, поскольку неустойчивость хаотических систем делает их чрезвычайно чувствительными к внешнему воздействию.

При этом системы с хаосом демонстрируют удивительную пластичность: чутко реагируя на толчок извне, они сохраняют тип движения. То есть дерево продолжает расти и ветвиться вверх, но как точно изогнутся его ветви, никто не подскажет. Теперь становится понятно, почему мир создан из хаоса. Понятие детерминированного хаоса соединило невозможное: сняло противоречие между хаосом и порядком, выведя науку на настоящее понимание природных процессов и форм. Изучение фракталов и детерминированного хаоса меняет привычные представления людей об окружающем мире и вместе с тем помогает постичь этот мир в его развитии.

На основании изложенного можно сделать следующее заключение: вся информация, получаемая физиками-экспериментаторами при помощи технических устройств в ходе лабораторных испытаний, вторична по отношению к ее фрактальной первооснове.

МНОЖЕСТВО МАНДЕЛЬБРОТА

Наиболее сложный объект во всей математике — множество фрактальных форм Мандельброта. Множество — простейшее математическое понятие, оно не определяется, а лишь поясняется при помощи примеров: множество книг на полке, множество точек на прямой и т. д. [25, с. 827].

Чтобы рассмотреть множество фрактальных форм Мандельброта полностью (круги, усыпанные колючими шипами, спирали и нити, завивающиеся наружу и кругом с выпуклыми молекулами, висящими, словно виноградины на лозе), не хватит целой вечности. Построение каталога всех элементов, составляющих это множество или числовое изображение очертаний системы, требует бесконечного количества данных.

Система Мандельброта, включающая в себя неисчислимое разнообразие фрактальных форм, начала вырисовываться, когда ученый попытался свести к общим законам множества Жюлиа. Эти множества были открыты и изучены еще во время первой мировой войны французскими математиками Гастоном Жюлиа и Пьером Фато, работавшими без какой-либо счетной или изобразительной техники. Для описания множества Жюлиа не подходят понятия евклидовой геометрии. Пожалуй, красочнее всего описывает множества Жюлиа французский математик Андриен Доуди: «Получив непредсказуемые многоликие образы множеств, Жюлиа замечает, что некоторые выглядят, словно пухлое облако, другие представляют собой тощий куст ежевики, третьи похожи на искорки, плывущие в воздухе после фейерверка. Один объект напоминает кролика, и многие имеют хвосты, как у морских коньков» [5, с. 283].

В 1979 году Мандельброт попытался создать в пределах комплексной плоскости один образ, который послужил бы своего рода каталогом множеств Жюлиа. В то время он изучал итерационные решения квадратных и тригонометрических уравнений. Обнаружив, что простейшие нелинейные фракталы задаются квадратичными функциями, а наиболее яркими представителями квадратичных фракталов являются множества Жюлиа, Мандельброт совершил кардинальный прорыв в науке, предложив реализовать на комплексной плоскости простейший нелинейный алгоритм в виде:

$Z_{n+1} \to Z^2_n + C$ (1). Стрелка ($\to$) означает итерацию.

Этот алгоритм позволяет получить числовую последовательность, каждый следующий член которой равен квадрату предыдущего плюс некое слагаемое. Точки этой последовательности на графике будут лежать не на прямой, а в плоскости. Предсказать путем анализа место каждой точки невозможно, но его можно вычислить.

Стоит отметить, что по простоте предпосылки и богатству следствий и смыслов алгоритм Мандельброта $Z \to Z^2 + C$ сравним с гениальной теоремой Пифагора $a^2 + b^2 = c^2$ или с уникальной формулой Эйнштейна $E = mc^2$.

Оказалось, что алгоритм Мандельброта позволяет получить как частный случай все множества Жюлиа. Если в итерационном процессе (1) зафиксировать значение С и изменять Z_0, то получится набор множеств Жюлиа. Понятно, что вид множества Жюлиа зависит от выбора параметра C. Вот где проявляется нелинейность, когда ничтожным изменениям параметра C соответствуют огромные изменения формы множества Жюлиа! В самом деле, при C = 0 мы имеем дело с окружностью. Но уже при незначительных изменениях параметра C гладкая окружность становится бесконечно изломанной — фрактальной. Ее дальнейшая деформация приводит к смыканию границ и выделению бесконечного числа слипшихся бесконечно убывающих тел, напоминающих то тучи, то дендриты, то хвосты морских коньков [11, с. 217]. Наконец, эти тела взрываются волшебным фейерверком, называемым фрактальной пылью. Некоторые из множеств Жюлиа, соответствующих различным значениям параметра C, показаны на рис. 10.

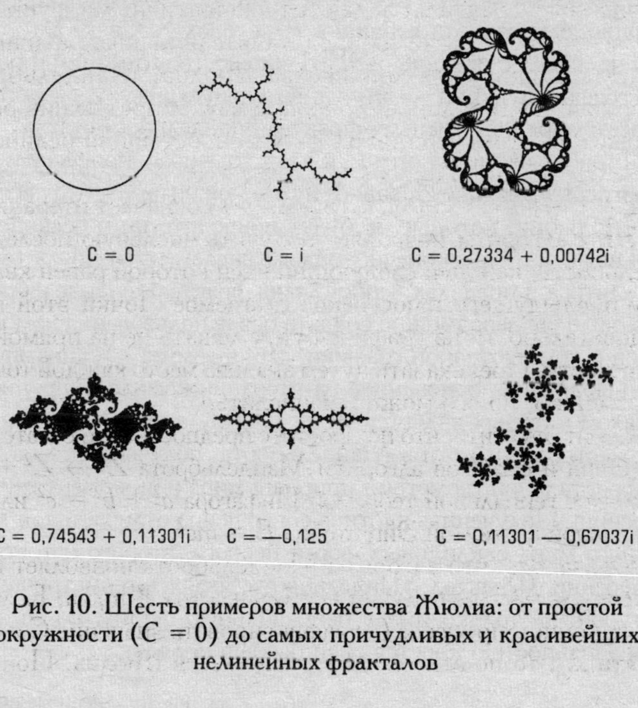

Рис. 10. Шесть примеров множества Жюлиа: от простой окружности (C = 0) до самых причудливых и красивейших нелинейных фракталов

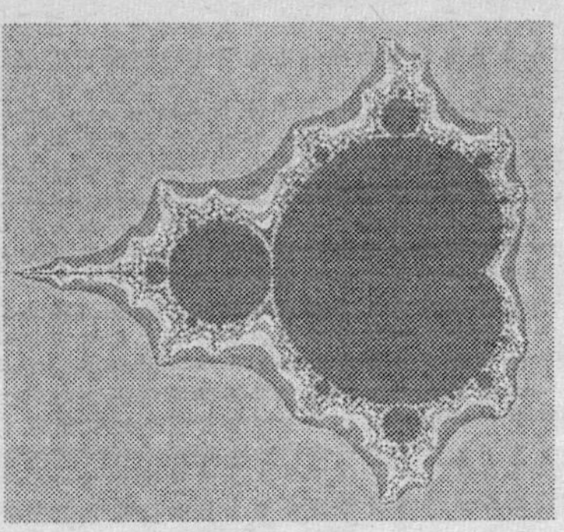

Рис. 11. Фрактал Мандельброта

Однако, если в итерационном процессе (1) зафиксировать Z_0 и изменять C, то получаем множество Мандельброта. Б. Мандельброт, открывший в 70-х годах XX века алгоритм (1), произвел с помощью ЭВМ множество итераций и получил график функции — эту удивительную фигуру, известную во всем мире под именем «фрактал Мандельброта» (рис. 11).

Прибавляя константу C к квадратичному процессу и полагая первоначально Z, равное нулю, можно получить стабильные итерации, которые не будут приводить ни к бесконечно большим, ни к бесконечно малым числам. Эти числа будут находиться в пределах черной зоны фрактала Мандельброта. Его было бы невозможно создать без использования компьютеров и компьютерной графики. Эта формула — динамическое выражение, основанное на итерации комплексных чисел, началом которых является нуль. Формула кратко суммирует множество результатов Мандельброта, полученных благодаря фрактальной геометрии природы мира или четвертому измерению. Полученная картина совершенно отличается от идеального мира евклидовых форм: первого, второго и третьего измерений. Фрактал Мандельброта, являясь геометрической фигурой, не только имеет неправильную форму, но за этой неправильностью кроется свой особый порядок.

Фрактал Мандельброта на рис. 11 показан в двухмерном виде. Трехмерный вид показал бы прекрасный мир спонтанности и свободы, организуемый Странным Аттрактором. Он позволяет выйти за границы старых парадигм.

«Элегантным элементом фрактальной геометрии является набор Мандельброта, который представляет собой идеальный фрактал и строительный блок фрактальной геометрии, создаваемой путем расположения чисел, получающихся в результате итерации полинома второго порядка на сложной поверхности. Набор Мандельброта структурирован величиной 0,618, соотношением Фибоначчи. Он составлен исключительно с помощью винтовых форм и спиралей. Приблизительно так выглядит снизу раковина моллюска, очень похожая на набор Мандельброта» [2].

Множество Мандельброта (*M*) — своеобразный каталог к бесконечному многообразию форм множества Жюлиа. Границы множества *M*, поражающие своей сложностью и многообразием, включают в себя полный набор уменьшенных и деформированных копий множеств Жюлиа. Таким образом, множество Мандельброта — эффективное хранилище информации для бесконечного разнообразия множества Жюлиа.

Раздел математики, изучающий фракталы, исследует, в частности, нелинейные зависимости структуры границ объектов от начальных условий их существования, а также поведение динамических систем. Вблизи границ областей возникают явления конкуренции за «обладание» приграничным пространством, там происходит переход «от хаоса к порядку», смена состояния «нахождения снаружи» на состояние «нахождения внутри» и обратно. Этот переход и представляет наибольший интерес, проявляя зависимость с обратной связью, когда одна и та же операция выполняется снова и снова, а результат одной становится начальным значением для следующей и порождает бесконечное переплетение подобных структурных элементов различных размеров и сечений [111, с. 9].

Сам Мандельброт при исследовании границ множества убедился, что при любом увеличении изображения появляются новые формы, похожие на морских коньков или на вьющиеся ветви оранжерейных растений. Но никогда ни один фрагмент системы не походил на другой. Кроме того, ему удалось обнаружить так называемые «плавающие» молекулы, или «пылинки», которые очень напоминали мелкие островки, окружающие основной объект.

На рис. 11*а* показан сильно увеличенный фрагмент области границ множества Мандельброта (к сожалению, в черно-белом изображении). Подобный фрагмент в цветном изображении приведен на внутренней стороне обложки книги.

Американские математики Джон Хаббард и Андриен Доуди доказали, что каждая плавающая молекула на самом деле «висит» на филигранной нити, которая связывает ее с другими молекулами. В итоге они получили хрупкую паутинку, ведущую от крошечных частиц к основному объекту, — «дьявольский полимер», как говорил Мандельброт. Однако ученые по этому поводу высказались иначе: «При увеличении „компьютерным микроскопом" обнаружатся но-

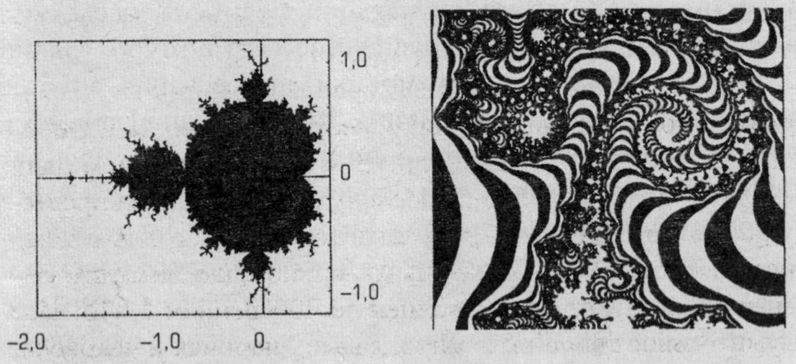

Рис. 11*а*. Множество Мандельброта (слева) и сильно увеличенный фрагмент области его границ (справа). Нелинейный квадратичный фрактал и пример эстетики порядка, граничащего с хаосом

вые молекулы, каждая из которых будет напоминать систему в целом и одновременно чем-то отличаться от нее. Каждая новая молекула будет обладать собственными спиралями и выступающими частями, похожими на языки пламени, и в них также неизбежно обнаружатся новые молекулы, еще меньшие, такие же бесконечно разнообразные, всегда подобные, но никогда — полностью идентичные. Это можно назвать чудом миниатюризации: каждая новая деталь является вселенной, цельной и многоликой!» [5, с. 291]. Это исключительно важный момент в структуре мироздания. Можно сказать, что Вселенское Сознание творило Природу посредством простых физических законов, повторяемых с бесконечным терпением, всюду одинаково.

Том Стоппард в своей книге «Аркадия» пишет: «Если итерировать алгоритм, скажем, десять тысяч раз, на экране появятся десять тысяч точек. Где возникнет следующая, каждый раз неизвестно. Но постепенно начнет проступать контур листа, потому что все точки будут внутри этого контура. Это уже не лист, а математический объект. В нем разом сходится все неизбежное и все непредсказуемое. По этому принципу создает себя сама природа: от снежинки до снежной бури... Знаешь, это так здорово. Словно стоишь у истоков мироздания» [6, с. 14].

Кстати говоря, простейшая модель итерации — последовательность суммирования, известная как ряд Фибоначчи: 0, 1, 1, 2, 3, 5, 8, 13 и т. д. В этом удивительном ряду результат деления каждого последующего числа на предыдущее асимптотически приближается к трансцендентному числу 1,6180339, выражающему пропорцию золотого сечения. Мир буквально наводнен соотношением 1,618. Все изумительное творение в мироздании, включая и человека, соответствует правилу золотого сечения.

Оказалось, что именно алгоритмом Мандельброта пользуется природа, создавая свои шедевры — фракталы золотого сечения — от листа травы до биологической популяции.

Поэтому не удивительно, что фракталы поразительно красивы. Своей красотой и разнообразием форм они поразили не только математиков. Устроенная в 1984 году Институтом Гете выставка «Границы хаоса», представлявшая собой портреты фрактальных структур, имела сенсационный успех и обошла весь мир. Впервые в истории науки результаты математических расчетов демонстрировались широкой публике как произведения искусства. Еще через два года представленные на выставке материалы были собраны в книге Петера Рихтера и Ханца-Отто Пайтгена «Красота фракталов», которая в 1993 году вышла в России [11, с. 213]. Рихтер и Пайтген были буквально потрясены красотой и разнообразием нелинейных фракталов. Они писали: «Мы обнаружили там фантастический мир, богатство форм которого контрастирует почти на грани абсурда с простотой формулы $Z \to Z^2 + C$». Фрактальный бум охватил всю планету и стал одной из примет науки конца второго тысячелетия.

Удивительная простота фрактальных алгоритмов и потрясающее великолепие их форм сделали фрактальную геометрию необычайно эффективным орудием для описания морфологических свойств природы. Не случайно говорится: «Мудрость в простоте». *Принцип единого простого, задающего разнообразное сложное*, можно проследить в устройстве всего мироздания. Этот принцип заложен в геноме человека и животных, когда одна клетка живого организма содержит всю информацию обо всем организме в целом.

Итак, конец XX века ознаменовался не только открытием поразительно красивых и бесконечно разнообразных структур, названных фракталами, но и осознанием фрактального характера геометрии природы. Если на заре естествознания Галилей утверждал, что книга природы написана на языке окружностей и треугольников, то к концу XX века стало ясно, что книга природы написана на языке нелинейных фракталов. Причудливые очертания береговых линий и замысловатые извилины рек, изломанные поверхности горных хребтов и причудливые очертания облаков, раскидистые ветви деревьев и разветвленные сети кровеносных сосудов и нейронов, робкое мерцание свечи и вспененные турбулентные потоки горных рек — все это фракталы. Одни фракталы, типа облаков или бурных потоков, постоянно меняют свои очертания, другие, подобно деревьям или нейронным сетям, сохраняют свою структуру неизменной. Общим для обоих типов фрактальных структур является их самоподобие — основное свойство, обеспечивающее выполнение во фракталах основного закона — закона единства в многообразии мироздания.

Для очертаний объектов природы: туч, деревьев, снежинок, капель дождя и т. д. — характерно определенное чередование порядка и беспорядка. Гармония порядка и беспорядка, Космоса и Хаоса, по-видимому, есть один из высших принципов Природы.

Крупнейшие ученые современности И. Пригожин, Б. Мандельброт, С. Смэйл и Хенон обнаружили, что на границе между конфликтами противоположных сил стоит не рождение хаотических структур, как считалось ранее, а происходит спонтанное возникновение самоорганизации порядка более высокого уровня. Более того, структура этой самоорганизации не статична, а постоянно изменяется. Судя по всему, организация этого порядка применима ко всему: от застежек молнии до экономического рынка.

Фрактальные структуры выступают неким пограничным образованием между Космосом и Хаосом, и, как утверждает А. В. Волошин [11, с. 219], именно это свойство придает им особую эстетическую привлекательность.

Под влиянием гармонии порядка и беспорядка возникает наше ощущение прекрасного. Как говорил Гегель: «Мир есть гармония гармоний и дисгармоний». А Джон Апдайк утверждал: «Человеческое — гармония, природное — дисгармония».

Действительно, силуэт изогнутого бурями дерева без листьев на фоне вечернего неба почему-то трогает наше сердце, воспринимается как нечто лирическое, грустное, но прекрасное, наводящее на поэтические раздумья.

Как скрюченный палец, о чем-то корящий,
Торчит из земли старый вяз.
Когда-то ветвями по небу летящий,
Ногою в болоте увяз.
Обломаны ветки, осыпались листья,
Колени к земле подогнул...
Как будто художник ободранной кистью
Его на холсте мазанул.
А раньше бывало весенней порою,
Накинув зеленый кафтан,
С веселою шуткой, хмельною игрою
С березок срывал сарафан.
Он тихо шептался с травой у дороги,
Сердито шумел на кусты,
И в каждые мимо катившие дроги
Швырял по охапке листвы.
И вот отшумел, отбуянил, век прожил...

Ю. Тихоплав

Засохшее дерево вызывает в нашей душе отклик, а грандиозное геометрическое университетское здание оставляет нас равнодушными, несмотря на все старания архитектора. Почему?

Здания, называемые геометрическими, имеют простые формы — сочетание прямых линий и окружностей. Мода на геометрическую архитектуру и живопись приходила и уходила, и сегодня архитекторы уже не стремятся возводить небоскребы, хотя еще совсем недавно это популярное строение широко копировалось. Такую перемену вкусов Мандельброт и его последователи объяснили весьма тривиально: простые формы чужды человеку, не созвучны организации природы и образу восприятия мира людьми. Немецкий физик Герт Эйленбергер как-то заметил: «Наше чувство прекрасного „подпитывается“ гармоничным сочетанием упорядоченности и беспорядка, которое можно наблюдать в естественных явлениях: облаках, деревьях, горных цепях или кристаллах снежинок. Все такие контуры суть динамические процессы, застывшие в физических формах, и для них типична комбинация устойчивости и хаотичности» [5, с. 156].

Геометрической форме присущ *масштаб*, характерный для нее размер. Как считают исследователи хаоса, истинное искусство не имеет определенного масштаба в том смысле, что при его создании важные детали повторяются в нескольких масштабах, больших и малых. Так, небоскребу в Нью-Йорке они противопоставляют архитектуру барокко, лучшим образцом которого является здание парижской «Гранд Опера», которое имеет не один определенный масштаб, а целый набор масштабов. С какого расстояния ни рассматривай это строение, всегда найдешь детали, ласкающие взгляд.

Гармония Хаоса и Космоса выстраивает и наше представление о красоте. Так, А. В. Волошин в своей работе приводит интересный анализ истории европейского искусства: «Рожденный из глубин древнегреческой архаики сдержанный и благородный порядок искусства классической Греции сменяется вычурным беспорядком искусства эпохи эллинизма. Взятый за образец республиканским Римом порядок классического древнегреческого канона вновь распадается в безудержном хаосе эпохи Римской империи. Затем простота геометрического порядка романских храмов утопает в каменном кружеве готики, здоровая гармония искусства эпохи Возрождения сменяется болезненными извивами постренессансного барокко и рококо, ритмический строй классицизма разрушается вихрем романтизма. И уже на нашем веку природный космос критического реализма сменяется искусственным хаосом импрессионизма и модернизма... За внешней пестротой смены различных стилей в европейской истории искусств легко усматривается строгая закономерность взаимных переходов гармонических и дисгармонических стилей, „левополушарных“ и „правополушарных" тенденций, аполлонического и дионисического начал или в общем виде Космоса и Хаоса» [11, с. 220].

В свою очередь, в каждом из выделенных периодов также можно обнаружить периодическую смену гармонических и дисгармонических тенденций. Да и в творчестве отдельного художника присутствует «гармония гармонии и дисгарминии».

При ближайшем рассмотрении оказывается, что вся символика различных религий и эзотерических школ также содержит элементы фрактальных конструкций, базирующихся на некоторой фундаментальной геометрической первооснове — изображении модифицированного креста. Внешняя архитектурная сферо-кубо-пирамидальная форма евроазиатских христианских монастырей, буддийских дацанов и храмов, исламских мечетей, египетских пирамид, пирамидальных конструкций цивилизации майя и т. д., содержит в себе тот же фрактальный базис — трехмерный крест и разворачивающийся из него вписанный в куб октаэдр, трансформирующийся в сферу [13, с. 9]. Следовательно, не фрактальные формы являются символом фундаментальных технологий, а наоборот, фундаментальные эзотерические технологии — проявление фрактальной структуры информационной первоосновы нашей Вселенной.

Итак, удивительная простота фрактальных алгоритмов и потрясающее великолепие их форм сделали фрактальную геометрию необычайно эффективным средством для описания морфологических свойств природы и, как оказалось, человека. Великий греческий философ, основатель неоплатонизма, Плотин еще две тысячи лет назад писал: «Никогда бы глаз не смог воспринять солнце, если бы сам не был подобен солнцу; точно так же и душа не сможет видеть прекрасного до тех пор, пока сама не будет прекрасной, и вот, чтобы увидеть красоту и божественность, каждый человек должен сам стать прекрасным и божественным» [12, с. 92]. В этом высказывании особо подчеркивается подобие двух взаимодействующих частей целого (глаз — солнце, душа — божественная субстанция).

ЧЕЛОВЕК — НЕЛИНЕЙНЫЙ ФРАКТАЛ ВСЕЛЕННОЙ

Осень листья метет, обгоняя прохожих,
Стылый ветер в лицо, слезы давит, не смех.
Как различны мы и в то же время похожи,
Как деревья в лесу: все похожи на всех.

Ю. Тихоплав

Хаос дал сильный толчок развитию теоретической биологии, объединив биологов и физиков в научные коллективы. При фрактальном подходе рассмотрения структуры как целого через разветвления разного масштаба изменился взгляд физиологов на человеческий организм (который развивался в результате хитрых взаимодействий между стабильностью и хаосом, порядком и беспорядком), на органы, которые стали рассматриваться уже не застывшими структурами, а объектами, совершающими регулярные и иррегулярные колебания.

В основу исследования фрактальной структуры человека был положен ряд основополагающих теоретических положений [14, с. 2].

1. Биологический организм состоит из множественных структурно-функциональных звеньев, связанных в единую многоуровневую сеть, где информационная составляющая каждой отдельной клетки влияет как на все остальные субформы (ткани, органы и т. д.), так и на организм в целом.

2. Человек — открытая система, которой свойственны саморегуляция и самоорганизация.

3. Основой структурно-системной организации, функционирования и управления является фрактал. Это означает, что человеческий организм обладает свойством самоподобия на разных уровнях системной иерархии, и свидетельствует о «голографичности» его информационных систем и, в частности, головного мозга.

4. Элементы, систематизирующие информационные взаимосвязи, существуют во всех органах и системах организма.

5. Взаимодействие среды и организма происходит через резонанс внешних и внутренних колебательных процессов.

6. Восприятие информации осуществляется «телом» (пятью органами чувств), а анализирует информационно-обменные процессы мозг.

7. Здоровый организм отличается устойчивостью информационных связей как между различными функциональными системами организма, так и внутри каждой системы и подсистемы.

8. Показателем устойчивости информационного взаимодействия служит синхронизация собственных колебательных процессов, имеющих электромагнитную природу.

Эти основополагающие положения дополняются и усиливаются исследованиями академика Ю. А. Фомина, разработавшего понятие о комплексе ИРС-БС (информационно-распорядительная система — биологическая система), образование которого начинается с момента слияния мужской и женской клеток [112, с. 43]. Биологическая система (в нашей терминологии — физическое тело) — это видимая оболочка, скрывающая более сложную и невидимую нами ИРС. Информационно-распорядительная структура — это независимое первичное образование. Основой комплекса ИРС-БС является механизм накопления и хранения программ и информации и механизм реализации программ.

Академик Ю. А. Фомин считает, что существующие и функционирующие комплексы ИРС-БС обладают следующими возможностями:

- воспринимать, накапливать и сохранять очень большой объем наследственной, вновь приобретенной и воспроизведенной информации;
- сохранять эту информацию как при функционировании биологического комплекса, *так и после его разрушения*;
- выполнять распорядительные функции, необходимые для формирования и функционирования живого организма, и для этого иметь постоянную связь с каждой клеткой;
- получать информацию о состоянии и деятельности организма, воздействиях окружающей среды и результатах выполнения команд;
- иметь возможность обмениваться информацией с другими биологическими структурами или каким-то информационным комплексом, существующим вне биологической структуры;
- выполнять все связи по обмену информацией и командами вне зависимости от расстояния.

Таким образом, человека следует рассматривать как информационную структуру, пронизывающую физическое тело, которое представляет собой богатый источник нелинейных фракталов, причем, фракталов золотого сечения. В книге «Кардинальный поворот» мы описывали проявление закона золотого сечения в пропорциях человеческого тела [15, с. 97].

Нелинейными фрактальными структурами являются также все системы и органы человека. Так, например, кровеносные сосуды, начиная от аорты и заканчивая капиллярами, образуют сплошную среду. Многократно разветвляясь и делясь, они становятся столь узкими, что площадь их поперечного сечения оказывается сравнимой с размерами кровяной клетки. И такие разветвления имеют фрактальную природу, напоминая своей структурой один из объектов, придуманных математиками под эгидой Мандельброта. В силу физиологической необходимости кровеносные сосуды приобрели просто удивительные свойства. Подобно тому, как кривая Коха «сжимает» бесконечно длинную линию в ограниченное пространство, в системе кровообращения поверхность с огромной площадью должна вместиться в ограниченный объем [5, с. 143].

Используя возможности фрактальных структур, природа исключительно эффективно сконструировала человеческий организм. Каждая клетка отделена от кровеносного сосуда, и если взять любой участок нашего тела в определенном масштабе, то выяснится, что между самым мелким капилляром и клеткой — многометровые пространства. При всем том сами сосуды и циркулирующая по ним кровь занимают совсем небольшое пространство — около 5 процентов объема тела. И все же нельзя взять даже миллиграмма плоти, не пролив крови, она есть везде.

Сердце качает кровь, она течет по сосудам в ткани, сосуды ветвятся, несут питательные вещества, кислород. Но капилляры не передают все это непосредственно в клетку. Питательные вещества из крови поступают в жидкость, омывающую клетки. И вода здесь носитель и посредник. Основная вода находится в межклеточном пространстве. Вода омывает все наши клетки, сочится, течет по разным путям внутри организма. Подумать только, 40–45 процентов массы организма представляет собой вода в свободном состоянии. Однако в нашем теле нет никаких водяных емкостей. Вода организована в нас в довольно сложные ветвящиеся системы различных масштабов, позволяющие в ограниченном объеме физического тела донести питательные вещества до каждой клеточки и отвести прочь продукты ее жизнедеятельности.

В тканях пищеварительного тракта одна волнистая поверхность встроена в другую. Легкие также представляют собой пример того, как большая площадь «втиснута» в довольно маленькое пространство. В среднем площадь дыхательной поверхности легких человека больше площади теннисного корта. Но еще удивительнее то, как искусно пронизаны лабиринты дыхательных путей артериями и венами. Традиционное описание разветвлений в бронхах оказалось в корне неверным; фрактальное же их изображение вполне подходит под практические данные.

Выяснилось, что и мочевыделительная система фрактальна по своей природе, как и желчные протоки в печени, а также как сеть специальных мышечных волокон, которая известна кардиологам под названием сети Гиса—Пуркинье — лабиринта разветвляющихся путей, воспроизводимых во все более мелких масштабах. Эти мышечные волокна проводят электрические импульсы к сократимым мышечным клеткам сердца. Кардиологи обнаружили, что спектральные характеристики сердечных сокращений подчиняются фрактальным законам, как землетрясения и экономические феномены.

Электрическая активность сердца — рекурсивный (фрактальный) процесс. То же можно сказать и об иммунной системе, печени, почках, вестибулярном аппарате — все это фрактальные структуры. В действительности, вся физическая структура человеческого тела имеет фрактальную природу.

С первого взгляда организм человека кажется чрезвычайно сложным. Однако он сложен лишь в контексте евклидовой геометрии, поскольку фракталы, разветвляющиеся структуры, до прозрачности просты и могут быть описаны с помощью небольшого объема информации. Возможно, несложные преобразования, которые формируют фрактальные структуры, заложены в генетическом коде человека. ДНК, конечно же, не может во всех подробностях определять строение бронхов, бронхиол, альвеол или пространственную структуру дыхательного «древа», однако она в состоянии запрограммировать на повторение процессы расширения и разветвления. Именно таким путем природа достигает своих целей.

В книге Пригожина «Время, хаос, квант» [7, с. 89] рассматривается анализ данных измерений активности головного мозга. Известно, что в нашем мозге одна часть (левое полушарие) ищет стабильности, а другая половина (правое полушарие) находится в поисках хаоса. В стадии глубокого сна в активности мозга обнаруживается детерминистический хаос с фрактальным аттрактором в пятимерном пространстве (пять независимых переменных). С точки зрения электрической активности, мы имеем дело с истинной случайностью. При эпилептических припадках электроэнцефалограммы свидетельствуют о появлении фрактального аттрактора малой размерности (две независимые переменные). Эпилепсия отнюдь не приводит к хаотическим энцефалограммам. Наоборот, энцефалограммы больных эпилепсией чрезмерно «регулярны». В определенном смысле можно утверждать, что «умственный порядок» патологичен, или, как писал французский поэт Поль Валери, «мозг — это сама нестабильность!»

«Известно, что от ритмичной работы сердца зависит жизнь человека. Но работа мозга должна быть предельно нестабильной. В противном случае, вы будете страдать эпилепсией. Это доказывает, что нерегулярность, хаос ведет к сложным системам. Это не беспорядок. Напротив, я сказал бы, что хаос — это то, благодаря чему возможны биологическая жизнь и умственная деятельность. Мозг обладает такой избирательностью и нестабильностью, что достаточно малейшего усилия для установления порядка» (И. Пригожин).

Особенно важно то, что человеческий мозг рекурсивен по природе. Даже сам процесс мышления — результат взаимодействия стабильности и хаоса, линейной и нелинейной активности. Теоретически работа мозга вообще, мышление, память людей, процесс обдумывания и самосознания — все должно быть фрактально в структуре и функционировании. Учитывая вышесказанное, было бы разумно выдвинуть теоретическое предположение о том, что любой продукт взаимодействия людей должен быть фракталом по своей структуре.

Итак, физическое тело человека фрактально; это уже признано и доказано учеными. *Принцип единого простого, задающего разнообразное сложное*, заложен и в геноме человека, когда одна клетка живого организма содержит информацию обо всем организме в целом.

Но человек ведь не только, и даже не столько физическое тело. А что с сознанием человека, с его информационной структурой? Это что, тоже фрактал?

Ответы на эти вопросы дает теория BIP, определяющая базовую основу биологического организма, которая появилась и начала интенсивно развиваться на рубеже третьего тысячелетия.

Создание BIP-теории («BioInformation Programming» — «Биоинформационное программирование») стало возможным благодаря последним достижениям в области теоретической физики, математики, генетики и ряда других наук. Интеграция BIP-теории с традиционным научным мировоззрением произошла в результате того, что для анализа элементарных частиц современная физика подошла к понятию существования многомерного комплексного расслоенного континуума не как к математической игрушке, а как к объективной фундаментальной первооснове всеобъемлющей реальности [13, с. 6].

BIP рассматривает человека как многоярусную информационную структуру, «имеющую в основе Универсальное Центральное Звено, являющееся Основой Основ, соотносящееся в религиозно-философской терминологии с такими понятиями, как Бог, Абсолют» [16, с. 28]. Если говорить проще, то под Центральным Звеном нужно иметь в виду индивидуальное сознание человека, которое представляет собой фрактал Сознания Вселенной.

В своих книгах мы (авторы) неоднократно говорили о том, что индивидуальное сознание человека представляет собой частичку голографического Сознания Вселенной. Теперь настало время подчеркнуть, что это не совсем так. Дело в том, что голограмма однородна, то есть каждая небольшая ее часть содержит информацию всей гигантской голограммы. Каждая точка имеет ту же характеристику, что и любая другая. Во фрактале же обнаружены небольшие отклонения. Если голограмма содержит абсолютно идентичные повторения той же структуры, то во фракталах наблюдается только само подобие, а не идентичность. Фрактал не повторяет структуру в точности, но он все же содержит и отражает все целое, как и голограмма! Поскольку Вселенная — это скорее фрактал, чем голограмма, она допускает творчество и изобретения. Свобода и красота, которыми радует нас наша фрактальная Вселенная, царят в нашей жизни!

Президент Фонда Айрес И. Н. Серов в своем интервью по поводу информационного воздействия на организм человека говорит следующее: «Вот уже десять лет специалисты Фонда пытаются разобраться, каким образом удается природе разместить в точечном объекте — зиготе молекулы ДНК — такое количество информации, которое позволяет не просто клонировать первичную клетку, а сформировать организм, являющийся максимально универсальным в среде своего обитания? Дело в том, что существует схема сверхплотной компоновки информации. Для ее описания используется математическая модель, называемая фракталом. Фрактал — это объект, который обладает свойством самоподобия. Иными словами, его внутренние составляющие являются аналогами общей формы, и наоборот, общая форма является аналогом его основы. Отсюда вытекает свойство голографичности фрактального объекта — по любому произвольно выбранному участку можно восстановить всю картину. Это свойство ярко проявляется в строении живого организма. Имея лишь одну клетку, можно получить информацию обо всем организме, причем совершенно неважно, что это за клетка. Любая клетка несет в себе полную информацию» [94].

Как утверждают ученые, Вселенское Сознание способно конкретизировать себя в пространстве (дробиться фрактально с переменным масштабом) любыми устойчивыми моделями различных элементов в чрезвычайно широком спектре. Для данного процесса необходима лишь четко осознанная мотивация. И при наличии такой мотивации Вселенское Сознание «дробится на части, приблизительно подобные целому», создавая, например, конкретные фрактальные структуры индивидуальных сознаний. Так, доктор технических наук, лауреат Государственной премии, профессор Р. И. Полонников пишет: «Сознание — универсальное явление, существующее повсюду: и в самых маленьких, и в самых крупных объектах Вселенной... Сознание в атомных и молекулярных неживых системах представляется нам пассивным (непроявленным) совсем не в силу его отсутствия, а по причине микроскопичности составляющих часть целого элементов и нашей неспособности увидеть его в данной системе в настоящем свете» [113, с. 26].

Такая конкретизация происходит за счет точной передачи информации с одного информационного уровня на другой. Как пишет И. Н. Серов: «...Любая передача смысловых импульсов при переходе с одного информационного уровня на другой должна происходить с учетом собственного коэффициента соответствия или же передаваться полностью синхронно по типу зеркальных отражений, когда функция совершенно четко проявляет себя в виде следствия без каких-либо отклонений, как два абсолютно параллельных „зеркала". В результате никакого искажения при трансляции сигнала от Центра к периферии быть не может. Функция регенерации биологической формы при таком уровне передачи информации становится абсолютной, а воспроизведение Центральной Базисной Схемы ДНК на периферии происходит спонтанно без извращений и деформаций» [17, с. 25].

Данное утверждение в своей основе опирается на известный принцип фрактала. Создание «модели» целостного биологического организма полностью подчинено этому закону и может быть описано и смоделировано с высокой точностью. Шедевром творческого проявления Вселенского Сознания можно считать генотип человека, созданный «по образу и подобию Божьему», который мог бы существовать вечно, если бы не постепенные искажения, возникающие в результате многотысячелетней дезинтеграции.

Множество вопиющих свидетельств прошлого упорно говорят об утерянной в результате безрассудного экстремизма способности человека жить вечно и «на равных общаться с Богами». Вот где скрыта причина падения человечества в пропасть безумия. Оттуда, из глубины тысячелетий, тянется хвост преступлений и предательств, ставших нормой жизни сегодня. «Грехи родителей ложатся на их детей до седьмого колена», — утверждают древние. Этот тезис характеризует принцип причинно-следственной связи поколений и объясняет причину потери стабильности и сдвига оси вращения Земли в те бесконечно далекие времена. Какого же «джинна» надо было выпустить на волю, чтобы получить такой итоговый результат? Почему такое могло произойти?

Сегодня уже в первичной клетке, с которой начинается общее развитие организма, проявляются отклонения от изначально строгой программы развития или базовой основы. Дело в том, что поступающий информационный сигнал, необходимый для развития эмбриона, искажается из-за информационных «отпечатков» или «следов», которые оставляют в информационном пространстве наши мысли и мыслеформы. То есть «следы» — это следствие дестабилизации информационных моделей. Уж чего-чего, а «следов» своего присутствия человек оставляет великое множество. Появление где-либо представителя человечества обнаруживается именно по тому уровню разрушения, который он производит вокруг себя, не задумываясь, что тем самым аналогичные процессы провоцируются и «внутри» его биологической формы.

Далее, в процессе биологического роста, воспитания, деятельности и возникновения массы различных, в том числе и отрицательных, факторов, им сопутствующих, развитие информационных звеньев идет чрезвычайно несинхронно, а зачастую и искаженно, что не позволяет создать качественную информационную структуру — человека по «образу и подобию». Срабатывает «Эффект бабочки», и хорошие божественные замыслы катастрофически искажаются.

Кроме того, самому биологическому организму, как и всему окружающему нас миру, также присуще так называемое системное разрушение. Повсеместно жизнь происходит за счет разрушения, полностью игнорируя фактор межсистемной интеграции.

Информационно разрушение заложено в нас уже на уровне клетки. Клетка представляет собой первый самостоятельный организм, полностью автономный. Чтобы поддерживать жизнь самостоятельно, ей нужна энергия! Энергию она вынуждена брать из окружающей среды, из того, что есть вокруг: солнечного света, воздуха, воды и клеток других живых существ.

Оказывается, уже на уровне клетки, в соответствии с законами автономного поддержания ее жизни, заложена агрессия одних живых организмов против других. Фактически вся природа создана таким образом, что одни живые существа представляют собой «блюдо» для других, образуя так называемые «пищевые цепи». Таков закон окружающей нас бессознательной природы.

Таким образом, агрессия в человеческой среде является следствием вынужденной борьбы за выживание клеточных организмов и служит проявлением низшей, бессознательной, животной жизни, составляя суть одного из первичных инстинктов — выживание любой ценой. Это кредо физического тела, бессознательной плоти. Но человек тем и отличается от животных, что обладает сознанием, созданным «по образу и подобию». И если бы развитие информационных структур человека не было бы искажено по его же собственной вине, биологическая агрессия организма оказалась бы управляемой сознанием. А поскольку наше сознание находится на невысоком уровне развития, то животная человеческая сущность зачастую берет верх. Тем не менее именно человек ответствен за то, что происходит на Земле, и до той поры, пока мы будем действовать в своей жизни по жесткой программе бессознательного, клеточного выживания, мы будем действовать разрушительно, разрушая, прежде всего, себя.

Такие разрушительные действия, никак не отвечающие предназначению истинно духовного человека, «созданного по образу и подобию Божьему», приводят к искажению информационных взаимосвязей. А как известно из теории фракталов, даже незначительные деформации информационного взаимодействия могут дать чудовищные последствия в развитии человека, вплоть до мутации биологической модели. Если сигналы, которые редуцирует Вселенское Сознание, воспринимаются информационной системой человека неадекватно, то она «начинает проявлять различные деструктивные модели восприятия и анализа подавляющего большинства информационных категорий. Далее как следствие происходит деградация белковой массы как функционального элемента с последующим выходом на спонтанные мутации общей формы организма» [17, с. 28].

В прошлом такие особи просто не смогли бы выжить и тем самым стать носителями деструктивных генетических моделей, генерируя их в пространство как на субмолекулярном уровне, так и на уровне биологического объекта. Как указывает И. Н. Серов [17, с. 28], такие особи всегда чрезвычайно активны, форма их мышления крайне примитивна. Они очень полярно и бескомпромиссно проявляют себя в тех случаях, когда общая концепция выходит за рамки их понимания. Это провоцирует в них эмоциональный взрыв по типу агрессивной иммунной реакции на любую информацию, существующую за пределами их примитивного понятия. Ведь как бы совершенна ни была информация, и каким бы качественным ни был носитель информации, уровень совершенства воспринимается только тогда, когда объект способен понять и адаптировать эту информацию. От таких особей в поле Сознания Вселенной поступает огромное количество негативной информации, которая снова и снова искажает идущий из Информационного центра сигнал. Однако цивилизация создает условия выживания объектам, генетическая структура которых разрушена.

Рассматривая человека как многоуровневую информационную систему, как часть глобальной фрактальной конструкции Вселенной, ученые пришли к выводу, что они (человек и Вселенная) всецело зависят друг от друга, так как каждый объект генерирует определенные информационные сигналы — связи, влияющие на его окружение.

Именно это имеет в виду академик А. Н. Петров, когда в своих лекциях на занятиях в Центре «Ноосфера» говорит: «Связи — это созданные Создателем конструкции, где всюду есть Его Образ, Его Мысль. В каждой клетке есть каркас — это связи. Каждая клетка связана с другими клетками — это связи. Каждый орган связан с организмом — это связи. Человек связан со Вселенной — это связи. Каждый человек — это Вселенная!»

Как известно, на поверхности человеческого тела существует огромное множество различных активных центров — биологически активные точки (БАТ). Но чем глубже будем продвигаться в сторону генетического ядра цитоструктуры, тем больше обнаружим там аналогичных «точек», связанных между собой в единую многоярусную фрактальную систему, которая отражает конкретную схему информационно-обменных взаимосвязей биологического объекта и определяет функциональные взаимоотношения. По мере приближения к молекуле ДНК данная структура уплотняется и образуется молекулярная структурная решетка — белок — фактор цитоструктуры, где каждое звено в системе формирует жестко систематизированную конструкцию.

Любое воздействие на поверхность тела вызывает соответствующие реакции организма. На какой бы участок организма ни направить жесткую нагрузку, появляется болевое ощущение; следовательно, импульс раздражает соответствующий рецептор периферической нервной системы, имеющей фрактальную структуру. В свою очередь, отсутствие каких-либо сигналов говорит о наличии конкретной патологии. То есть биологический организм функционирует как единая информационно-обменная система, состоящая из множества фрактальных звеньев, каждое из которых реагирует посредством собственного резонанса на тот или иной сигнал. Причем биологическая форма воспринимает информацию всей своей общностью, связанной в единую фрактальную многоуровневую систему [110, с. 14].

Если физические функции организма правильно взаимодействуют друг с другом, значит, существует гармония в слаженной работе информационной структуры и всех клеток физического тела. Именно это состояние и называется здоровьем. Но если в каком-либо функциональном звене произошел сбой, сможет ли организм качественно осознавать поступающую информацию? Конечно, нет! Результатом информационного сбоя является отсутствие гармонии или, проще говоря, болезнь. Слово «болезнь» можно использовать только в единственном числе, так же как слово «здоровье». И болезнь, и здоровье — явления, связанные с состоянием человека в целом, а не отдельных органов и частей тела, как это принято в ортодоксальной медицине.

Таким образом, истинное здоровье — это не отсутствие внешних проявлений болезни, а состояние внутренней гармонии, когда структура организма бесконфликтна и функционирует в оптимальном режиме. Организм развивается по базовой программе, и если эта функциональная основа искажена, то изменить его состояние возможно только при одном условии: нужно воздействовать на весь организм целиком, выравнивая его структурную форму и восстанавливая базовую матрицу функциональных процессов жизнедеятельности. В противном случае деформированная схема взаимодействий приведет к тому, что вновь и вновь информационные сбои будут проявляться как нарушение гармонии, как болезнь.

И оказывается, что нарушение гармонии происходит сначала на энергоинформационном уровне и только потом проявляется в физическом теле в виде каких-либо симптомов. Симптом является сигналом, нарушающим устоявшееся течение жизни, заставляющим обратить внимание на то, что у человека нарушен баланс внутренних душевных сил, с ним что-то произошло. При этом бессмысленно лечить какой-либо больной орган, конкретную «болезнь», нужно лечить весь организм в целом, интегративно.

Таким лечением или восстановлением структурных взаимосвязей организма, которые по какой-либо причине были потеряны или извращены, занимается энергоинформационная медицина, уверенно набирающая силу. И мощнейшим научным обоснованием правильности подхода энергоинформационной медицины к здоровью человека являются знания о фрактальной структуре мироздания и о человеке — как фрактале Вселенной!

Законы информационно-обменных процессов абсолютно четки и объективны. Игнорировать их не может никто — ни биологическая клетка, ни Галактика. И та, и другая находятся в едином информационном поле. И та, и другая воспринимают и излучают информацию. Эти кажущиеся бесконечно «далекими» друг от друга категории имеют общий базисный принцип существования: *любой процесс эволюции, прежде всего, подразумевает возможность увеличения потока воспринимаемой информации.*

Приходится только удивляться тому, как долго человечество шло к осознанию единства всего сущего в Мироздании, сформулированного еще Гермесом Трисмегистом в «Изумрудной скрижали»: «Истинно — без всякой лжи, достоверно и в высшей степени истинно: то, что вверху, аналогично тому, что находится внизу. И то, что внизу, аналогично тому, что находится вверху, чтобы осуществить чудеса единой вещи» [18, с. 28].

Глава 2

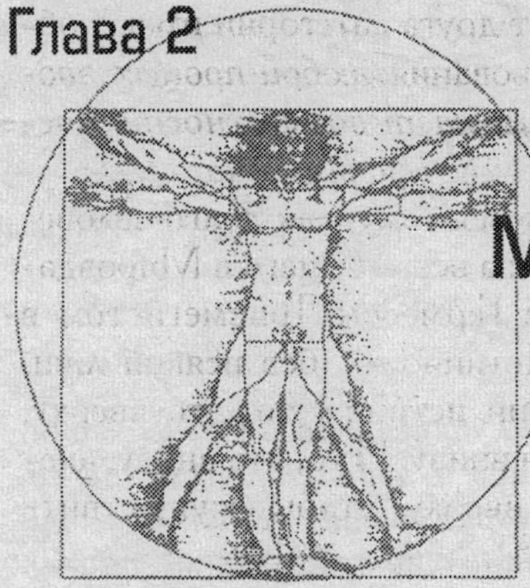

МЕДИЦИНСКИЕ АСПЕКТЫ

Здоровье и лечение человека официальной медициной и фармакологией в конце XX века стоит очень дорого и малоэффективно. Гораздо дешевле и полезнее профилактика и саногенез, связанные с улучшением питания, быта и отдыха каждого человека.

Всемирная организация здравоохранения

ПУТЕШЕСТВИЕ ПО ПАЛАТАМ

Причиной 90 процентов болезней являются сознание и доктора... Именно сознание, а также врачи и являются причиной большинства заболеваний, атакующих современный мир.

Сатья Саи Баба [19, с. 71]

Мы живем в век безопасной хирургии и опасной терапии.

Академик Б. Е. Вотчал

В ночь на 17 декабря 2002 года «скорая помощь» привезла меня в МСЧ № 18 с острой болью в животе и с очень высокой температурой. Я попала в хирургическое отделение, которым заведует доктор медицинских наук Б. В. Поздняков. УЗИ показало у меня наличие гнойного холецистита. Задачей врачей стало как можно скорее снизить температуру и подготовить меня к операции. Многочисленные инъекции антибиотиков и капельницы существенно уменьшили боль, но температура не хотела сдаваться. Медлить было нельзя, и операцию назначили на 20 декабря.

Накануне вечером температура вдруг резко упала почти до нормы и утром в день операции вообще была нормальной.

Лежа на каталке в коридоре у открытой двери операционной, я услышала, как один из докторов рассказывал анекдот: «Пришел мужик в хирургию с гнойным нарывом под ногтем и попросил, чтобы операцию делали только под общим наркозом. Дали наркоз — остановка сердца. Стали качать сердце — сломали ребро, вскрыли грудную клетку, привели сердце в порядок, стали перекладывать на каталку — уронили. Перелом шейки бедра. Через неделю мужик вышел из комы распластанным и в гипсе и спрашивает: „Доктор, а что с ногтем?"» Я все еще смеялась, когда меня вкатили в операционную.

Операцию блестяще провел кандидат медицинских наук, хирург высшей категории Михаил Александрович Рубцов. Ему я обязана жизнью. Когда вскрыли мой живот, то оказалось, что у меня гангрена желчного пузыря. Только ювелирная работа профессионала высочайшего уровня позволила так чисто и качественно провести операцию. Этот врач-ученый, проведший около восьми тысяч удачных полостных операций, имеет двадцать печатных работ и четыре изобретения, посвященных диагностике и лечению язвенной болезни. Он разработал и внедрил в практическое здравоохранение комплексную компьютерную программу оказания помощи пациентам с язвенной болезнью желудка и двенадцатиперстной кишки, включающую современные методы диагностики, лечения и наблюдения за больными. Здесь, пожалуй, стоит отметить, что именно хирургия и стоматология добились наибольших успехов в своей деятельности, чего нельзя сказать об ортодоксальной медицине в целом. Я от всей души благодарю доктора Рубцова за все, что он сделал для людей и для меня.

От имени прошедших сквозь страдание,
Оценивших жизнь и бытие,
От всех больных твержу как заклинание:
«Да святится имя твое!»

Трое суток, проведенных в реанимации под наркозом, не оставили у меня какого-либо впечатления, кроме одного: было больно. И наконец на четвертые сутки меня перевели в двухместную палату. Хотелось бы отметить, что хирургическое отделение произвело на меня очень хорошее впечатление чистотой, порядком, слаженностью работы и внимательностью персонала.

Мне казалось, что все самое трудное позади, начинается новый этап моей жизни, которая все больше приобретала розовый оттенок. Но не тут-то было! «А что с ногтем?»

На следующее утро лаборантка Елена Алексеевна сняла у меня кардиограмму. После обеда ко мне вдруг зачастили врачи-кардиологи с расспросами о сердце. Не ощущая никаких болей в сердце, я не понимала жгучего интереса врачей. Они оставили мне таблетки с указанием обязательно принимать их трижды в день. На следующее утро у меня опять сняли кардиограмму, потом отменили очередную капельницу, а после обеда мне объявили, что у меня... непроявленный инфаркт. Но волноваться не надо, так как процесс рубцевания уже идет.

И вот, чтобы «понаблюдать за вашим сердечком», верховные жрецы: зав. хирургическим отделением, зав. реанимационным отделением и зав. кардиологическим отделением — приняли прямо-таки соломоново решение: отправить меня дня на три назад, в хирургическую реанимацию. Одним словом, началось «терапевтическое лечение».

Двое суток, которые в сознательном состоянии удалось выдержать в реанимации, запомнятся мне кошмаром на всю оставшуюся жизнь.

Поскольку я была пятым пациентом (а положено четыре), то в реанимационную палату вкатили пятую кровать и поставили ее на самом проходе, так как ставить было больше негде. С левой стороны от кровати метрах в четырех было окно с постоянно открывающейся форточкой для проветривания, а с правой в полутора метрах от меня — входная дверь. И моим первым ощущением был холод. Единственной подпиткой служила вода комнатной температуры, и медсестры по моей просьбе подавали мне ее. Чашек, естественно, не было, а уж о горячем или хотя бы о теплом чае можно было только мечтать.

Тем, кто не знает, что такое реанимационная кровать, скажу: выше уровня стола с высокими ограждениями по бокам (чтобы не упасть), жесткая до невозможности и крайне неудобная для нормального лежания. Поверьте моему личному опыту: на ней можно лежать только в позе «цыпленок табака» и под наркозом. На таком лобном месте нельзя жить, можно только ждать своей участи. А я уже «начинала жить».

Может быть, мне не повезло, но почти все двое суток, которые удалось выдержать, в отделении стояли стоны и крики: «Ой... ой... ой... больно... больно!» И если днем паузы между криками были достаточно продолжительными, то по ночам крики, казалось, следовали один за другим. Бедные медсестры, сначала Маша, а затем Зина, носились вдоль моего «ложа», оказывая срочную помощь самой шумной пациентке и другим стонущим больным. Постоянно горел свет (как раз над моей головой), лилась вода, звякала стеклянная и металлическая посуда. И бесконечные клизмы с последующим грохотом, отсосы желчи через нос, уколы, капельницы. После принятых мер крики затихали минут на 15—20, а потом все повторялось снова.

Читатель вправе заметить: «А что вы хотите? Это же реанимация!» Вот именно! И уж поверьте, что хирургическая реанимация — не место для человека с инфарктом, хотя и с зашитым животом. Кстати, моя «личная реанимация» заключалась в трех уколах гепарина и в трех таблетках в сутки. За двое суток в реанимации мне удалось поспать с урывками около шести часов.

Почему я так подробно остановилась на этом коротком (двое суток) периоде моей жизни? Потому что там я воочию почувствовала «нечто», что назвала для себя... «мистическое».

«Нечто мистическое» происходило ночью, когда я, окончательно измотавшись, видимо, засыпала. Вначале я начинала чувствовать мелкую дрожь во всем теле, как гудение.

Ощущение было такое, будто кто-то реостатом плавно увеличивает напряжение до определенного предела, а потом плавно его снижает. И так снова, и снова. Затем со стороны спины появлялся необыкновенный жар, который охватывал мои щеки, скулы, шею и все тело до кончиков пальцев ног. Этот жар уплотнялся подо мной и, как мне казалось, восходящим потоком поднимал меня над кроватью.

В первую ночь я четко видела борьбу двух потоков — черного и красного. Огромные, как языки пламени большого костра, они сталкивались друг с другом, взмывали вверх, расходились и с новой силой сталкивались снова. И я почему-то понимала, что борются два мира — реальный и виртуальный. И четкая мысль все время буквально сверлила мозг: «Держись за реальный... не потеряй реальный». Эта борьба черного и красного прерывалась криками и стонами, я начинала ощущать, что лежу на потрясающе жаркой кровати, затем гудение в теле опять нарастало, жар снова «поднимал» меня, и схватка виртуального и реального миров продолжалась все с большей яростью.

Во вторую ночь ощущения в теле повторились в точности. Жар снова «поднял» меня над кроватью. Казалось, что я, находясь где-то в невесомости, наблюдаю... схватку. Опять схватку! На этот раз она шла между «сынами Земли» и «сынами Неба». Я не знаю, кого они олицетворяют. Но мне было известно, что и те, и другие понимают необходимость переговоров. Однако, встречаясь, они действовали друг против друга с необыкновенной жестокостью. А выглядели и те и другие, почти как люди, обладающие необычайной способностью перемещения в пространстве.

Когда под очередные крики и стоны я окончательно проснулась, в моей голове вдруг родилась четкая мысль: «Ради чего я здесь мучаюсь? Я же не в тюрьме. Сейчас оденусь (вещи мои стояли за ширмой) и уйду на отделение, сяду в кресло в холле и спокойно посижу в тишине и в темноте». И ушла бы, да не смогла слезть со своего «лобного места».

Утром, едва дождавшись обхода, я заявила, что больше не могу находиться здесь, что мне здесь плохо. «Мы ориентируемся не на ваши эмоции, а на объективные показания приборов», — ответил зав. отделением, но все же дал указание перевести меня в палату № 12. Несколько часов я спала. А когда отдохнула и осмыслила все, то поняла, что именно происходило там, в реанимационном отделении.

Прежде всего, я теперь знаю, что такое ад. Перед глазами так и стоят распластанные человеческие тела с зашитыми животами, с трубками, торчащими из всех дырок человеческого организма, разве что кроме ушей. Здесь в земной реанимации возвращают к жизни наши изгаженные физические тела. А ад — это небесная реанимация, где восстанавливают или переделывают (образно говоря, возвращают к жизни) наши изгаженные души. Только методы там, по-видимому, связаны с душевными болями. И еще неизвестно, где эти боли сильнее.

Но вернемся к земному реанимационному отделению, пространство которого наполнено фантомами умерших там людей, фантомами боли и ужаса.

В книге «Начало начал» мы писали о работе российских ученых под руководством академика Ф. Я. Шипунова, которые теоретически и, что еще важнее, экспериментально доказали наличие в нашем физическом мире «электронных матриц с отрицательным знаком» или, проще говоря, низкочастотной нечисти. Той самой, которую фотографировал итальянский ученый Лучано Боккони и которую отлично видно на фотографиях Кирлиан, выполненных врачом-исследователем из Нью-Йорка Софией Бланк.

Эта низкочастотная нечисть, питающаяся низкочастотными вибрациями ужаса, страха, боли, привлекается на пиршество в реанимационное отделение. Возникающий резонанс колоссально подпитывает ее, а заодно и находящихся в реанимации больных, усиливая их страдания и боль. А есть ли способ уменьшить их страдания? Да, есть!

Прежде всего нужно периодически очищать помещение от нечисти. Для этого следует пригласить священника, который молитвами, крестом и святой водой очистил и освятил бы реанимацию. И уж, конечно, повесить иконы. Желательно день начинать с молитв.

Здесь я позволю себе небольшое отступление. В 2002 году в продаже появилась удивительная книга Джуди Варнер «Вдохновленная медицина», в которой собраны статьи восемнадцати крупных врачей различных специальностей из разных стран. Они пишут об удивительном влиянии Сатьи Саи Бабы на их медицинскую практику. В частности, доктор медицины, анестезиолог Венкант Канубадди пишет: «Однажды я давал наркоз при операции по шунтированию коронарных сосудов очень слабому пациенту. Ударный выброс его сердца (способность сердечной мышцы качать кровь) составлял 20 процентов от нормы. Мы были готовы к любым неожиданностям. Завершив пересадку сосудов, хирург попытался отключить больного от аппарата искусственного кровообращения (АИК). Но попытка оказалась неудачной. Потом он ввел в аорту баллонный катетер, чтобы помочь сердцу восстановить свои функции „насоса", а я добавил препараты, стимулирующие сердечную деятельность. Однако сердце все равно не могло поддерживать необходимое давление крови. Хирург вновь подсоединил больного к АИК... и сказал, что проверит все обходные трансплантаты, надеясь обнаружить там причину.

Я не мог добавлять медикаменты, так как уже ввел максимальные дозы. Поэтому, пока хирург проверял проходимость шунтов, я положил правую руку на лоб больного, закрыл глаза и начал молиться Саи Бабе: „Дорогой Саи, только Твоя милость может изменить ход вещей. Мы со своей стороны сделали все возможное. Если этот больной и его семья заслуживают Твоей милости, прошу Тебя, вмешайся и помоги". В этот момент хирург сказал, что с обходными сосудами все нормально, и предложил еще раз попробовать отключить АИК. Удивительно, но в этот раз, пока мы отсоединяли трубки, все шло хорошо и кровяное давление оставалось стабильным на уровне 110/70. Хирург взглянул на мониторы, а потом в полном недоумении на меня, считая, что я все-таки добавил сердечные стимуляторы. Он сказал: „Венкат, что за чудо ты сотворил? Все показатели в норме". Я ответил: „Я ничего не делал — только молился. Бог ответил на наши молитвы, вот и все". Обстановка в операционной сразу же разрядилась. Я молча поблагодарил Свами, так как знал, что только Его милость спасла больному жизнь» [19, с. 173].

И подобных примеров чуда в книге очень много. Жаль, что в ней нет ни одной статьи, написанной российским врачом. Но очень хочется надеяться, что наши, российские, врачи хотя бы прочитают удивительную книгу «Вдохновленная медицина» и не воспримут как бред пожелания авторов данной книги относительно священника, икон и молитв. А кто-нибудь, возможно, и реализует наши рекомендации, тем более что от современных врачей, верующих только в «объективные показания приборов», ничего не убудет, а страдающим будет легче.

Но на этом мое путешествие по палатам не кончилось. На следующее утро меня перевели в кардиологическое отделение. Поскольку свободных мест в «палатах повышенной комфортности» не было, меня поместили в обыкновенную палату № 14. И главной целью жизни на ближайшее время стала одно — не простудиться. Не только не заклеенное, но даже не закрытое плотно окно, плоская батарея, чуть теплая на треть своей поверхности, и дикие морозы за окном (а перед новым 2003 годом в Санкт-Петербурге стояли морозы до –30 градусов) мобилизовали все резервы организма, заставив забыть и об инфаркте, и о зашитом животе. Началась борьба за выживание.

Но я не собираюсь утомлять читателя длинным и нудным рассказом о лечении в кардиологии. Скажу только, что

31 декабря меня перевели в «палату повышенной комфортности» № 24 — конечный пункт моего путешествия. Я хочу рассказать о другом.

В палате № 14 кардиологического отделения мой муж, Тихоплав Виталий Юрьевич, рассказал мне нечто, что в какой-то степени объяснило мои ощущения, описанные выше. Когда антибиотиками врачам не удавалось сбить у меня высокую температуру, он обратился за помощью к нашим друзьям — целителям Сергею Петровичу Кузионову, другу Грабового Г. П. и его доверенному лицу, и Виктории Юрьевне Рогозовой, очень скромной хрупкой женщине, обладающей уникальным даром. Вот о ее работе я и хочу рассказать читателям. И ориентироваться буду именно на свои ощущения и эмоции, а не на «объективные показания приборов». Что более точно может рассказать о неполадках в физическом теле, чем само тело — тончайший объект и одновременно инструмент исследований. А мертвые ящики, пусть даже напичканные суперсовременной аппаратурой, призваны только подтверждать и уточнять степень поражения того или иного участка организма. Если бы врачи владели методами энергоинформационной медицины и умели бы лечить болезни (а еще лучше — не допускать их вообще) путем воздействия на тонкие тела, то не нужны были бы ни операции, ни реанимации. И врачи не делились бы на хирургов, кардиологов, терапевтов, а были бы просто Врачи! О том, что такое вполне возможно, мы расскажем ниже.

Но вернемся к Виктории. Она начала работать со мной 19 декабря 2002 года, поставив цель понизить температуру до нормы. Именно в этот день вечером у меня впервые появились новые ощущения, которые в дальнейшем усиливались. Казалось, что вибрирует воздух возле моих щек и скул, воздействует на кожу и как-то «деформирует» ее. Когда-то в магазинах продавали резиновые головки со смешными рожицами и двумя дырочками снизу для пальцев. Одеваешь головку на пальцы, шевелишь ими, и рожица деформируется. Так вот, ощущения были именно такими. Казалось, что «деформируется» моя рожица. Естественно, я отнесла это на счет высокой температуры, а когда температура снизилась, а рожица продолжала «деформироваться», то я стала считать это результатом действия лекарств.

В полной мере сознательно и очень четко я ощутила воздействие Виктории в первую же ночь в палате № 14 кардиологического отделения. Ночью я вдруг проснулась от сильного гудения (высокочастотной вибрации) всего тела. При этом тело оставалось неподвижным, но вибрировала буквально каждая клеточка организма, как единое целое. Это были именно те необыкновенные ощущения, которые я переживала в реанимации. Но теперь они воспринимались иначе, с полным пониманием того, что происходит. Я старалась запомнить каждую мелочь, подобрать нужные слова, чтобы точнее выразить их. Рожица моя «деформировалась» (правда, лоб был холодный и спокойный), все тело, казалось, находилось под переменным напряжением, плавно нарастающие, а затем снижающиеся вибрации были приятны. Но особенно приятным был жар, возникающий со стороны спины. Он мощным потоком проходил через меня, но не «поднимал», как раньше. Когда эти ощущения, которые, по моим прикидкам, длились минут 20, стали спадать, я зажгла свет и посмотрела на часы. Было полпервого ночи. Потрясенная, я не могла заснуть. И примерно через полчаса воздействие повторилось с той же силой.

Значительно позднее, прочитав книгу Сатпрема «Разум клеток», я была потрясена описанием супраментальной вибрации, которую сумела возбудить в себе бесстрашная воительница — Посвященная Мирра Альфасса (Мать): «Все тело стало Единой, предельно быстрой и интенсивной, но неподвижной вибрацией. Вибрировала как бы каждая клетка в отдельности, но все вместе представляло собой единое вибрирующее Целое... Вибрация охватывает все тело: в ней столько теплоты, столько нежности и в то же время — ужасающей мощи. Она ощущается как огонь. По интенсивности вибрация и правда не уступает самому жаркому огню: тело не раз переживало ее как жар, лихорадку» [20, с. 97].

Я не думаю, что вибрация в моем теле была супраментальной (я просто не заслужила такой чести), но и вибрация, и необыкновенный жар, который я воспринимала не как огонь, а именно как жар, были просто потрясающими, необыкновенно приятными и завораживающими. Хотелось испытывать эти удивительные ощущения снова и снова. Казалось, что вибрирует не только все физическое тело, но и тонкие тела, пронизывающие его. Впрочем, почему казалось? Так оно и было на самом деле. Ведь воздействие шло на энергоинформационном уровне. И, как позднее сказала Виктория, это действовал «золотой поток». Следующей ночью удивительное воздействие опять повторилось дважды и с той же силой. Затем несколько ночей возникающие вибрации становились все менее интенсивными и через пять дней прекратились совсем. К сожалению, несмотря на мое огромное желание и страстное ожидание этого воздействия каждую следующую ночь, больше ничего подобного не было.

Забегая немного вперед, отмечу, что, выйдя из больницы, я уговорила мужа взяться за дыхательные упражнения. Нас интересовала возможность укрепить свое здоровье. А мне страстно хотелось испытать удивительные ощущения еще раз. Стоит отметить, что дыхательные упражнения не очень сложные. Нужно просто дисциплинировать себя, чтобы каждый день в одно и то же время заниматься упражнениями и медитацией. Откровенно говоря, медитацией я занималась несколько лет, но на дыхательные упражнения меня не хватало. А зря! Уже через неделю регулярных занятий я стала чувствовать вибрации в физическом теле. Конечно, по силе воздействия они ни в какое сравнение не шли с теми, что я ощущала в больнице. Создавалось такое впечатление, что не хватает «мощности», чтобы «раскачать» тяжелое физическое тело. Безусловно, нельзя заставить вибрировать, например, водопроводную трубу с частотой скрипичной струны, но можно заставить ее вибрировать с частотой, кратной частоте скрипичной струны, и добиться того, чтобы она зазвучала в унисон. Так что есть смысл поработать самой.

О «золотом потоке»

После моей выписки из больницы мы нашли несколько книг о «золотом потоке». Прежде всего наше внимание привлекла книга «Духовный резонанс» удивительной женщины из Австралии Джасмухин. В прошлом деловая дама на финансовом поприще, а ныне мать двоих уже взрослых дочерей, домохозяйка и видный общественный деятель, она знаменита тем, что с 1993 года и по сей день абсолютно не нуждается в пище [21, с. 10]. Джасмухин — живая легенда, женщина, ставшая объектом изучения многих научно-исследовательских институтов в мире. Но ее истинное достоинство не в том, что она живет без какой-либо пищи. Джасмухин достигла истинного духовного просветления и высочайшего уровня свободы. Она обучалась у великих йогов Индии, в том числе у самого Бабаджи. Она получает знания от Высших Иерархов Мироздания и находится в непосредственном контакте со многими из Них.

Автор множества книг, Джасмухин публикует статьи во многих периодических изданиях мира, издает и редактирует газету «Голос ЕЛРААНИС», фокусирующуюся, в основном, на раскрытии и претворении в жизнь социальных, экономических, политических и общеобразовательных программ, достижении совершенства на личном и глобальном уровне. Газета рассылается в 11 стран.

Проводя огромную просветительскую работу по всему миру, Джасмухин в 2001 году совершила турне по странам Европы, в том числе и нежарким, скандинавским, а также по странам Северной и Южной Америки. И везде она призывает народ отказаться от рабской подчиненности запросам своего физического тела и начать «жить за счет света». И ни жара, ни мороз ей нипочем. В интервью британскому журналу «Kindred Spirit» (№ 47, 1999) эта голубоглазая блондинка так же говорила, что питается исключительно живительной энергией света. Или, по-другому, праной — универсальной космической жизненной силой [21, с. 11].

В своей книге «Жизнь на основе света» Джасмухин пишет, что Вознесенные Учителя посылают ей видения будущей жизни на нашей планете, не знающей голода. «Представьте, сколько миллиардов можно было бы направить на другие нужды, — пишет австралийская мечтательница, — если бы каждый поверил, что сможет питаться одной-единственной универсальной субстанцией — Божественным Светом» (рис. 12).

Рис. 12. Джасмухин

Кстати говоря, подобные «солнцееды» имеются и в России. В газете «Аргументы и Факты» № 52 за 2002 год опубликовано интервью с врачом-психофизиологом кандидатом медицинских наук А. В. Клюевым, президентом фонда «Сознательная Эволюция человека». Так, доктор Клюев утверждает: «...На юге России живет одна женщина, Зинаида, которая вот уже два года ничего не ест и не пьет. Она сама прошла все этапы сознательной эволюции. В какой-то момент Зинаида вдруг осознала (как говорит, ей был Голос), что может ничего не есть. Две недели не ела. Потом попробовала и не пить. Еще полмесяца у нее был мучительный период, когда шла перестройка организма. На коже появились плотные образования, как от укусов комаров (видимо, организм пытался извлекать влагу из воздуха)... Через месяц-полтора все нормализовалось, и процесс обмена веществ наладился».

— Каких веществ? Она же ничего не принимает внутрь! За счет чего она живет?

— За счет нисходящей эволюционной энергии. Это не фантастика. Во всем мире насчитываются тысячи людей, которые обходятся без пищи. Их называют солнцеедами. Энергия, получаемая организмом из окружающего пространства, усваивается и ассимилируется на клеточном уровне.

Естественно, что Зинаиду весьма тщательно исследовали ученые. Обследования проводились двумя методами. Первый метод был традиционным. Проводил его профессор медицинского Университета дружбы народов Чижов. Вот выдержка из его заключения: «Нарушены функции: выведения из организма воды и газа (легкие); защиты сердца (перикард); пищеварения и гармоничного распределения питательных веществ (селезенка и поджелудочная железа); очищения организма (печень)» [22, с. 23]. Проще говоря, у Зинаиды с позиций традиционной медицины наблюдалась патология целого ряда органов и систем. Но при этом она чувствовала себя физически здоровой и активной, пребывала в прекрасном расположении духа.

Еще два обследования Зинаида прошла в Киеве и Софии — на этот раз методами нетрадиционной медицины, которые позволяли рассмотреть работу организма на тонком уровне. Результаты были ошеломляющими. Все органы, за исключением тех, что связаны с пищеварением, имели высокую «вибрационную» активность. Биологический возраст Зинаиды определили в 30 лет, у 67-летней женщины прекратилась менопауза, и установился нормальный менструальный цикл. Она, Зинаида, перешла на принципиально новый уровень существования — вибрационный. Именно об этом пишет и Джасмухин. И не случайно ее книга называется «Духовный резонанс».

В Оксфордском словаре значение слова «резонанс» определяется как «ответ на вибрации определенной частоты посредством, главным образом, собственной сильной вибрации». В метафизике это понятие связано с универсальным Законом Резонанса, суть которого заключается в том, что подобное притягивается подобным.

В своих книгах мы уже отмечали, что человек обладает физическим телом и шестью тонкими телами. Каждое тело вибрирует с определенной частотой. И наиболее низкой частотой обладает физическое тело. Прежде всего, необходимо согласовать вибрации всех наших тел так, чтобы они вибрировали гармонично. Краткий словарь иностранных слов трактует понятие гармонии так: «Гармония — согласованность, стройное сочетание, соразмерность».

Многие люди всю жизнь мечтают по-настоящему испытать радость, душевное равновесие, гармонию и беззаветную любовь. Мы автоматически достигаем этого, если настраиваем все наши тела на более высокие частоты. Так, например, можно сознательно увеличить вибрационную частоту физического тела диетой, легкой пищей, чистым, свежим питьем, медитацией и особенно эффективно — выполнением дыхательных упражнений. В эмоциональном отношении следует избавляться от эмоций страха, ненависти, гнева, беспокойства, вины и т. д., так как сохранение негативных эмоций создает блоки в астральном теле и в конечном итоге приводит к заболеваниям. Для гармонизации ментального уровня необходимо тщательно контролировать свои мысли, так как «энергия, следуя за мыслью, создает нашу реальность» [23, с. 13] .

Исключительно благоприятно состояние человека, когда «звучание» всех его тел образует аккорд. Например, физическое тело может находиться в совершенном резонансе с музыкальной нотой «до» первой октавы. Энергетическое поле эмоционального тела — с нотой «ми». Энергетическое поле ментального тела — с нотой «соль» и духовное тело — с нотой «до» следующей по высоте октавы. Когда эти энергетические поля полностью настроены каждое на свою ноту, они звучат в совокупности гармонично, как аккорд, в данном случае до мажор, и жизнь человека соответствует закону гармонии.

Самая могущественная преобразующая и созидательная сила во Вселенной — сила нашего Божественного Я, нашего Духа. Работая со своими телами с целью их гармонизации, программируя себя и настраиваясь на контакт с Высшими Иерархами, духовно продвинутые люди добиваются уникальных результатов. Джасмухин утверждает, что программирование — это повторяющаяся инструкция. Она приводит, например, такую программу: «Я прошу, чтобы энергетические поля моего физического, эмоционального, ментального и духовного тел пришли в совершенное согласие друг с другом — так, чтобы мое Божественное Я могло сознательно и в полной мере проявляться на физическом плане и на всех планах существования, принося мне великую радость, облегчение, благодать, удовольствие и изобилие» [23, с. 72]. Но помимо перечисленных благодатей Божественное Я духовно продвинутого человека получает право обращения к Высшим Иерархам. Например, с просьбой помочь какому-либо конкретному человеку, направив на него «золотой поток» с конкретной программой.

Так что же это такое, золотой поток? Известный писатель Брайэн Грэттан в книге «Махатма I и II» пишет, что «чистейшей формой энергии во всех вселенных является энергия Махатмы, которая представляет собой золотистый белый свет», и что «энергия Махатмы воплощает сознание» [23, с. 29].

А вот каким увидела этот поток Мать (Мирра Альфасса), руководительница ашрама, основанного Шри Ауробиндо: «Сила, тепло, золото — вот как это воспринималось. Причем золото не льющееся, а, скорее, облако. Каждая из „пылинок" была подобна живому золоту; горячая золотая пыль, ни яркая, ни темная; даже света не было — просто множество крошечных золотых точек, вот и все. И какая же в этом была сила и теплота» [20, с. 96]. Именно действие золотого потока сопровождалось вибрацией, которую Мать назвала супраментальной. «У меня был уникальный опыт. Супраментальный свет вошел в мое тело прямо, минуя внутренние и внешние планы сознания. Супраментальный свет вошел через ноги. Червонно-золотой свет, изумительный, теплый, интенсивный. И он поднимался все выше и выше. И вместе с его подъемом возрастал также жар, потому что тело не привыкло к подобной интенсивности» [24, с. 182].

По-видимому, «золотой поток» — высшая форма психической энергии, направляемой Иерархами избирательно и с заданной программой. Но направлять такой поток для излечения больного могла и Мать. «Всякий раз, когда мне удавалось по-настоящему исцелить так называемую болезнь или нарушение жизненной функции, то есть найти вибрацию, которая устраняет расстройство и восстанавливает равновесие, я просто посылала больным соответствующую вибрацию. Дело в том, что субстанция едина. Раз это происходит в одном теле, это может произойти во всех телах. Я сделана из того же самого, что и другие... И как только одно тело это сделало, у него есть способность передать это другим» [24, с. 184].

Работа с вибрацией и энергией белого света, который и называется «золотым потоком», является, по утверждению Джасмухин, основой для любого целительства.

О силе «золотого потока» и о возможности использовать его во благо знала Рогозова Виктория Юрьевна, к которой и обратился за помощью мой муж, Тихоплав Виталий Юрьевич.

К возможности обращения к Высшим Иерархам Виктория шла много лет. Все началось с несчастья. В интервью, которое провел с ней В. Лебедько, автор книг «Хроники российской саньясы» (т. 1 и т. 2), она говорит: «Я работала технологом на „Светлане", и как-то раз в нашем цехе ко мне подошла старушка, положила руки мне на спину и сказала какое-то четверостишие с матом, суть которого была в том, что „пусть у меня не болит, а у тебя болит". Я испугалась. Если бы не испугалась, то ничего бы и не произошло. А тут на мои болячки и на страх потустороннего все это и легло. На полгода я встала на костыли. Меня чуть ли не на инвалидность поставили. И с костылей меня снимал один замечательный Мастер — Владимир Матвеев. Я прошла у него десять сеансов массажа: пять сеансов он выравнивал энергетику. А следующие пять сеансов —уже более развернутый массаж. После этих сеансов я не только встала с костылей, но у меня ушли и разные мелкие болячки, которые были до того. Владимиру я очень благодарна, потому что он дал мне первый толчок. Это был не только массаж, но толчок к осознанию того, что со мной произошло».

А далее началось серьезное изучение нового знания. И первым учителем был Григорий Рейнин. Судьба привела Викторию к Арканам — древнему Египетскому Знанию, которое было передано нам в картах. Одна из легенд гласит, что египетские жрецы, предвидя гибель цивилизации, закодировали свое Знание в картах Таро. Они-то и дошли до нас. В России существовали две очень сильные Школы, занимающиеся изучением этого Великого Знания, расшифровкой карт. Питерскую Школу ГОМа возглавлял Георгий Оттович Мебиус (не путать с Августом Мебиусом, придумавшим простейшую одностороннюю поверхность — лист Мебиуса), а московскую Школу — Владимир Шмаков. В сталинские времена питерская Школа ГОМа была уничтожена, из заключения вернулись лишь две женщины почти в восьмидесятилетнем возрасте, которые успели передать Знания группе своих учеников. В эту группу входил и Г. Рейнин.

Арканы — это вибрационная структура Вселенной. Это свод законов, по которым устроена Вселенная. Существуют двадцать два Великих Аркана, пятьдесят шесть Малых Арканов и двадцать два Темных Аркана. Чтобы проще было понять смысл Арканов, попробуем провести аналогию с работой симфонического оркестра, исполняющего прекрасную музыку, которая никого не может оставить равнодушным. Представим себе, что каждый Аркан соответствует определенному инструменту, который ведет конкретную партию с определенной частотой вибрации. Воздействуя на слушателя своими вибрациями и вызывая резонанс в его тонких телах, музыкальный инструмент погружает человека в особое состояние или, как говорят, в особое пространство. Однажды по радио нам довелось услышать в исполнении С. Захарова песню «Старый скрипач». Песня произвела неизгладимое впечатление и музыкой, и содержанием, и, конечно, исполнением. Ах, как пела эта скрипка! Старый скрипач проник в самые затаенные уголки души человека, от лица которого поется песня. В его памяти всплыло то, что он старательно прятал от себя: любовь, которой он пожертвовал ради благополучия; друзья, которых он когда-то предал; одним словом, все то, что ранее считалось им несущественным. Слушая чарующие звуки скрипки, он вдруг понял, что когда-то с легкостью отбросил именно то, что является самым важным, самым главным в жизни. А то, чего он добился: деньги, карьера, положение, — то, что он считал основой, все это оказалось малозначащим. «И то, что было прочным, стало зыбким». Ах, как пела эта скрипка! Под действием высоких вибраций проснулась и зазвучала в резонанс с ними его душа, которая жаждала полета на крыльях любви, а оказалась придавленной к быту предательством и богатством.

Вот так же и Аркан, воздействуя на человека своей вибрационной структурой, погружает его в определенное пространство — пространство Аркана. Человек учится настраиваться на эту вибрацию. Когда результат воздействия первого Аркана закрепился и человек может самостоятельно войти в резонанс с вибрациями этого уровня, он переходит к следующему Аркану и т. д. В итоге он приобретает умение войти в резонанс с вибрацией конкретного уровня или с вибрационной структурой прекрасного оркестра Вселенной, музыка которого никого не оставляет равнодушным. А значит, он может жить в гармонии с Мирозданием, управлять вибрацией своих тонких тел, лечить свое физическое тело.

Так, Виктория говорит: «Поскольку Арканы являются живым разумом, то, обращаясь к ним, ты получаешь опыт проживания каждого из них, как некое живое Знание в тебе. И вот, когда целое собирается, например, все двадцать два Великих Аркана, то переживание и опыт этого колоссален. Это может быть не проявлено внешне, но внутри — это мощнейшая трансформация... С Арканами можно работать и под задачу. Предположим, я столкнулась с какой-то ситуацией, которую не могу пройти. Тогда я обращаюсь или ко всем Арканам, или к тому Аркану, который ближе всего к этой ситуации. Если, положим, мне нужно выйти победителем из какого-то взаимодействия, то я могу войти в Седьмой Аркан (Победитель) с вопросом: что мне нужно переделать в себе, чтобы пройти данную ситуацию... и уже, так сказать, вооруженная необходимым Знанием, прохожу через то, что ожидалось... Еще для меня был очень важен опыт работы с потусторонним миром. Арканы дали возможность и понять природу этих самых потусторонних явлений, и освободиться от страха перед ними. А в принципе, конечно, Арканы — это не игрушка и не прикладное знание, а Путь познания себя и тех законов, по которым устроен мир».

Итак, по просьбе моего мужа опытный духовный практик Виктория Юрьевна Рогозова обратилась за помощью к Иерархам.

Так, 19 декабря она обратилась к Высшим Иерархам с просьбой направить «золотой поток» на Татьяну Серафимовну Тихоплав с целью понизить температуру до нормы. И получила согласие. А на следующий день она обратилась с просьбой помочь при операции и т. д. Сильнейший эффект от воздействия на меня золотого потока я отношу, прежде всего, за счет удивительной мощи самого потока, моего длительного голодания, связанного с операцией и послеоперационным периодом, и соответствующей психологической обстановки. Видимо, «Золотой поток» вступил «в резонанс» с моими тонкими телами, а они оказали целительное воздействие (в соответствии с заданной программой) на физическое тело. Вот почему лечение началось раньше, чем врачи обнаружили неполадки в моем сердце, и уж тем более раньше, чем они начали его лечить.

Хотя с сердцем тоже не совсем понятно. Когда врачи заявили, что у меня непроникающий инфаркт, Сергей Петрович Кузионов, Виктория Юрьевна Рогозова и Юрий Васильевич Кретов, не связанные друг с другом, сказали моему мужу, что инфаркта нет, но нарушения в работе сердца действительно имеются. Так кто же прав?

Еще лежа в реанимации, я слышала разговор медсестры и врача:

— А что с Тихоплав?

— Инфаркт.

— Подтвержденный?

— С большой вероятностью.

Снимая в очередной раз ЭКГ, Елена Алексеевна, наклонясь над прибором и просматривая ленту, вдруг сказала:

— Как я хочу снять у вас хорошую ЭКГ.

— Давайте, я по-другому лягу.

— Нет, нет, хорошую в другом смысле. Я не могу избавиться от ощущения, что здесь какая-то ошибка.

И наконец, 30 декабря лечащий врач, листая мою историю болезни, сказала, что они, врачи, не могут точно поставить диагноз: то ли непроникающий инфаркт, то ли таков ход ишемической болезни. Но поскольку для излечения инфаркта (а судя по диаграмме, этот процесс идет) требуется 2—3 недели, нужно выдержать этот срок для полного исцеления. И выдержали.

4 января меня навестил доктор В. В. Ветвин. О нем мы писали в книге «Начало начал». Он очень тщательно продиагностировал меня руками и тоже сказал, что инфаркта нет. Так был ли мальчик, то есть инфаркт? Не знаю. Ортодоксальная медицина, ориентируясь на «объективные показания приборов», не смогла дать однозначного ответа. Видимо, приборов ей все же недостаточно. А целители, в том числе и врач В. В. Ветвин, единодушно отмели инфаркт, указав, что нарушения в работе сердца действительно были, и они появились еще в реанимации.

Во всяком случае, я была счастлива, когда через три с половиной недели мое путешествие по палатам закончилось. Но не закончились чудеса!

На следующий день после выписки из больницы вдруг раздался телефонный звонок. Звонил из Москвы академик Аркадий Наумович Петров, директор центра биоинформационных технологий «Ноосфера», того самого, о котором мы написали в книге «Кардинальный поворот». Стоит отметить, что мы не были знакомы, хотя однажды разговаривали по телефону, когда пытались попасть на прием к Г. П. Грабовому. Аркадий Наумович поблагодарил нас за наши книги, за описание его работы и работы его центра, а когда узнал о прошедшей операции, то, не задумываясь, предложил регенерировать мне желчный пузырь. Я поблагодарила его, но сказала, что меня больше волнует здоровье моего мужа, и, если это возможно, пусть они лучше помогут ему. На что Аркадий Наумович пообещал помочь со здоровьем и мне, и Виталию Юрьевичу. А на следующий день он позвонил еще раз, предложил взять лист бумаги и записать результаты диагностики наших организмов. Если сказать грубо, что у меня «отвисла челюсть», то это почти ничего не сказать. Совпадение с известными нам болезнями составляло 100 процентов, но появились и новые, о которых мы не знали. Их нужно было проверить. Кстати, академик Петров тоже не установил наличие у меня инфаркта, хотя некоторые изменения в сердце отметил!

В своих книгах мы неоднократно писали о дистанционной диагностике и о дистанционном лечении. Такая возможность не являлась для нас каким-то открытием. Но когда ты в Питере занимаешься своими делами, а тебя в это время диагностируют специалисты в Москве — это впечатляет! Но еще больше впечатляет, когда тебя лечат!

15 февраля Аркадий Наумович позвонил еще раз и сказал, что восстановление желчного пузыря идет полным ходом, уже создана его голограмма, которую можно увидеть на УЗИ пока только как тень.

И 3 марта мне было сделано ультразвуковое исследование. Коротко объяснив состояние вопроса и сказав: «Только не считайте меня сумасшедшей», — я попросила врача повнимательнее посмотреть мой будущий желчный пузырь. Врач очень внимательно посмотрела на меня и занялась обследованием. Первая реакция была такой: «Да, да! Есть, есть! Есть маленький желчный пузырь!» Она весьма тщательно просканировала мне всю область печени и желчного пузыря, сделала компьютерную фотографию, а потом заявила, что, поскольку желчный пузырь вообще-то не восстанавливается, то возможно, это просто желчный проток, который расширился и принял на себя функции желчного пузыря. Иного я и не ожидала, но сказала ей, что обязательно приду еще. И пришла. Но пришла уже после посещения биоинформационного Центра «Ноосфера» в Москве на Мытищинской улице 14, о чем подробно написано ниже.

Оглядываясь назад и будучи уверенной в том, что ничего не происходит случайно, я прихожу к очень важным для нас выводам. Прежде всего, Господь не дал мне умереть! Он позволил не только избежать осложнений, связанных с самой операцией, и избавил от диабета II, который «проявился» два года назад, но и вплотную столкнул меня с теми «чудесами», о которых мы писали в своих книгах! Бог провел меня через тернии не зря. Мы в очередной раз столкнулись с современной терапией, с которой очень не хотелось бы сталкиваться, у меня появился собственный опыт воздействия целителей, а у нас как авторов книг существенно расширилось поле интересов, появилась необходимость рассказать читателям не только о врачах, но и об удивительных методах исцеления, опробованных на себе, и о целителях, владеющих этой уникальной практикой. И еще сказать людям: «Не все так безнадежно в нашей жизни. Боритесь со своими болезнями сами, ищите исцеления в искренней вере в Бога, в молитвах, в целителях. В настоящих Целителях и у Врачей (с большой буквы) с золотыми руками и с Богом в сердце, понимающих, что человек — это не просто физическое тело, а Нечто более сложное и тонкое, исключительно ранимое и необыкновенно благодарное. Такие Целители и такие Врачи есть!»

ИНФОРМАЦИОННЫЕ ОСНОВЫ ЗДОРОВЬЯ

В каноническом виде человек не имеет болезни. Болезнь — это внешняя информация. Где-то вы ее пропустили внутрь объекта информации, который соответствовал здоровому вам.

Академик Г. П. Грабовой

В настоящее время современных врачей можно разделить на две антагонистические группы — натуропаты и официальные медики, что соответствует двум главнейшим задачам медицины: поддерживать здоровье и лечить конкретные болезни пациентов. И как Гамлет решал для себя проблему «Быть или не быть?», так каждый врач сегодня должен решить, что для него важнее — первое или второе?

«Только плохой врач занимается лечением», — говорили в древнем Китае. Традиционно китайцы платили своему доктору, чтобы тот следил за их здоровьем, а если заболевали — переставали платить, поскольку он не выполнил свою работу должным образом.

Еще со времен Гиппократа, Авиценны и других было очевидно, что наиболее важно уметь поддерживать здоровье, тем самым сокращая число болезней и человеческие страдания. Стоит отметить, что решение этой проблемы в значительной степени сняло бы профессиональный «прессинг» с самих врачей. Ведь не секрет, что средняя продолжительность жизни врачей на 15—20 лет меньше, чем у населения в целом именно из-за психологических перегрузок, из-за их постоянной причастности к страданиям и неумении заботиться о себе в первую очередь.

Статистика показывает, что среди врачей высока не только заболеваемость, но также и количество самоубийств, разводов и других проявлений социальной патологии.

В книге Ф. Капра «Уроки мудрости» (пер. с англ., 1996) приведены диалоги с ведущими медиками. В частности, доктор Л. Шлейн говорит: «Люди, которых я принимаю в течение дня, входят в мою жизнь в момент, который для них является самым страшным в их жизни. Когда я начинаю работать с ними, они находятся в состоянии большой тревожности; я постоянно имею дело с людьми, которые тревожатся. Для них это взаимодействие — единичное, очень важное событие; для меня оно — повседневная работа. Я не могу относиться к ним поверхностно... Я должен переживать с той же интенсивностью, что и они, а это очень утомляет, изматывает и истощает».

А знаменитый врач-психиатр А. Диаманта пишет: «Пациенты передают свои проблемы психиатру, но, если психиатры не умеют заботиться о себе, они в конце концов приходят в отчаяние, и дело доходит до суицида... Когда я в качестве семейного терапевта работаю с семьей, я даю им понять, что часть моей роли состоит в том, чтобы заботиться не только о них, но и о себе... Если возникает конфликт между моими потребностями и потребностями этой семьи — к черту семью. Обычным людям трудно это понять».

В своей удивительной книге «Врачи — заложники смерти» доктор медицинских наук сотрудник Московского Научно-исследовательского института скорой помощи им. Н. В. Склифосовского А. А. Алексеев утверждает, что корни проблем высокой врачебной смертности, низкой продолжительности жизни пациентов, раздоров и распрей между различными медицинскими направлениями (аллопатия, натуропатия и т. д.) «зарыты» в отсутствии реальной заботы государства, правительства и медицинского чиновничества о здоровье человека и в культивировании борьбы с болезнями. «И на острие этой стратегической ошибки в вопросе жизни и смерти людей мы видим врача — жертву. Врач беззащитен, зомбирован узкой профилизацией, оболванен. Поэтому и жизнь его на 20 лет меньше, чем его пациентов» [26, с. 34].

Вообще на жизнеспособность человека сильно влияют различные виды так называемых биологических стрессов. Это психологический стресс, неполноценное питание, аллергическая перегрузка, загрязнение окружающей среды, физическое переутомление, резкие перепады температур, микробиологическое заражение, побочные эффекты лекарств, повышенный радиационный фон, электромагнитное загрязнение, энергия негативных мыслей. Но самыми основными причинами, снижающими продолжительность жизни врачей и пациентов, следует считать две: «Отсутствие у врача (пациента) потребности понять и принять принцип „познай себя"; низкий общебиологический интеллект и невозможность осознания в самом себе единения души и тела» [26, с. 218].

Что это значит? Это значит, что врач *обязан знать*: человек — не только физическое тело, это сложнейший информационный комплекс: тело — Душа — Дух, и воздействие врача на человека должно быть весьма специфическим. Настоящий врач, если он врач, обязан понимать причины возникновения болезней, а не действовать как «ремонтный рабочий», стремясь «починить» испорченный агрегат, то есть, простите, организм.

Например, сегодня врачи пытаются восстановить функции атероматозной артерии точно так же, как сантехник прочищает забившийся водопровод. Они вводят химические вещества, чтобы усилить кровоток через холестериновые бляшки, а когда это не помогает, используют растягивающий стенки кровеносных сосудов поршень или даже лазерный луч; но чаще всего в обход непроходимого участка артерии вшивается специальная трубка.

Как пишет крупнейший американский специалист, доктор медицины Ричард Гербер: «Современного хирурга можно назвать специализированным „биосантехником“, который знает, как изолировать и удалить „неисправный“ компонент и как заново собрать систему, чтобы она нормально функционировала. Развитие медикаментозного лечения обеспечило новые способы „починки“ больного тела... Вместо скальпелей, как в хирургии, врачи-терапевты используют лекарства, чтобы доставить лечебные препараты — своеобразные „волшебные пули“ — в определенные ткани тела... Однако оба эти метода базируются на ньютоновской точке зрения, согласно которой человеческое тело — сложный часовой механизм, состоящий из таких деталей, как физические органы, химические вещества, энзимы и мембранные рецепторы... Однако человек представляет собой нечто большее, чем сумма химических соединений. Он, как и все живые существа, зависит от неуловимой жизненной силы, определяющей его целостность и жизнеспособность... Жизненная сила упорядочивает живые системы, постоянно „достраивает“ и обновляет свой клеточный носитель — тело... Этот аспект определяется доминированием Духа над физическим телом. Духовное измерение человека — это энергетическая основа всей жизни, потому что именно энергия Духа может оживить физическую структуру материи» [27, с. 38].

Да! Настоящие врачи, если они врачи, а не «ремонтники», обязаны понимать причины возникновения болезней. Настоящий врач уже одним своим присутствием должен оказывать на пациента необходимое духовное воздействие, он должен уметь вносить информацию «здоровья» в информационный комплекс «Человек», уметь поддерживать его здоровье, а не просто выписывать таблетку или перевязывать рану.

«Нельзя лечить тело, не считаясь с душой и духом», — говорит доктор медицинских наук А. А. Алексеев.

К сожалению, современное медицинское образование имеет технократический характер. Это превратило медицину в расформированный по специальностям набор методик, приемов, правил, средств, навыков, в результате чего врачи, осваивая методы лечения той или иной болезни, забывают о человеке в целом [28, с. 92] и уж тем более ничего не желают знать о его душе и духе. Кстати, о своей душе тоже. Интегративно (весь организм в целом) больного лечить сложнее, и при потворстве государства (реальной системы профилактической медицины с государственным субсидированием нет) «узкопрофильный» врач идет по пути наименьшего сопротивления: он с громадным бессознательным удовольствием лечит отдельные конкретные болезни, игнорируя все остальное.

Так, например, эндокринолог, занимаясь проблемами поджелудочной железы, может вообще не интересоваться состоянием желчного пузыря и печени, ибо они уже не его забота, это сфера забот гастроэнтеролога. Хорошо еще, если такой эндокринолог поинтересуется когда-нибудь этими органами и порекомендует пациенту УЗИ. Но это тоже не его забота. Именно так и было с автором этой книги. Врач-эндокринолог за два года консультаций ни разу не поинтересовался ни печенью, ни желчным пузырем. А в результате за полтора года «сгнил» (как выразился хирург) желчный пузырь. Кстати говоря, эндокринолог в платной поликлинике тоже не обратил внимания ни на желчный пузырь, ни на печень. И, пожалуй, самое интересное, специалист по иридодиагностике не обнаружил никаких проблем с желчным пузырем, так что я долгое время была уверена, что боли, появляющиеся иногда, связаны с позвоночником. Тем более что на томограмме позвоночника обнаружили межпозвоночную грыжу в грудном отделе. А рекомендаций по УЗИ брюшной полости не было ни одной. Одно лечим, другое калечим. Для человека, далекого от медицины, както странно выглядит лечение больного по частям.

Но самое страшное — в том, что такой врач пытается вылечить конкретную болезнь, совершенно не считаясь с причинами ее возникновения. А потому и результаты такого лечения плачевны.

Вот интересные данные, появившиеся в американской печати. В 1973 году, когда врачи в Израиле бастовали в течение месяца и количество госпитализированных больных сократилось на 85 процентов, смертность в стране понизилась вдвое, достигнув самого низкого за время существования государства уровня. Предыдущее, тоже очень заметное снижение смертности, наблюдалось двадцатью годами ранее и, что очень примечательно, тоже во время забастовки врачей. При аналогичной забастовке в США, в округе Лос-Анджелес в 1976 году, смертность также упала на 20 процентов. Создается впечатление, что люди выживают не благодаря, а вопреки усилиям медиков. И оказалось, что старый анекдот: «Ну, что — лечить будем или пусть живет?» — не так уж далек от истины [29, с. 79].

Сатья Саи Баба по этому поводу говорит следующее: «Причиной 90 процентов болезней являются сознание и доктора... Именно сознание, а также врачи и являются причиной большинства заболеваний, атакующих современный мир» [19, с. 71].

Не видя за деревьями леса, узкопрофильные специалисты, занимающиеся лечением нескольких десятков конкретных болезней, в подавляющем большинстве вообще не имеют представления о том, что их главная задача — профилактика. Именно это служит причиной негативного отношения таких специалистов к медикам более широкого профиля.

И такие узкопрофильные специалисты «высочайшего класса» воспитывают в институтах новых врачей. Чему они могут научить студентов? Всему, только не знаниям об энергоинформационной основе человеческого организма, не жизненной мудрости и профилактической направленности заботы о здоровье. Преподавательской программы по этим темам нет. А ведь «первым и главным предметом и экзаменом всего курса обучения в медицинских вузах должна быть не анатомия и патологическая физиология человека, а общая теория жизни, теория и практика самопознания, теория и практика здорового образа жизни. Основаны они могут быть только на интегративной теории биологии и медицины» [26, с. 18].

Антагонизм межврачебных отношений (война мировоззрений) наглядно иллюстрирован всей жизнью великого американского врача Э. Ревича. Сравнительно недавно вышла книга Уильяма К. Эйдема «Врач, который излечивает рак» (М.: Крон-Пресс, 1998), посвященная научно-практическим разработкам этого удивительного врача с более чем 80-летним стажем, разменявшего вторую сотню лет, но продолжающего работать 14 часов в неделю. С его профессионализмом уже десятки лет ведет борьбу ортодоксальная медицина, несмотря на то, что официально он признан врачом, который лучше всех лечит рак. И это происходит лишь из-за нетрадиционности и новизны взглядов ученого. Эммануэль Ревич добился наилучших результатов в США по лечению разнообразных органных форм рака, обменных, сосудистых, желудочно-кишечных заболеваний благодаря тому, что учитывал биохимическое состояние всего организма и придавал громадное значение состоянию обмена липидов и микроэлементов в организме.

Доктор А. А. Алексеев, говоря об успешном лечении больных методом Ревича, уточняет: «Посредством коррекции структуры жировых оболочек клеток соединительной и других тканей Э. Ревич, как скульптор, воссоздает *обменно-информационный скелет* организма, прежде всего, именно за счет укрепления функции и структуры соединительной ткани, *обменно-информационный скелет* соединительно-тканного окружающего клетки геля, самой клетки, органа, системы, организма» [26, с. 52]. А это уже не что иное, как интегративная медицина.

Так в чем же дело? Почему бы вообще не перейти к интегративной медицине?

Однако ортодоксальный врач сегодня еще «не в состоянии преодолеть психологический барьер своей узкопрофильности, гордыню, сложности социально-экономического плана. Он не способен пожертвовать частичкой своего кажущегося большим в среде таких же, как он, авторитета узкопрофильника, не может в себе перешагнуть через этот барьер, не способен забыть хотя бы часть своих узкопрофильных амбиций, не способен посмотреть чуть дальше заданного еще университетской программой или своей узкопрофильной научной тематикой» [26, с. 38]. И это пишет врач, который знает, что пишет! И не только пишет, но и применяет последние достижения волновой физики и математики в медицине, решает проблемы биорегуляции, одним словом, занимается энергоинформационной медициной!

Естественно, что нестандартно мыслящие ученые, в том числе и медики, пришли к выводу: в основе жизнедеятельности организма лежат информационные процессы! Доктор Алексеев и его единомышленники предположили, что носителем и проводником волновых и других информационных процессов в организме человека является соединительная ткань. Директор НИИ нормальной физиологии им. П. К. Анохина академик К. В. Судаков подтвердил это предположение, заявив: «Именно соединительная ткань, как ни одна другая, богата информационными молекулами. Здесь осуществляется тесное взаимодействие гормонов, олигопептидов, простагландинов, гликопротеинов, витаминов, иммунных комплексов и других биологически активных веществ» [3, с. 25].

Предположения врачей и физиологов были подтверждены исследованиями физиков.

«Какая же система человеческого организма может претендовать на роль биорегулятора организма? Артериальные и венозные сосуды рассматриваются как две системы диэлектрических волноводов... Электромагнитные волны распространяются внутри и вне этого „сосудистого" волновода... Изучение различных тканей человека на сверхвысоких частотах показало, что по электромагнитным свойствам ткани делятся на две группы. Первая, к которой относятся мышцы (до 70 процентов состоят из соединительной ткани), кровь (100-процентно соединительно-тканное производное), по своим характеристикам сходна с физиологическим раствором. Вторая группа (к ней относятся жировые и костные ткани — 100-процентные соединительно-тканные производные) по свойствам напоминает дистиллированную воду» [31, с. 52].

Есть и другие данные, подтверждающие информационную роль соединительной ткани в биологических объектах, которая в живом организме представлена различными фазовыми состояниями (твердым — кости, хрящи и т. д.; жидким — кровь, лимфа; гелеподобным — внутрисуставная, внутриглазная жидкость и т. д.). Поэтому роль соединительной ткани в человеке так же огромна, как и роль воды в природе. Известно, что почти вся вода депонирована в соединительной ткани. «В целом человеческий организм представлен соединительной тканью на 50 процентов сухой массы тела, а с учетом депонированной воды — на 85 процентов» [26, с. 7]. Если учесть, что вода хорошо запоминает информацию и является строительным материалом организма, тем более что организм человека на 40–85 процентов состоит из воды в свободном и связанном состоянии, то вполне оправдано изречение «вода — основа жизни».

Основываясь на том, что человек в значительной степени состоит из воды, доктор медицинских наук, профессор Ю. Левин, заведующий кафедрой клинической лимфологии и эндоэкологии Российского университета дружбы народов, создал новую эндоэкологию, позволяющую очищать внутреннюю среду человека, выводя из организма все, что ему не нужно и вредно, и вводить адресно (в конкретный больной орган) необходимые лекарственные препараты [32].

Ученым под руководством Ю. Левина удалось не только обнаружить фрактальные водяные потоки в человеческом организме, но и научиться управлять ими. Они выяснили, что существует связь лимфатических путей на поверхности тела с внутренними органами. И если требуется доставить лекарство в определенный орган, надо только знать, в какое место на теле его необходимо ввести. А потоки жидкости сами доставят его по назначению.

По мнению профессора Р. П. Мейланова, вода в биологическом организме является тем промежуточным состоянием, которое, с одной сторону, имеет отношение к физическому миру, а с другой — близкое к энергии духовного плана, поскольку обладает «бесконечно структурируемым» состоянием. «Другими словами, жидкое состояние является именно таким состоянием плотного плана, в котором происходит преобразование энергии между плотным и духовным планами и, причем, в той количественной мере, которая необходима для биологических систем... В основе механизма преобразования энергии духовного плана в энергию плотного плана и обратно лежит процесс „структуризации" воды. В этой части чрезвычайно важны исследования по обнаружению фрактальной структуры воды, а в дальнейшем — и растворов на основе воды» [33, с. 88].

Немного об особенностях воды

Вода имеет память, как у слона.

Вольфганг Людвиг

До XIX века люди не знали, что вода — химическое соединение. Ее принимали за обычный химический элемент и о существовании каких-либо разновидностей воды даже не помышляли. Правда, бытовали сказки о «живой и мертвой» воде, но кто же верит сказкам? А оказалось, что «сказка — ложь, да в ней намек...» В 1932 году мир облетела сенсация: американские ученые открыли тяжелую воду, в которой вместо водорода H_2 оказался дейтерий D_2. (Дейтерий — тяжелый водород, изотоп водорода с массовым числом 2. С кислородом дейтерий образует тяжелую воду D_2O [25, с. 373].) Как установила современная наука, тяжелая вода в небольшом количестве присутствует в организме всегда. Но повышенная доза этой воды отравляет организм, поэтому ее назвали мертвой водой. Вообще, сегодня известно уже 150 изотопных разновидностей воды и около 200 разновидностей льда.

Весьма неожиданные свойства воды были обнаружены совсем недавно. Так, если добавить в нее небольшое количество полимерных соединений, она станет скользкой: стальной шарик в такой воде падает на дно в 22,5 раза быстрее, чем в обычной. При введении в воду малых доз кремнийсодержащих соединений она становится сухой. Есть даже резиновая вода, которая вместо того, чтобы выливаться из наклоненного сосуда, вытягивается вверх плотным эластичным жгутом [34, с. 5]. И этим перечень неожиданных свойств воды не ограничивается — не случайно ведь ее называют самой большой загадкой природы.

Доктор медицинских наук, нестандартно мыслящий ученый, неутомимый путешественник и исследователь непознанного, Э. Р. Мулдашев во второй гималайской экспедиции обнаружил в горах озера с «живой» и «мертвой» водой и привез образцы воды на исследование в свой центр. Местные жители в Гималаях считают, что мертвой водой могут пользоваться только йоги высокого ранга, чтобы их тело вошло в состояние «Сомати». Сами они пьют живую воду, которую берут из горного водопада (нужно отметить, что «талую» высокогорную ледниковую воду ученые выделяют особо), и лечатся ею, когда необходимо. Местный врач, полностью отказавшийся от медикаментов, считает, что вода, принесенная из скал, стимулирует функции здоровых клеток организма, и те, в свою очередь, подавляют больные клетки. Во всяком случае, за последние 20 лет в округе был только один случай заболевания раком.

Работая с привезенными образцами воды, ученые под руководством Э. Р. Мулдашева сумели ввести ее в «четвертое» состояние. «Она вязкая и способна сохранять свою форму и объем в пространстве» [35, с. 18].

«Окончательно в существовании живой и мертвой воды нас убедили электронно-микроскопические исследования водного иммунитета. Оказалось, что вокруг „плохих" клеток (пораженных раком, различными микробами и вирусами) собирается вода, активизирующая в них „ген смерти", то есть уничтожающая их. Вокруг „хороших" (здоровых) клеток собирается вода, активизирующая „ген жизни", способствующая лучшему их функционированию. Если этот механизм нарушается и вокруг больной клетки не вырабатывается достаточное количество мертвой воды, человек заболевает» [36, с. 12].

Еще пятнадцать лет назад японские ученые впервые обнаружили, что клетки ребенка содержат особую воду. Микроскоп с 20-тысячным увеличением показал весьма своеобразную структуру клеточной воды, которую назвали «структурированной» или «живой».

Исследования «живой» и «мертвой» воды во Всероссийском центре глазной и пластической хирургии Минздрава РФ выявили диаметрально противоположное действие их на гибель (апоптоз) клеток. Под воздействием «мертвой» воды активизируется, например, самопроизвольная гибель клеток рубца, а под воздействием «живой» воды, напротив, активизируется жизнедеятельность многих клеток (иммунной системы, глаза и др.). На базе «живой» и «мертвой» воды в центре Мулдашева созданы два препарата, которые уже прошли клиническую апробацию. Например, как рассказал профессор Мулдашев, их пациентке Маше П. из Екатеринбурга с помощью препарата на базе «живой» воды удалось улучшить зрение в 30 раз. А у Елены И. из Владивостока с помощью препарата на базе «мертвой» воды почти рассосался огромный рубец, образовавшийся в результате ожога кислотой [37]. Ученые связывают это с тем, что вода способна хранить и переносить информацию, очень важную для человеческого организма.

Надо сказать, что вопрос о том, как именно вода запоминает информацию, интересовал ученых уже много лет. Еще в 1991 году в институте биохимии АН Украины под руководством доктора физико-математических наук профессора М. В. Курика были проведены экспериментальные исследования фрактальности питьевой воды при помощи кристаллооптики твердой фазы сухого остатка (фазовый переход — жидкая — твердая фаза). Именно с фрактальностью воды связывают возможность переноса информации.

Используя методику экспериментальных исследований фазовой структуры, применяемой при исследовании фазовой структуры жидких кристаллов (Известия АН СССР, сер. 55 (9) 1798, 1991 год), исследователи установили, что питьевая вода, обладающая высокой биологической активностью, которая называется «живой водой», имеет характерную упорядоченную фрактальную структуру. Была выполнена работа по наблюдению фрактальных структурных образований (кластеров) для различных питьевых вод. Для сравнения были взяты: обычная питьевая вода из крана, соответствующая ГОСТу «Вода питьевая», и две природные воды: «Горянка» (Ивано-Франковская область, г. Болехов) и «Нежинская» (г. Нежинск). Эти природные воды имеют высокую естественную биоэнергетическую активность. Воду «Горянка» в народе называют «живой водой».

На хорошо очищенное стекло наносилось небольшое количество воды, которое высушивалось при обычных условиях. Полученную высушенную картину препарата исследовали кристаллооптически с помощью поляризационного микроскопа. Использовался универсальный микроскоп NU-2F фирмы «Карл Цейсс», Германия. Среднее увеличение было 140-кратное.

На рис. 13 приведены фотографии картин исследуемых проб воды. Хорошо видно, что различные питьевые воды имеют разную фрактальную структуру, состоящую из оптически активных кластеров. Размер и форма этих кластеров зависят от процессов структурного упорядочения основных неорганических примесей, находящихся в питьевой воде. По мнению ученых, наблюдения фракталов в твердой фазе являются доказательством структурного упорядочения питьевой воды.

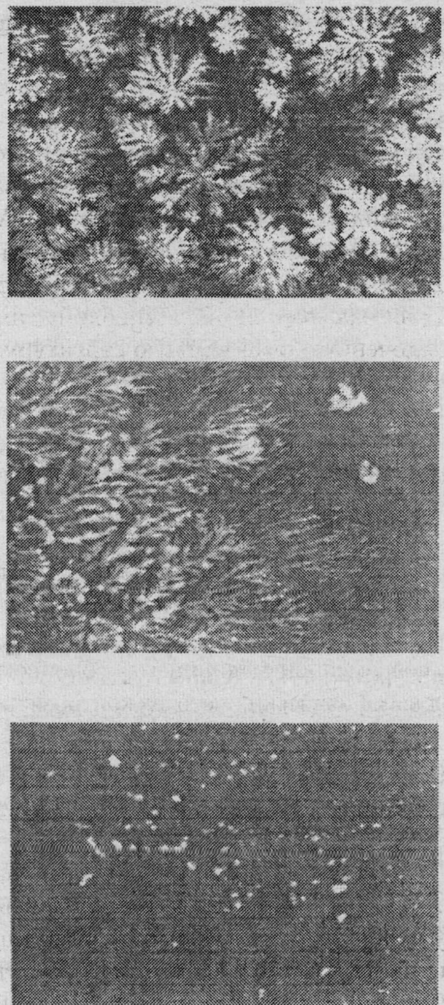

а)

б)

в)

Рис. 13. Кристаллооптическая структура питьевой воды:

а — питьевая вода из крана городской квартиры, ГОСТ «Вода питьевая»; *б* — вода природная «Нежинская»; *в* — вода «Горянка»

Поражает кристаллооптическая структура питьевой воды, взятой из крана городской квартиры. Именно эту воду пьет подавляющее большинство городских жителей. Можно представить, какую информацию несет для нас эта вода. Если эта информация негативная, то стереть ее можно только путем испарения и последующей конденсации, или воду следует заморозить, а затем растопить. Вот почему талая вода (ледниковая, из горных водопадов) привлекает внимание ученых. Например, доказано, что талая (ледниковая высокогорная) вода имеет минимальное содержание дейтерия, неискаженную внутреннюю геометрическую структуру и способна «записать» и «передавать» любую внутриорганизменную информацию. В данном случае лучшими качествами обладает вода «Горянка» — та самая вода, которую называют «живой».

«Доказательство фрактальности питьевой воды (структурной упорядоченности) имеет принципиальное значение для понимания биоинформационных свойств питьевой воды, так как именно фракталы, как информационно-полевые структуры, объясняют особые (информационно-энергетические) свойства питьевой воды, что находит свое применение в новых направлениях современной медицины — биоинформационной медицине, новых физических методах контроля питьевой воды с учетом ее биоэнергетических свойств» [38, с. 47].

Но оказалось, что вода способна менять свою структуру не только в зависимости от структуры неорганических примесей. Исследования показали, что вода является открытой, динамичной, структурно-сложной системой, в которой стационарное состояние легко нарушается при любом внешнем воздействии.

Дело в том, что молекула воды обладает способностью образовывать водородные связи. Проще говоря, создавать «водородные мостики» (по-научному, ассоциаты), которыми она может касаться других молекул воды. Однако эти водородные мостики считались недолговечными: одна миллиардная доля секунды — и их уже нет [34, с. 5].

Ведущий научный сотрудник, кандидат химических наук, кандидат философских наук С. В. Зенин (в настоящее время доктор биологических наук, руководитель проблемной лаборатории научного обоснования традиционных методов диагностики и лечения НКЭЦ ТМДЛ МЗРФ — научный клинико-экспериментальный Центр традиционных методов диагностики и лечения, МЗРФ) вместе с группой коллег обнаружил в воде водородные мостики-долгожители, а потом выявил и так называемые суперстабильные кластеры* — структурные элементы воды!

Именно из таких элементов, причудливо связанных друг с другом, и состоит знакомая нам жидкость. Каждая молекула воды представляет собой «диполь». Это значит, что она состоит из положительного и отрицательного полюсов, которые взаимно притягиваются. Благодаря этому молекулы через водородные мостики соединяются в большие развитые структуры — кластеры [40, с. 14].

Существует бесконечное разнообразие кластеров, потому что водородные мостики позволяют молекулам воды соединяться самыми различными способами. Конфигурация элементов воды самым чутким образом реагирует на любое внешнее воздействие: пропускают через воду ток — они образуют одну фигуру, меняют давление — кластеры тут же производят передислокацию, начинают играть с освещенностью, элементы выдают новую картину. То есть вода меняет свою структуру под воздействием многочисленных факторов. И каждая из геометрических структур хранит определенную энергетическую информацию.

Подобные скопления молекул воды являются ее «памятью», потому что она накапливает информацию в своей такой разнообразной структуре. То, что образование кластеров не является продуктом случая, можно увидеть по чудесным структурам кристаллов льда и снега, которые су-

---

* *Cluster (англ.)* — скопление.

ществуют в бесконечных, но всегда геометрически правильных вариантах.

Эти уникальные открытия были приняты «в штыки» ортодоксальной наукой. К сожалению, представители этой науки всегда именно так воспринимают все новое. Как говорил еще Макс Планк: «Новые идеи побеждают, когда вымирают представители старой науки». Однако С. В. Зенину и его соратникам «повезло»: не пришлось ждать «вымирания динозавров». Как только зарубежные исследователи заявили мировому сообществу о подобных наблюдениях, так представители российской науки поверили в открытие!

Исследовательской группе по физической химии университета в Пенсильвании, а также исследователям из университета в Беркли, Калифорния, удалось установить, что скрученные молекулы составляют в воде кластеры геометрически правильной формы в виде пяти «тел Платона»: тетраэдр, гексаэдр, октаэдр, додекаэдр и икосаэдр [40, с. 14].

С открытием «тел Платона» в структурах воды новейшие научные исследования сомкнулись с тысячелетними эзотерическими знаниями. Вода обладает единственной в своем роде космической резонансной способностью. Поскольку «тела Платона» существуют во всей Вселенной, вода путем резонирования с вибрационным образцом такой же формы может воспринимать информацию и отдавать ее вновь.

Исследования С. В. Зенина показали, что структура водной среды человека так же индивидуальна, как отпечатки пальцев. Именно она определяет качество крови, влияет на окислительно-восстановительные процессы, объясняет специфику каждого организма...

Однако самое поразительное выяснилось совсем недавно. Группа Зенина создала устройство, чутко реагирующее на изменения в структуре воды. **И оказалось, что на свойство жидкости влияет даже мысль.** Представил, например, что дистиллированная вода в пробирке стала соленой, и она стала соленой. Причем чем красочнее и объемнее выглядит мысленная картина, тем большие изменения происходят с водой. Поэтому не удивительно, что Христос взглядом превращал воду в вино. Сегодня это подвластно и некоторым людям с сильной биоэнергетикой. Химики научились своим прибором даже силу взгляда измерять: отходит стрелка от нуля — значит, есть воздействие, стоит как вкопанная на месте — никакого влияния твой взгляд не оказывает.

Изобретатели решили провести эксперименты с отечественными чародеями. Водному экзамену подвергли 250 профессиональных экстрасенсов с дипломами, регалиями, громкими именами и богатыми офисами в центре Москвы. Действительно экстраординарные способности показали лишь семеро: стрелки приборов определили воздействия в несколько сотен микроампер. Настоящим рекордсменом оказался некий ставропольский целитель, изменивший проводимость дистиллята на целых 7000 микроампер!

Интересный эксперимент провели химики на биофаке МГУ. Один из экстрасенсов-победителей из собственной квартиры мысленно воздействовал на пробирку с водой, выставленную на кафедре факультета за десять километров от него. Накачав под завязку пробирку негативной энергией, маг расслабился, а биологи тут же напустили в воду инфузорий. В отличие от контрольной группы резво плавающих в соседней пробирке, бедняжки не прожили и пары секунд. Эксперты биофака констатировали лизис клеток — разрушение клеточных оболочек [34, с. 5].

Доктор технических наук, профессор Л. Болотова утверждает, что плохие, тяжелые мысли с большой энергией и плохие слова, особенно ругань и проклятья, сказанные в великом гневе, с большим эмоциональным запалом переориентируют структуру воды, и вместо обычной воды H_2O оказывается тяжелая вода D_2O, которая действует на организм человека подобно ядам.

Зато под действием благословений, слов любви и просто добрых, теплых слов в воде образуются структуры, по свойствам и по форме похожие на молекулы наследственности — ДНК здорового человека. Выходит, произнося такие слова, мы оздоравливаем сами себя и окружающих? Да, это так!

И профессор Болотова указывает, что можно просить воду об избавлении от болезней, очистки организма. Правда, вода при этом должна быть чистой (талой или родниковой), одним словом, «живой»! Например, ученые одного немецкого университета даже пришли к выводу, что такая вода не только избавляет человека от болезней, но и улучшает его память.

В Томском медицинском институте с целью эксперимента 25 больных с сердечно-сосудистыми заболеваниями, отказавшись от приема лекарственных препаратов, пили так называемую реликтовую воду, которую ученые отыскали в Якутии в районе вечной мерзлоты. Она по своим свойствам превосходила даже талую воду. В ней было чрезвычайно мало дейтерия. Результаты лечения были просто впечатляющими.

Так что напрасно изощрялись ортодоксы-ученые, ставя под сомнения, в частности, опыты А. В. Чумака. Под руководством доктора технических наук К. Г. Короткова было проведено газоразрядное фотографирование образцов воды, контрольной и облученной Чумаком. Водопроводная вода набиралась в две 200-мл банки, после чего на одну из банок А. В. Чумак проводил воздействие в течение трех минут. «После этого на одном листе черно-белой бумаги делались фотографии по 10 образцов 20 мл контрольной и облученной воды, снимки сканировались, вводились в компьютер, площади засветки вычислялись при помощи программы „GDV" и усреднялись. Разница в средней интенсивности свечения облученной и контрольной воды составила более 300 процентов, что свидетельствует об изменении физико-химических свойств воды под влиянием облучения» [41, с. 161].

Интересно, приносят ли когда-нибудь извинения борцы с лженаукой, когда их высказывания убедительно опровергает наука?

Однако вернемся к работе С. В. Зенина. По его мнению, образование водных кластеров строится по принципу ретрансляции. Стоит изменить конфигурацию одного, как тут же меняется вся цепочка.

Андрей Георгиевич Маленков, доктор биологических наук, председатель секции РАЕН «Ноосферные знания и технологии», говорит: «Я довольно хорошо знаком с работой Станислава Зенина и могу сказать, что это, на мой взгляд, действительно прорыв в науке. Ведь его модель строения жидкости дает объяснение многим загадочным свойствам воды, которые приводили в тупик не одно поколение химиков, и в первую очередь тому, что мы называем памятью воды, способностью накапливать и переносить информацию» [34, с. 6].

Итак, вода обладает способностью «бесконечно структурироваться» под воздействием информации. И информация эта может быть в виде слов, музыки, мыслей, картин и т. д. Даже эмоции человека оказывают сильное влияние на воду. Интересные результаты экспериментов, выполненные в Алтайском государственном техническом университете, были доложены заслуженным деятелем науки и техники РСФСР, доктором технических наук, академиком РАЕН, АТН РФ, профессором П. И. Госьковым на 4-м Международном конгрессе биоэнергоинформационных технологий, состоявшемся в 2001 году («БЭИТ-2001»). Энергоинформационные излучения положительных эмоций человека фиксировались по их структурирующему воздействию на пробы одной и той же воды, которая затем использовалась для замачивания зерен пшеницы. Прорастание зерен являлось функцией их энергоинформационной облученности исследуемыми эмоциями человека. По количеству проросших зерен и по длине проростков определялась степень влияния положительных эмоций человека на воду и, как следствие, на зерна [42, с. 5].

Пробы воды размещались на расстоянии 20 см от четырех главных энергоинформационных центров человека — чакр, а именно: в области солнечного сплетения — напротив чакры Манипуры, в области груди — напротив чакры Анахаты, в области шеи — напротив чакры Вишудхи и в области лба — напротив чакры третьего глаза (Аджны). На все пробы воды одновременно оказывалось энергоинформационное воздействие позитивными эмоциями чело-

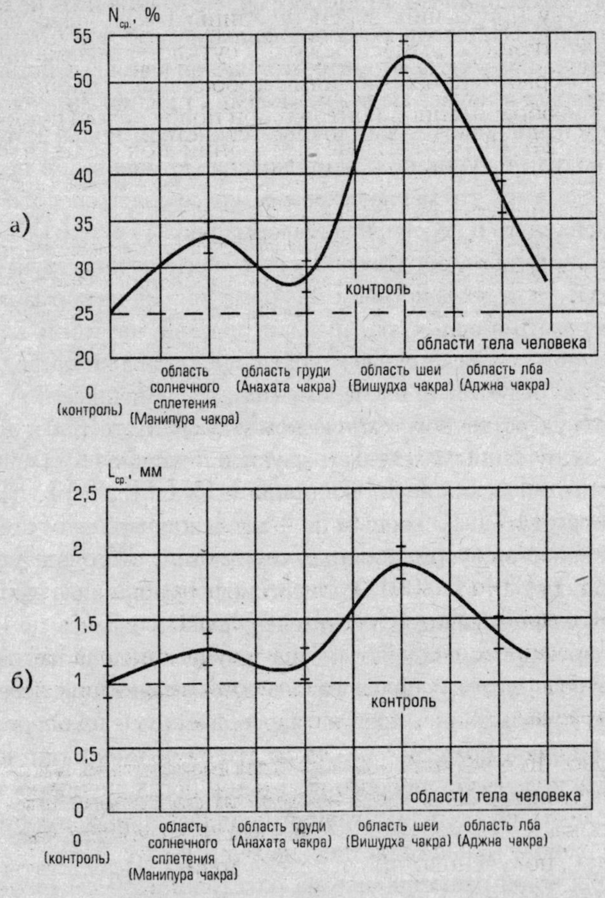

Рис. 14. Характер энергоинформационных излучений эмоций из областей тела человека

века в течение 40 минут. Для контроля и сопоставления результатов экспериментов использовалась отдельная контрольная проба той же самой воды.

Рис. 14 иллюстрирует характер энергоинформационных излучений эмоций из разных областей человеческого тела по количеству проросших зерен пшеницы ($N_{ср}$, %) и по длине проростков ($L_{ср}$, мм) через одни сутки после замачивания их в обработанных эмоциями пробах вод (сплошная линия) и в необработанной контрольной пробе воды (пунктирная линия). Результаты исследований показали, что максимальное энергоинформационное излучение эмоций человека наблюдается из его чакры Вишудхи.

В связи с этим следующий эксперимент был проведен в горизонтальной плоскости, проходящей через чакру Вишудху. В этом случае исследуемые пробы воды размещались на одном и том же горизонтальном уровне на расстоянии 20 см впереди, сзади, справа и слева от человека.

Рис. 15*а* и 15*б* иллюстрируют распределение мощности энергоинформационных излучений эмоций человека из его чакры Вишудхи по количеству проростков ($\mathrm{N}_{ср}$, %) и по длине проростков ($\mathrm{L}_{ср}$, мм) также через одни сутки после замачивания зерен пшеницы в обработанных энергиями эмоций пробах вод (сплошные кривые) и в необработанной контрольной пробе воды (пунктир) [42, с. 8].

Из этих данных следует, что более существенная часть энергоинформационных излучений эмоций направлена вперед от человека.

А на рис. 16 показаны зависимости воздействия энергоинформационных излучений эмоций от расстояния впереди человека в горизонтальной плоскости на уровне чакры Вишудхи, полученные при тех же условиях. Результаты буквально поражают.

Не случайно профессор Л. Болотова утверждает: «Мы влияем на воду мыслью. Молитва перед едой программи-

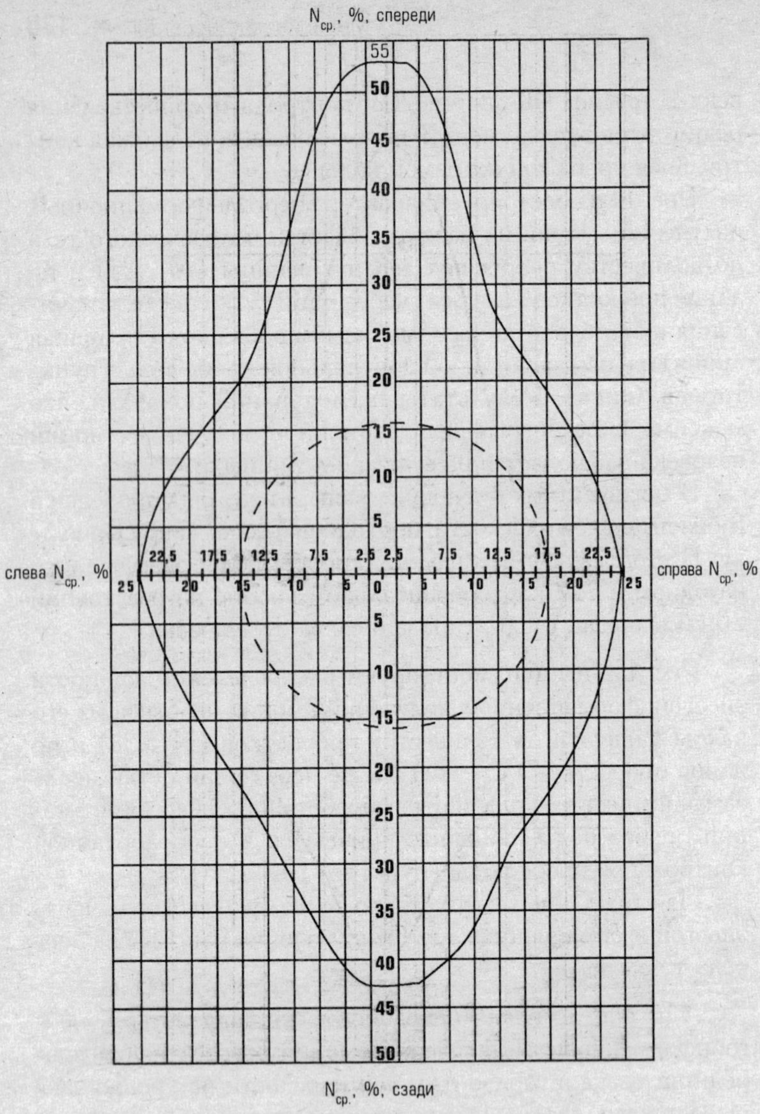

Рис. 15*а*. Характер энергоинформационных излучений эмоций (по количеству проростков) в горизонтальной плоскости в области шеи тела человека (Вишудха чакра)

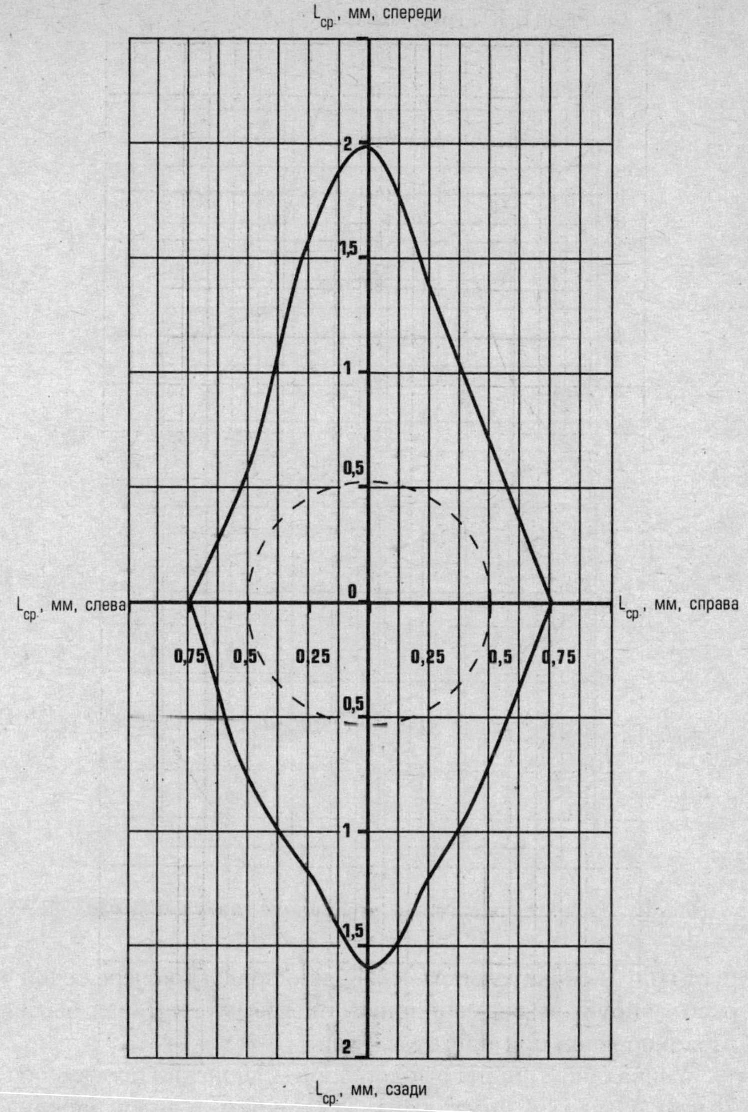

Рис. 15б. Характер энергоинформационных излучений эмоций (по длине проростков) в горизонтальной плоскости в области шеи тела человека (Вишудха чакра)

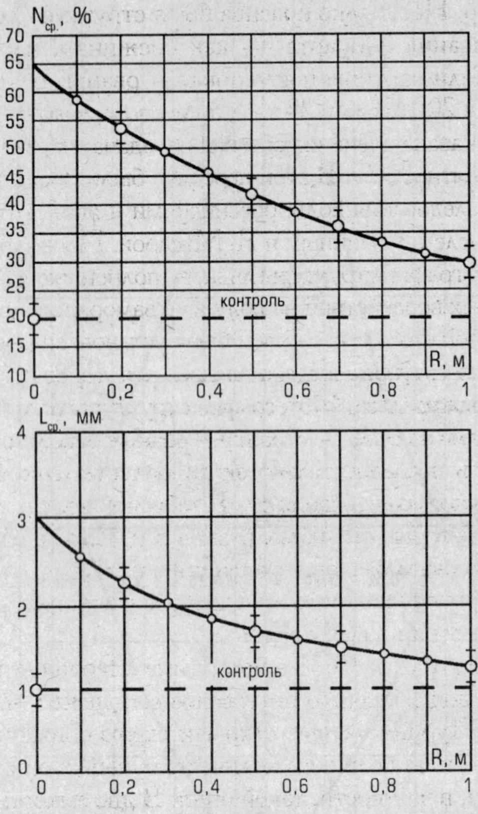

Рис. 16. Характер энергоинформационных излучений эмоций

рует воду положительно. Освящение продуктов перед едой разблокирует информационную программу, которая была заблокирована при приготовлении».

Уникальные опыты с водой провел японский профессор Ямото Масара. Он устанавливал емкость с водой между динамиками и проигрывал различные музыкальные произведения. Затем замораживал воду и фотографировал структуру льда. Полученные результаты потрясли исследователя и научный мир. Насколько красива была структура льда после прослушивания Моцарта — как снежинки, настолько страшными были картины после рока — рваные осколки.

26 февраля 2003 года в 24 часа по первому каналу телевидения была показана очень интересная передача «Новый день. „Теория невероятности"». В этой передаче были представлены результаты исследования воды российскими и японскими учеными, в том числе С. Зениным и Я. Масарой. Приводились, в частности, фотографии структуры льда, выполненные Масарой, после различных воздействий на воду и ее замораживания. Рядом с прозрачной емкостью с водой была установлена фотография Гитлера, эта ситуация выдерживалась некоторое время, затем вода замораживалась. Фотография структуры полученного льда говорит сама за себя — страшные рваные осколки. Затем устанавливались последовательно фотография матери Терезы, надписи различного содержания от «Я тебя люблю» до «Я тебя ненавижу», некоторые стихи, молитвы и т. д. Самые изящные структуры льда оказались при воздействии на воду слов любви и молитв. Они очень напоминали красивые снежинки, но различной сложности и конфигурации.

19 мая 2003 года по ОРТ в программе «Теория невероятности. Живая вода» прошло интересное сообщение, что совсем недавно в Турции ученые открыли сверхионизационную воду. В присутствии большого количества ученых они продемонстрировали, в частности, такой опыт. В две емкости налили очень грязную воду: в первой — огромная концентрация нефти, а во второй — огромное количество канализационных отходов. Сверху тонким слоем налили сверхионизационную воду. Через два часа вода в емкостях стала абсолютно чистой. Более того, продемонстрировав присутствующим другие уникальные свойства этой воды, ученые сообщили о своих выводах: сверхионизационная вода является *мыслящим существом, наделенным сознанием!*

Итак, ученые пришли к выводу: окружающая нас и содержащаяся во всех живых организмах вода очень чутко реагирует на информацию любого характера, структурируется, хранит в себе полученную информацию, обменивается ею с окружающим миром. На первом уровне в каждой ячейке воды ученые обнаружили 44 тысячи информационных панелей. В каждой ячейке памяти воды заложена информация не только о прошлом, но и о будущем. Более того, ученые считают, что вода проявляет себя как мыслящая субстанция, которая обменивается информацией со всей Вселенной. Она связана в информационном плане с физическим вакуумом. Вода — это звено, через которое Космос управляет процессами на Земле.

Разрушительные наводнения и штормы есть не что иное, как выброс водой негативной информации, полученной от людей в результате нашей деятельности. Агрессия, злоба, войны, зависть и т. д. не проходят для человечества бесследно. Любые региональные войны отражаются на всех нас. Не только примесями, бациллами и вирусами страшна вода, которую мы пьем, но, в первую очередь, информацией, которой мы ее наделяем.

Например, благотворно действует на нас «святая вода», то есть вода, «заряженная» определенной благоприятной информацией, или минеральная вода, которая целебна не составом растворенных в ней веществ, а информацией, которую она вобрала в себя, проходя сквозь толщу земли. В «структурированной» воде имеется повышенное содержание кластеров с определенной структурой, обусловленной соответствующим воздействием. Благодаря этому структурированная вода способна передавать целенаправленную (желательно, благоприятную) информацию нашему организму.

На 4-м Международном конгрессе биоэнергоинформационных технологий «БЭИТ-2001» был заслушан доклад А. В. Боброва «Проникающая способность торсионного излучения», в котором приведены интересные экспериментальные данные по информационному воздействию торсионных генераторов на воду [74, с. 97]. В частности, было подчеркнуто, что «активированная вода *сама* становится источником излучения, способным при разведении до „терапевтических доз" заменить лекарственные препараты... При больших концентрациях активированная вода оказывает повреждающее (вплоть до летального) воздействие на организм».

Следует обратить внимание на структуру кластеров. Одной из элементарных их ячеек являются тетраэдры, содержащие связанные между собой водородными связями четыре (простой тетраэдр) или пять молекул H_2O (объемно-центрированный тетраэдр). При этом у каждой из молекул воды в простых тетраэдрах сохраняется способность образовывать водородные связи. За счет их простые тетраэдры могут объединяться между собой вершинами, ребрами или гранями, образуя различные кластеры со сложной структурой, например, в форме додекаэдра.

Таким образом, в воде возникают стабильные кластеры, которые несут в себе очень большую энергию и информацию крайне высокой плотности. Порядковое число таких структур воды так же высоко, как и порядковое число кристаллов (структура с максимально высоким упорядочением, которую мы только знаем), потому их также называют «жидкими кристаллами» или «кристаллической водой».

Следовательно, вода представляет собой иерархию правильных объемных структур, в основе которых лежит кристаллоподобный «квант воды» — кластер, состоящий из 57 ее молекул. В результате взаимодействия кластеров за счет свободных водородных связей возможно образование структур высшего порядка. Последние состоят из 912 молекул воды, которые уже практически не способны к взаимодействию за счет образования водородных связей [43, с. 177].

Таким образом, водная среда представляет собой как бы иерархически организованный жидкий кристалл. Изменение положения одного структурного элемента в этом кристалле под действием любого внешнего фактора или изменение ориентации окружающих элементов под влиянием добавляемых веществ обеспечивает высокую чувствительность информационной системы воды. Если степень возмущения структурных элементов недостаточна для перестройки всей структуры воды в данном объеме, то после снятия возмущения система через 30—40 минут возвращается в исходное состояние. Крупные кластеры распадаются также на более мелкие при тепловом движении. Кроме кластеров с критическими размерами, в системе всегда присутствуют и мелкие, продолжительность жизни которых меньше. Поскольку возникающие кластеры постоянно разрушаются, то обычная вода всегда содержит хаотический набор кластеров с различной структурой без преобладания какой-либо. Такая вода называется неструктурированной.

Если же перекодирование, то есть переход к другому взаимному расположению структурных элементов воды, оказывается энергетически значимым, то вода «структурируется», и новое состояние отражает кодирующее действие вызвавшего эту перестройку вещества. Именно таким образом объясняются «память воды» и ее информационные свойства [43, с. 177].

Французский биолог Жан Бенвенисте в своих исследованиях в области гомеопатии открыл, что «вода обладает одновременно физической „памятью", которая позволяет ей даже после значительного разбавления растворенного в ней вещества, намного ниже физического наличия соответствующих молекул, все еще воспринимать эти молекулы биологически» [40, с. 15].

Вода ничего не забывает. Информация накапливается в кластерах, обладающих такой связующей энергией, которую, как уже упоминалось, можно сравнить с кристаллами. По этому поводу физик, доктор Вольфганг Людвиг, один из консультантов международной научно-исследовательской организации в Лос-Анджелесе, сказал: «Вода имеет память, как у слона».

Такая «память» воды сохраняет наше тело живым. Лауреат Нобелевской премии 1992 года доктор Алексис Кэррел считает, что процессам вырождения подвержена лишь жидкость, в которой плавают клетки. По мнению доктора Кэррелла, предпосылкой вечной жизни клетки является качество воды в нашем организме. Чем выше это качество (чем больше геометрическое упорядочение ее молекулярных скоплений), тем лучше выделяются остатки обмена веществ, а клетки обеспечиваются «жизненной информацией». Подобная «кристаллическая» клеточная вода и есть, в лучшем смысле слова, «живая» вода.

Анализы биофотонов показали, что клеточная вода в живых организмах имеет чрезвычайно высокую степень упорядоченности, то есть имеет структуру льда. По данным многих авторов, лишь от одной четверти до трети клеточной воды является неструктурированной. «Живые молекулы организма вложены в ледяную решетку, как в идеально подходящий им футляр. Поэтому оводнение биомолекул и прочность удержания ими воды намного выше тогда, когда вода, образующая с ними систему, имеет структуру льда» [44, с. 86].

Вода, отвечающая требованиям организма, в изобилии находится в фруктах, овощах и, конечно, в их соках. Очень важно потреблять их как можно больше, чтобы получать содержащуюся в них живую воду. Этим человек сохраняет свое здоровье и может до определенной степени «омолодиться». А на структуризацию обычной (неструктурированной) воды организм тратит свою энергию.

Если организм получает недостаточно структурированной воды, то структура упорядочения в клетках тела разрушается, и начинаются болезни. Доктор Кэррел говорит в этом случае об очаге мертвой клеточной воды в организме, который воздействует как постоянный раздражитель на клетки. Это может стать одной из причин появления рака.

Австрийский исследователь воды Виктор Шаубергер установил связь между качеством питьевой воды и частотой заболевания раком. Он рекомендовал людям пить воду, имеющую качество чистой родниковой воды, потому что она обладает «максимальной естественной плотностью упорядочения и информации». Шаубергер продемонстрировал интересный пример. Когда он выпил 1 л свежей ключевой воды (ровно 1 кг), вес его тела увеличился лишь на 300–400 г. Более половины воды было поглощено организмом непосредственно как энергетическая информация или как животворный импульс упорядочения! Это показывает, как важно хорошее качество питьевой воды. «Хлорированная и физически разрушенная вода не только ведет к закономерному физическому распаду, но и является причиной проявления духовного распада, а отсюда — систематической дегенерации человека и всего живого», — пишет Шаубергер [40, с. 15].

Таким образом, структура воды в организме человека играет огромную роль в получении извне, хранении и распространении информации. И эта структура фрактальна. Она изменяется под воздействием различных факторов, например, лекарства, агрессии, злобы, дурных мыслей, отвратительной экологии, неправильного питания, собственных неблаговидных поступков или под воздействием «информации болезни или здоровья».

Итак, *«структурно-информационное свойство воды — это способность ее молекул образовывать кластеры, в структуре которых закодирована информация о взаимодействиях, имевших или имеющих место с данным образцом воды»* [39, с. 15]. То есть вода, воспринимая поступающую информацию от различных внешних воздействий, кодирует ее в структуре формирующихся при этом кластеров и изменяет значение своего структурно-информационного показателя.

В физическое тело человека, которое на 40–85 процентов состоит из воды и водных растворов, можно внести любую информацию путем воздействия на воду, находящуюся в организме. Но не только. Оказывается, информационно воздействовать можно и на тонкие тела, в частности, на торсионное (эфирное) поле, создаваемое каждой клеточкой нашего организма.

Ниже мы приводим выдержку из интервью с биофизиком А. Смирновым, заведующим лабораторией при Всероссийском онкологическом Центре в Москве [45, с. 7]:

«Меня и моих коллег занимал вопрос: что происходит с животными и людьми после смерти? Я имею в виду не физическое тело, а то, что называют энергетикой. Нам удалось создать прибор, на мониторе которого в виде графиков фиксировалось „поведение“ подопытной мыши, зараженной раком, после смерти. Сначала наступало состояние, которое можно назвать абсолютным покоем. Затем через несколько минут вдруг происходил неожиданный, спонтанный всплеск некоего поля, которое некоторое время как бы „пульсировало“ внутри уже мертвого тела, а потом его покидало. Мы абсолютно четко зафиксировали этот „выход“ полевой структуры.

Тогда мы задались новым вопросом: а что, если создать некий энергетический экран вокруг животного, с помощью которого можно было бы на несколько секунд или минут удержать этот сгусток энергии? Это нам тоже в конце концов удалось. После этого мы попытались направить задержанную нами энергетическую субстанцию в заданном направлении. Выяснилось, что такое вполне возможно. Мало того, можно это „поле“ предварительно нагрузить информацией. Вот, смотрите, перед вами прибор в виде нескольких конусов. Туда мы помещали негативные изображения больного животного и передавали информацию о нем другому, здоровому животному. И что же? Здоровая мышь заболевала! Затем мы сделали все наоборот, и больная мышь, если не выздоровела, то в ее организме произошли стойкие изменения к лучшему. Раковые клетки стабилизировались и перестали расти. Такой метод мы называем *телепортацией информации*».

Очень интересны эксперименты, выполненные под руководством академика П. П. Гаряева [46, с. 2]. Доктор биологических наук П. Гаряев ввел тридцати подопытным крысам смертельную дозу аллоксана — яда, убивающего клетки поджелудочной железы, которые вырабатывают инсулин. В результате у грызунов развился тяжелейший сахарный диабет, они впали в кому, и вскоре 24 из них умерли. Уцелевшие шесть животных уже агонизировали, когда их разделили на две группы и обработали информацией здоровья. В результате все они начали быстро выздоравливать.

О работах группы Гаряева мы писали неоднократно. Результаты этих работ широко известны благодаря интереснейшим статьям журналиста М. Дмитрука, много лет наблюдающего за работой ученых. В секторе волновых методов управления биологическими объектами Института проблем управления РАН с помощью лазерной установки они, ученые, творят буквально чудеса.

Так, в луч лазера, который, многократно отражаясь от зеркала, создавал стоячую волну света, поместили поджелудочную железу здорового крысенка. На определенных режимах с этого органа «считывалась» информация здоровья, которую «запоминали» носители света — фотоны. Используя телепортацию второго рода, ученые сумели перевести информацию здоровья с языка света на язык радиоволн.

Умирающих крыс подвергли воздействию световых и радиоволн, несущих эту информацию. Результаты потрясли самих ученых. Три крысы, которые получали световую и радиоволновую информацию, уже через трое суток пошли на поправку: сначала у них упал уровень сахара в крови, а затем они вышли из комы. Остальных крыс облучили только радиоволнами: их выздоровление шло значительно медленнее. Только на девятый день они пришли в себя.

Итак, ученые создали новый метод борьбы с сахарным диабетом, которым страдают миллионы людей. И если раньше они считывали информацию с ДНК и переносили ее на объект, то теперь выяснилось, что достаточно считать информацию с той или иной ткани или органа здорового человека, что не наносит ему никакого вреда, и внедрить ее в поврежденную ткань или орган больного. Вместо трансплантации — *телепортация лечебной информации.*

«Все это прообразы медицины будущего, — говорит Петр Гаряев. — Не надо вредной химии, фармацевтических производств, которые отравляют отходами окружающую среду. Оказалось, человека можно лечить электромагнитными лекарствами, которые производит сам организм. Образно говоря, в волновом аппарате наследственности, этом пульте управления саморегуляцией, надо с помощью физических полей — аналогов таких же полей в организме — нажать определенные кнопки, и человек станет здоровым» [46, с. 3].

Итак, чтобы излечить человека от болезней, нужно ввести в его информационную структуру «информацию здоровья» или, как это делает академик Г. П. Грабовой, работающий одновременно с информацией и временем, извлечь «информацию болезни» из тонких тел. «Одним из элементов избавления от болезни или какой-то жизненной неустроенности является извлечение информации соответствующего времени из общей формы событий» [47, с. 16].

А чтобы поддерживать здоровье, следует не допускать внедрения негативной информации в жидкостные среды организма и тонкие (информационные) структуры человека или научиться избавляться от нее раньше, чем она проявится болезнью на уровне физического тела. Возможно ли это в настоящее время? Да, возможно.

Сегодня медицина находится на пороге признания неведомого нам ранее мира тонких энергий (физика их уже открыла), использование которых поможет врачам в постановке диагноза и лечения болезни, а также позволит по-новому взглянуть на скрытые возможности сознания человека.

Как только врачи повсеместно признают, что наше физическое тело и тела тонких планов являются всего лишь особыми носителями, позволяющими нашему Духу функционировать на физическом плане бытия, начнут кардинально меняться методы лечения и поддержания здоровья человека.

Новая медицина, которую можно назвать «квантовой», «вибрационной», «волновой», «информационной» и т. д., уже сегодня настойчиво вторгается в нашу жизнь. Нравится это ортодоксам от медицины или не нравится, им останется одно: или принять новое веяние в науке, или уйти. Слияние ортодоксальной и информационной медицины приведет в недалеком будущем к фундаментальной медицине, в которой лекарственное воздействие на организм человека постепенно уйдет в прошлое.

И сегодня в медицине уже успешно используется новое направление, связанное с биоэнергетикой. «Биоэнергетика способна предложить реальные методы профилактики, воздействуя на организм в стадии предболезни (то есть до появления у него клинической симптоматики), способы активизации генетически заложенных в человека сверхнормативных резервов и возможностей и различных вариантов феноменальности (талантливости); восстановление биопотенциалов человека при интеллектуальных и физических нагрузках (с активизацией памяти и способности к интеллектуальной концентрации); обеспечение психологического комфорта; сохранение и поддержание потенциала „здоровья" — вплоть до улучшения природы человека через совершенствующее биоэнерговоздействие на будущих родителей новорожденного» [48, с. 426].

И многие нестандартно мыслящие врачи, занимаясь интегративной медициной, уже используют последние достижения биоэнергоинформатики.

БИОЭНЕРГЕТИКА В МЕДИЦИНЕ

При духовном подходе неизлечимых болезней не существует в принципе. Более того, при духовной гармонии никакие болезни даже не возникнут. Ибо вы всегда будете находиться в гармонии с Миром. А всякую болезнь можно рассматривать как следствие нарушения этой гармонии. Поэтому рецепт для излечения от любой болезни очень прост: надо восстановить гармонию с Миром.

Академик Г. П. Грабовой

Если считать, что человек троичен: тело — Душа — Дух, то не учитывать это сегодня, особенно в медицине, преступно! Медицина должна врачевать не только физическое тело, но прежде всего — ментальный и духовный планы. И ориентироваться только на «объективные показания приборов», игнорируя самого человека, сегодня уже преступно и неправомерно.

В настоящее время возникла насущная необходимость введения в практику медицины методов, обладающих рядом свойств: принципиальным отличием от существующих, едиными механизмами воздействия на весь организм в целом, высокой эффективностью, ювелирностью воздействия, быстродействием, практически абсолютной совместимостью с клетками и тканями человеческого тела и, желательно, общедоступностью хотя бы отдельных из них. И всем этим требованиям соответствуют возможности биоэнергетики и парапсихологии, которые объединены термином биопсиэнергоинформатика [48, с. 425]. Практические методы этой дисциплины способны воздействовать на весь организм в целом, функционируя по законам биофизики.

Генеральный директор Всероссийского научно-исследовательского института ВНИИ «Бинар», доктор технических наук, профессор, академик РАМТН, лауреат премии им. А.Чижевского Эдуард Анатольевич Крюк в своей работе пишет, что тело человека, как и любое другое тело материального мира, следует рассматривать с точки зрения квантовой концепции, а энергоинформационное поле человека — как голографическое образование. «Концепция голограммы, развивающаяся в физике и в исследованиях мозга, представляется воистину объединяющим космическим взглядом на реальность, который требует пересмотра всех биологических открытий на ином уровне» [49, с. 15].

Результаты самого современного исследования в области теоретической физики указывают на один из возможных каналов передачи информации: энергоинформационные поля. Структура этих полей может быть обоснована, исходя из современных работ по теории физического вакуума. И, как утверждает академик Крюк, биоэнергетические поля объясняются наличием пятого фундаментального взаимодействия в виде первичных полевых вихрей — торсионных полей. При этом любой материальный объект необходимо рассматривать не только как волновое образование той или иной степени сложности, но и как результат динамически изменяющегося взаимодействия и с окружающими нас объектами, и со всей Вселенной, то есть как динамически изменяющуюся через энергоинформационное воздействие структуру.

«Краткое рассмотрение принципа энергоинформационного обмена позволило нам вычленить энергетические и информационные составляющие, образованные по принципу двоичного кода разностью спин виртуальных фотонов, а также их частотной характеристикой. Отсюда становится понятной возможность энергоинформационного съема свойств веществ и возможность их записи на другие материальные объекты, а также считывание ранее заложенной информации, то есть ее декодирование» [49, с. 17].

В газете «Известия» от 26 февраля 1997 года была опубликована статья С. Лескова «Душа расшифрована». В ней рассказывается о том, что суперзакрытый ВНИИ «Бинар», вынужденный зарабатывать деньги, открыл примерно 20 процентов своих разработок. Под руководством академика РАМТН Э. А. Крюка в институте создана уникальная аппаратура биополевого сканирования и биополевого лечения человека, не имеющая аналогов в мире. При ВНИИ «Бинар» действует медико-реабилитационный центр «Биокристалл XXI». Руководитель центра доктор медицинских наук Б. Блескин рассказывает [50, с. 10], что они с помощью специальной аппаратуры воспроизводят природные поля, коими осуществляют биорезонансную терапию, восстанавливая, таким образом, духовное здоровье, или, иначе говоря, производят корректировку ауры больного! Впервые в мире здесь лечат человека комплексно, устраняют саму причину заболеваний, а не как обычно, к сожалению, только следствие — болезнь. «Сегодня уже никого не надо убеждать в том, что традиционное врачевание, основанное исключительно на голом разуме, слабее духовного врачевания, основанного на разуме и вере. А духовное врачевание исходит из природы Целого», — говорит Б. Блескин.

По поводу Целого доктор медицинских наук, профессор, академик РАМТН, лауреат Государственной премии, начальник медицинского управления ВНИИ «Бинар» О. А. Машков говорит: «В свое время Клавдий Гален заметил: „Окружающий нас мир можно представить лишь как воплощение Божественного Замысла“. Отсюда и вывод: коль нынешняя система врачевания дает сбои, то, стало быть, ее принципы и подходы противоречат законам Природы. Скажем, вероят-

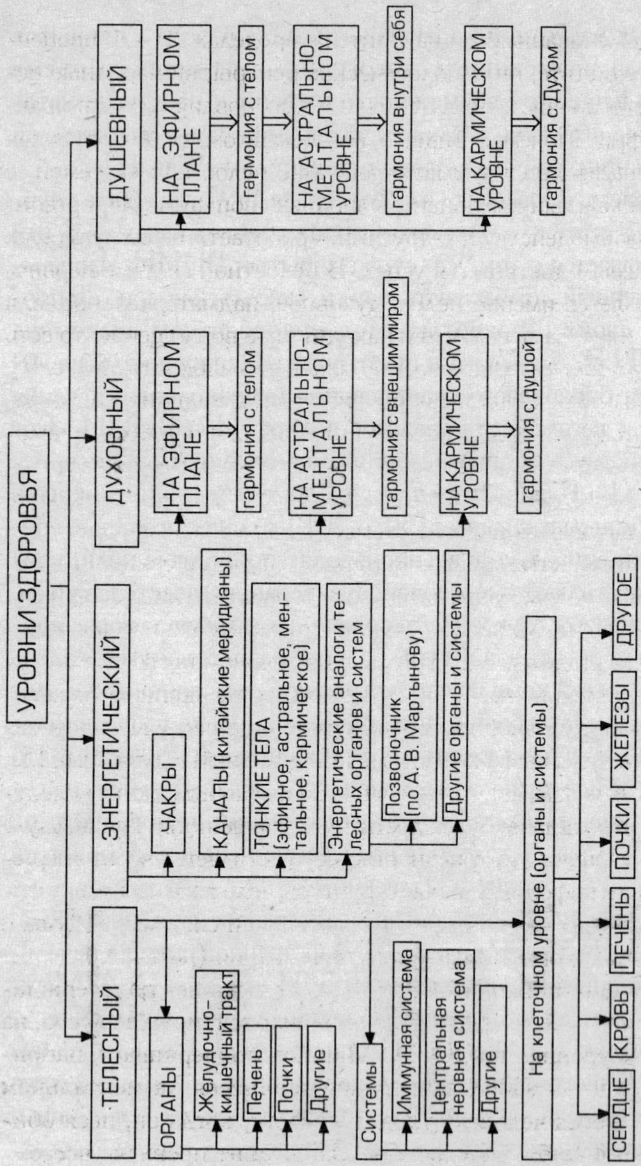

Рис. 17. Уровни здоровья

ность вылечивания рака находится в пределах 20—30 процентов. И заметьте, ни онкологические центры, ни народные целители, ни прочие врачеватели не в силах повлиять на эти мрачные цифры. Почему? Видимо, все дело в том, что современная медицина является суммативной, а не целостной системой, в которой каждый компонент, выполняя свои функции, органически взаимодействует с другими, «работает» на общую цель, и тем самым достигается успех. В целостной системе первичным является именно целое, духовное, надматериальное, или мысль, идея, замысел, что и находит свое воплощение, то есть реализуется в материальное, но никак не наоборот» [50, с. 9].

Применим ли высказанный постулат в медицине? Оказывается, вполне. Еще древние установили, что здоровье человека *троично*: оно включает в себя три неотъемлемые части — физическое, духовное и ментальное. Это следует из закона Природы: всякая живая система проявляет себя в форме трех присущих ей категорий — материи, энергии и связи. Применительно к человеку эти категории означают тело, Дух и Душу!

Ученый из Алтайского государственного технического университета академик П. И. Госьков в учебном пособии для студентов по лекционному курсу «Биоинформационные технологии в сфере духовности» рассматривает четыре уровня здоровья человека: телесный, энергетический, духовный и душевный [51, с. 15]. Он указывает, что пренебрежение любым из них недопустимо, ибо тогда не будет достигнуто триединство Души, Духа и тела. Причем это триединство осуществляется через энергетические и информационные структуры человека, поскольку физическое тело — это физические органы и системы, а Душа и Дух — энергоинформационные субстанции (рис. 17).

Сегодня широко известны исследования, подтверждающие, что болезни человека проявляются, прежде всего, на полевом уровне. Так, О. А. Машков подчеркивает, например: «Рак — заболевание, начинающееся на ментальном уровне, когда человек отходит от Бога, когда он, неся обиду на кого-либо, собственное „Я“ ставит превыше всего».

Потрясающе! Ведь эти слова говорит не какой-нибудь знахарь-самоучка, а доктор медицинских наук, академик! И профессор утверждает: «Медицина должна быть троичной. То есть она может врачевать не только на физическом, но и на духовном уровне. Перед вами — формула исцеления. Из нее следует, что если вероятность излечения ракового больного на каждом уровне будет, допустим, составлять 30 процентов, то успех врачевания составит 66 процентов. Для онкологии результат очень даже неплохой» [50, с. 9].

Действительно, наше физическое тело состоит из элементарных частиц, которые представляют собой как бы вращающиеся маленькие гироскопчики, создающие торсионные поля наших органов. Любые изменения на субклеточном уровне приводят к изменениям в полевой системе. Уловив вовремя эти изменения и воздействуя специально созданными полями на больной орган, можно привести его в норму [52, с. 6]. И это не просто научные исследования.

Для диагностики и лечения в «Биокристалле XXI» используют установку «Аура 001», которая нормализует психофизиологическое состояние человека, восстанавливает энергетический баланс в организме и полевые структуры до их физиологической нормы. Установка «Аура 015» восстанавливает функциональные системы организма, непрерывное резонансное взаимодействие между ними, отдельными органами, тканями, клетками, обеспечивает гармоничность и согласованность всех происходящих в нем биохимических и физиологических процессов [53, с. 30]. Эта установка представляет собой «сверкающие полусферы, невидимые волноводы, сконструированная с учетом чакр и точек акупунктуры кушетка, которая медленно скользит к таинственному кокону — фазоинвертору. Робот-экстрасенс установлен в соседней комнате».

Традиционная медицина не может уловить развитие болезни, которая еще не проявила себя на физическом уровне. А энергоинформационная структура человека уже нарушена. Робот не ошибается. Приборы считывают информацию с биорезонансного контура человека, а затем корректируют его до нужного состояния.

Интересна установка «Сканер 001». Она просматривает человека, диагностирует его организм, находит неблагоприятную зону, больной орган и своими генерированными сигналами биорезонансных частот приводит человека в норму. «Сканер» обнаруживает «предболезнь», когда еще нет ни жалоб, ни плохих анализов. Эта система хороша для тех, у кого заболевания связаны с клеточными морфологическими изменениями органов.

Ну и, наконец, суперсовременная установка «Радий 001». Она, определяя характеристики полевых структур человека в миллиметровом диапазоне, диагностирует наличие патологии в организме за... 5—7 лет до их клинического проявления! «Радий» фиксирует развитие заболеваний на субклеточном уровне [53, с. 31] .

Для кого все это? Для тех, кто страдает сердечно-сосудистыми заболеваниями, различными формами вегетососудистой дистонии, болезнями органов пищеварения, сексуальными расстройствами, а также для тех, кто нуждается в повышении уровня умственной и физической работоспособности. При этом восстанавливается иммунная система организма и тем самым заметно усиливаются резервные возможности человека.

Контингент пациентов «Бинара» составляют люди профессий повышенного риска, банкиры, готовые заплатить любые деньги за исцеление, и даже американские космонавты.

Конечно, вся эта техника потрясает — это же медицина будущего! Но ничего не сможет сделать эта техника без соответствующего ей Врача. Прежде всего, Врач Будущего должен быть врачом широкого профиля, способным поддерживать здоровье человека, а при необходимости — лечить его интегрально (весь организм в целом). Кроме того, как говорит О. А. Машков: «Он обязательно должен быть связан с Богом! Верующий врач — человек цельный. И его знания, и опыт, и логическое мышление, и интуиция, и врачебная этика, и сострадание, и совесть, и любовь к ближнему — словом, все, чем он обладает, объединяется в целое и неделимое. В этом случае его мысли, чувства и слово несут в себе пси-импульсы душевной энергии, зарождающие в разуме и Душе больного веру в исцеление, эффективность которой, замечу, не меньше, чем сила лекарств... Мы, медики, всегда обязаны клятвенно помнить главное — не навреди! Этот принцип был и остается у нас, он — основа основ в троичной медицине, которая, конечно же, не исключает лекарственную пищу, растительные, галеновые или те же синтетические препараты. Но *восстановление физического здоровья — заключительная фаза!* Поначалу — ментальная ступень, а далее человек в обязательном порядке проходит восстановительный курс духовного, энергетического здоровья» [50, с. 10].

Обратите внимание: ведь все высказывания академика Машкова — это прямое указание правильного жизненного пути: жить нужно по законам Божьим!

Чего греха таить, мы зачастую живем в свое удовольствие, с обостренным ощущением собственной значимости, во имя удовлетворения своих плотских желаний и страстей, игнорируя ближних, окружающих, не считаясь с их нуждами, интересами и моральными устоями. Представьте только, человек — комплекс тонких тел — живет во имя удовлетворения потребностей своего костюма — физического тела. Безусловно, за физическим телом нужно следить, как и за любым костюмом.

Как говорит Сатья Саи Баба: «Тело, которое хочет счастья и безопасности, подвержено болезням, старению и смерти. Однако Обитающий в теле, истинное „Я", не рождается и не умирает. Это „Я" — Атман, Бог; тело — храм Бога. Поэтому долг человека — следить, чтобы этот храм был в хорошем состоянии» [19, с. 61].

Например, космонавты или водолазы очень тщательно следят за скафандрами, потому что они позволяют им находиться в той среде, где незащищенное физическое тело человека существовать не может. Но ведь космонавт не живет ради скафандра. А человек частенько живет ради удовлетворения желаний физической плоти.

По мнению великого христианского философа Оригена, человек становится проводником зла, грешником в том случае, когда нарушается порядок, установленный Творцом, то есть если его Душа не подчиняется Духу, а попадает под влияние физического тела, его влечений и страстей.

Учитывая, что наше сознание осуществляет контроль над телом и может значительно на него влиять, академик Машков рекомендует использовать этот факт как могучую целительную силу.

Еще 16–18 апреля 1999 года в Москве прошла Международная научная конференция «Сознание и физическая реальность. Науки о сознании и мозге на рубеже 2000 года». Ее организаторы — Фонд парапсихологии и психофизики им. Л. Л. Васильева и АО «Клиника неврозов» [54].

На конференции был заслушан, в частности, интересный доклад психолога Т. Н. Березиной «Может ли психическая активность изменять психическую реальность?» Обобщив богатый опыт практического экспериментирования, автор подтвердила способность сознания изменять физическую реальность, подчеркнув при этом, что эта способность, являясь естественной характеристикой психической активности, в максимальной степени проявит себя в будущих поколениях людей. Но и сегодня можно использовать во благо уникальную целительную силу — наше сознание, и поэтому мы с удовольствием передаем читателям рекомендации академика О. А. Машкова.

Прежде всего, утром, открыв глаза, не стоит сразу вскакивать с постели. Нужно сделать энергоинформационную гимнастику, начав ее с молитвы. Она не обязательно должна быть церковной. Главное, чтобы она была искренней, пронизывала Душу и сознание. Молитва может звучать так:

«Господи! Благодарю Тебя за то, что я живой и здоровый, что я выспался. Помоги мне, Господи, в делах нынешних, насущных. Прости меня, Господи, за грехи вчерашние!»

Как писала в своих стихах Анна Ахматова:

В каждом древе распятый Господь,
В каждом колосе тело Христово,
И молитвы пречистое слово
Исцеляет болящую плоть!

Кстати говоря, по поводу молитвы академик Г. Н. Шипов говорит: «Слова с положительным воздействием лучше произносить вслух. Ведь звук вызывает колебания воздуха, отчего меняется его плотность, а стало быть, и каждый звук имеет свой торсионный портрет — со своим положительным или отрицательным воздействием. Факт: и слово, воздействуя на психику человека, лечит. Поэтому желательно не только произносить слово-талисман, но и прочесть молитву» [55, с. 42] .

Одним словом, молитва — это та целительная «информация здоровья», которую каждый человек может вносить в свою информационную структуру самостоятельно.

Американские ученые провели свой эксперимент в больнице Св. Луки в Канзас-Сити. Около тысячи больных, поступивших в кардиологическое отделение в течение года, были разделены на две группы. И за одну из этих групп начали денно и нощно молиться добровольцы. Ученые, как могли, постарались соблюсти чистоту эксперимента. О нем не было известно ни самим больным, ни членам их семей. А добровольцы знали лишь имя того, за кого они молились, желая ему скорейшего и полного выздоровления без всяких неприятных последствий. Через четыре недели был получен впечатляющий результат: среди больных, за здоровье которых возносились мольбы к Всевышнему, оказалось на 10 процентов меньше страдающих всевозможными осложнениями — от болей в груди до остановки сердца. Авторы исследования полагают, что «молитву вполне можно считать эффективным дополнением к обычным методам лечения». Результаты работы опубликованы в «Архиве внутренней медицины» Американской медицинской ассоциации. Руководитель коллектива исследователей доктор Уильям Харис по поводу результатов заметил: «Потенциально возможно наличие какого-то сверхъестественного механизма» [56, с. 14].

Российские ученые пошли дальше. Они не просто констатировали результат действия молитв, а провели исследования состояния мозга во время молитвы. Сотрудники лаборатории нейро- и психофизиологии в Психоневрологическом НИИ им. В. М. Бехтерева записали электроэнцефалограммы семи воспитанников Духовной академии. Заведующий лабораторией профессор В. Б. Слезин рассказывает: «Мы были потрясены тем, что увидели. Мы видели постепенное урежение ритма биотоков мозга — наконец остались только медленные дельта-ритмы (с частотой 2—3 Гц). Такое состояние сознания у взрослого человека бывает лишь во время так называемого „медленного" сна, а во время бодрствования — лишь у младенцев до двух месяцев. То есть сознание оказалось как бы вне мозга. Вероятно, слова Христа: „Будьте, как младенцы, и спасетесь..." могут быть отнесены и к состоянию мозга. Картина ЭЭГ наиболее усердно молившегося воспитанника Духовной академии показывала полное выключение коры мозга, хотя он был в сознании! Помолившись, он сказал спокойно: „Ну ладно, хватит..." — и ритм электрических импульсов его коры головного мозга вернулся к обычным альфа- (8—12 Гц) и бета-ритмам (13—30 Гц)» [57].

Профессор В. Б. Слезин поясняет, что во время глубокой молитвы человек уходит от реальности, входит в какое-то особое состояние, что приводит к разрушению патологических связей в мозге и в организме. «*Уходя от образов патологии, человек способствует своему выздоровлению. Он ощущает, что мир бренен, временен, понимает истинные ценности, приходит к гармонии с Богом. Через молитву выздоравливают даже больные раком в неоперабельной стадии* (такие факты известны науке)... Мы увидели, что появляется во время молитвы связь с чем-то, по-видимому, что мы не можем познать средствами науки. Дошли до границы познаваемого мира, дальше уже наше ньютоновское пространство кончается».

Московские исследователи отдела теоретических проблем РАН под руководством академика П. П. Гаряева создали прибор, с помощью которого можно словесно обработать семена какой-либо культуры и проверить действие на них молитв или проклятий. Начали с проклятий. Для исследований взяли семена растения арабидопсис, которое очень хорошо изучено. Точно известно, какие внешние воздействия вызывают те или иные отклонения в организмах растения. Результаты исследования ужаснули ученых. Словесная обработка арабидопсиса была подобна облучению в 40 тысяч рентген. От такой ударной «дозы» порвались цепочки ДНК и хромосомы, рассыпались и перепутались гены. Большинство семян погибло, а у выживших начались чудовищные мутации. Удивительно, что результаты экспериментов не зависели от громкости произнесенных слов. Исследователи кричали, говорили, шептали — в любом случае разрушительный эффект был одинаковым. Его вызывала не сила звука, а смысл сказанного — резко негативное отношение к растению [58].

С целью проверить целительную силу молитв ученые провели и другой опыт. Зерна пшеницы, получившие дозу в 10 тысяч рентген, в которых порвались и перепутались ДНК, хромосомы и гены, подверглись воздействию благословений и молитв. И они взошли и стали нормально развиваться, хотя в контрольной группе, облученной энергией проклятий, огромное большинство семян погибло, а выжившие стали калеками.

«Мы пришли к выводу, — сказал Петр Петрович Гаряев, — что человеческие слова могут быть губительными и спасительными. Проклятья повреждают, молитвы исцеляют тело и Душу. Слова действуют не только на тех, о ком идет речь, но и на всех слушателей, находящихся в этот момент рядом. Поэтому, с кем поведешься, от того и наберешься — болезней или здоровья. А сам будешь здоров ровно настолько, насколько добро преобладает над злом в твоих мыслях, словах и делах, которые неразрывно связаны друг с другом».

Особенно эффективна молитва, прочитанная над свечой! По мнению академика, доктора биологических наук П. П. Гаряева и кандидата технических наук Г. Г. Тертышного, «когда над свечой читают молитву, звуковые вибрации вызывают колебания плазмы (огня), и она переводит их в электромагнитные волны, которые восходят к Богу. Мало того, молитвы вызывают обратный эффект — на человека нисходит Божья Благодать, которая исцеляет Душу и тело» [59, с. 4].

Ремарка. В своих выступлениях академик Е. Б. Александров, один из руководителей комиссии РАН по борьбе с лженаукой, обрушившись на книгу «Физика веры», «перемывает косточки» этой цитате, приписывая ее нам. К сожалению, мы ее только цитируем. Но мы благодарны Александрову за столь лестную оценку нашей работы... Кстати, тираж книги «Физика веры» за два года уже составил 200 тысяч экземпляров. Как говорится в популярной пословице: «Собака лает, ветер носит, а караван идет!» И раз наши книги помогают людям жить в нашем тяжелом мире, правильно расставить приоритеты ценности в жизни (а именно об этом говорят весьма многочисленные письма и звонки читателей со всего мира, вплоть до Австралии и Америки), то мы счастливы.

Но вернемся к рекомендациям академика Машкова. Когда молитва, короткая, но искренняя, прочитана, нужно начать информационную работу со своими органами. Например, обращаясь к сердцу, ласково похвалить его за то, что оно прекрасно работает, не подводит вас, и вы будете с любовью и дальше заботиться о нем. Затем обратиться к печени, мозгу и т. д. С больным органом информационное общение должно быть дольше. Подобная процедура рекомендуется О. А. Машковым и по вечерам. Он говорит:

«Желаемое вами работает на вас, оно хранится в сознании, подсознании, сверхсознании. Всякая неудовлетворенность отражается на нашей физической форме, поскольку наши мысли превращаются в химические вещества, реакции. А когда вы счастливы, живете с хорошим ощущением, то и клетки ваши здоровы и счастливы. Однако при любых недомоганиях, заболеваниях покайтесь перед Господом, и не только за совершенные греховные поступки, но и за неправедные мысли, кои рано или поздно материализуются» [50, с. 12].

Дорогие читатели! Нам бы не хотелось, чтобы у вас создалось впечатление, что такие Врачи (с большой буквы) есть только в Москве, и что лечат они исключительно высокопоставленных деятелей и богатых людей, готовых заплатить любые деньги за свое исцеление. Хотя в значительной степени это так. Нашу медицину сегодня можно представить состоящей из двух частей: молодая, интенсивно набирающая обороты, подающая огромные надежды в связи с творческим потенциалом наших ученых и уже сегодня способная творить чудеса платная медицина, медицина для состоятельных людей и хиреющая на глазах гидра советского здравоохранения — так называемая «страховая» медицина (от слова «страх!») — для всех остальных, коих, к сожалению, у нас в стране подавляющее большинство. Это та умирающая страховая медицина, которую сегодня пытаются реанимировать наши руководители. Это та нищая медицина, которая в больницах и поликлиниках водит по кругу огромное количество больных и старых людей, медленно и упорно подвигая их к кладбищу. Сдача бесконечных анализов и... никакого лечения, во всяком случае, никакого успеха! Да и точность получения результатов анализов вручную или на полуразвалившемся оборудовании сегодня вызывает большие сомнения. Кощунственнее «страховой» медицины в нашем российском исполнении может быть только ваучеризация. И то, и другое — грандиозный обман населения, замысленный и осуществленный талантливыми людьми без

Бога в сердце. И если сегодня пресловутая страховая медицина где-нибудь, когда-нибудь, кому-нибудь еще оказывает необходимую помощь, то это только благодаря необыкновенной самоотверженности российских врачей, вкладывающих всю свою душу в работу за нищенское вознаграждение.

В газете «Санкт-Петербургские ведомости» от 16 января 2003 года напечатано интервью журналиста Ольги Островской с руководителем управления по организации защиты прав застрахованных граждан Санкт-Петербурга М. Е. Семеновым под названием «Пациент имеет право!». Господин Семенов весьма убедительно говорит о том, что застрахованный гражданин *имеет право выбора поликлиники, врача, больницы и право получения медицинской помощи бесплатно* за счет страховых средств. Все верно, на бумаге так все и написано. Да и собственный опыт господина Семенова, наверное, подтверждает это. Но вот интересно, куда пошлют обыкновенного пациента (без погон) вместе с его правом, который, придя в поликлинику, заявит главврачу: «Не хочу идти к своему участковому врачу по причине его некомпетентности. Хочу на прием к профессору. Имею право!» Да и принимает ли какой-нибудь профессор застрахованных пациентов бесплатно? А впрочем, при официальных заработках наших профессоров какие могут быть претензии к ним, не желающим работать бесплатно. Ведь хлеб в магазине им не отпускают бесплатно.

К тому же господин Семенов подчеркивает, что качество медицинских услуг никто не оценивает. И если вас, больных, качество не устраивает, то... судитесь! Он приводит впечатляющий пример: «У нас в городе (в Санкт-Петербурге! — *Прим. авт.*) есть **одна** „заслуженная пациентка Российской Федерации", которая уже давно живет за счет того, что умело борется за свои права, и медицинские работники в итоге удовлетворяют все ее запросы».

Так что, дорогие читатели, болеть нам некогда, нужно... судиться, бороться за свои права, «которые чаще всего нарушаются... чиновниками, ответственными за организацию медицинской помощи». Да и врачами тоже!

Но, к счастью, Врачи и Целители, исповедующие заповеди Бога, есть не только в нашей столице. Просто их нужно найти.

Например, в Самаре с 1996 года весьма успешно действует Центр традиционной и народной медицины «Путь к Солнцу», директором которого является Светлана Михайловна Пеунова, автор книги «Азбука счастья», вышедшей в Санкт-Петербурге. Президент Самарского Регионального Центра «Профессиональная медицинская ассоциация специалистов традиционной и народной медицины», почетный член Берлинского института энергоинформационной медицины С. М. Пеунова (рис. 18) с 1992 года работает по собственному авторскому методу, защищенному патентом РФ № 2177346 от 27.12.2001 на «Способ восстановления естественного гармонического функционального состояния организма человека». В ноябре 2002 года авторский метод С. М. Пеуновой был удостоен Золотой медали ВВЦ в г. Москве за выдающиеся достижения в развитии народной медицины.

Рис. 18. С. М. Пеунова

В июне 2003 года нам (авторам книги) удалось встретиться со Светланой Михайловной на форуме «Санкт-Петербургская весна». Светлана Михайловна произвела на нас хорошее впечатление. Прежде всего, это очень сильный и добрый человек, душевная теплота которого ощущается даже на расстоянии. Ну, и конечно, это удивительно эрудированный человек с необыкновенными способностями. А все начиналось, как в обычных советских семьях. Дочь советского офицера и учительницы физики была убежденным материалистом.

«У нас была полностью сформировавшаяся семья материалистов... Первая половина моей жизни, до зрелости, была наблюдательной. Я интересовалась жизнью совершенно спокойно, созерцательно, не вмешиваясь в нее сильно. Мне интересно было, как устроен мир. Я постоянно убеждалась, что не понимаю людей, что думаю не так, как другие» [60, с. 46].

Целительская практика Светланы Пеуновой началась с 1990 года после знакомства с Джуной и обучения по ее методу. Позднее Светлана Михайловна прошла стажировку у доктора психологических наук В. М. Кандыбы и занималась на двухнедельных курсах очень сильного экстрасенса Альберта Игнатенко. Вначале С. Пеунова работала самодеятельным целителем, а с 1991 года — в поликлинике г. Самара. Постепенно, постигая в процессе работы азы биоэнергоинформатики, Светлана Пеунова развила в себе способности видения, почувствовала свою энергетику, которой научилась управлять. В 1996 году в Самаре ею был создан Центр традиционной и народной медицины «Путь к Солнцу», в котором к проблеме исцеления людей подходят с позиций устранения причин, вызывающих стресс и психосоматические заболевания.

В 1998 году по приглашению кандидата физико-математических наук В. М. Лобанкова, помощника Эрнста Мулдашева, С. М. Пеунова посетила Центр Vipasana-медитации, расположенный в Гималайских горах вблизи столицы Непала Катманду, где она в течение двух недель изучала эту сложнейшую медитацию, на основе которой и был создан авторский метод.

Особенностью метода является то, что автор его напрямую связывает нездоровье пациента, его характер и структуру его личности с духовностью, с его мировоззренческими установками и идеалами. Причем понятие духовности в авторском методе идентично понятию этики [61, с. 68].

И хотя с нашей точки зрения этика и духовность — это не одно и то же, метод С. М. Пеуновой, связывающий болезни, неудачи и т. д. с нравственностью, с моралью, работает, и работает хорошо, так как помогает гармонизировать внутренний мир человека и его взаимоотношения с внешней средой. Это объясняется, прежде всего, использованием принципов энергоинформационного воздействия.

Но, чтобы человек начал думать и вести себя по-другому, ему нужно рассказать, объяснить, а иногда и доказать с использованием результатов научных исследований существование энергоинформационного поля, психической энергии, энергетического воздействия мыслей и слов одного человека на другого. Только тогда человек начнет думать и жить по-другому, начнет меняться его реакция на тот или другой раздражитель внешней среды, и он из пессимиста станет оптимистом. И вот тогда в полной мере реализуются рекомендации академика О. Машкова: «А когда вы счастливы, живете с хорошим ощущением, то и клетки ваши здоровы и счастливы».

Для такого исцеления понадобилось создать Школу, которая дает человеку знания, помогающие ему выбрать правильный жизненный путь, сохранить душевное равновесие в различных жизненных ситуациях. Занятия в Школе идут по методу, разработанному С. Пеуновой.

«В основу метода положена задача максимально гармонизировать энергетический баланс ауры, а следовательно, нормализовать физиологические параметры организма и равновесие психоэмоциональной сферы человека» [61, с. 70].

Из патента РФ № 2177346: «Изобретение относится к традиционной народной медицине и может быть использовано для неспецифического общеоздоровительного, стимулирующего безмедикаментозного воздействия на организм человека, а также для лечения и профилактики ряда заболеваний, связанных с нарушением биоэнергетики, отражающихся в искажении электромагнитного поля вокруг человека».

Суть метода заключается в следующем [61, с. 70]. Сила и чистота биополя человека зависят от характера его мыслей и чувств. Часто человек разрушает свое поле изнутри, создавая в нем непроходимые энергетические блоки стрессом, страхом, агрессией. Со временем в тонком теле образуются психические сгустки, локализованные в ауре и имеющие проекцию на физическое тело.

В патенте, выданном С. М. Пеуновой, говорится: «Способ восстановления естественного гармоничного функционального состояния организма включает предварительный анализ психоэмоционального состояния и образа мышления пациента, осознание им своих нарушений энергообмена с пространством; суггестивное воздействие на психоэмоциональное состояние человека, отличающееся тем, что оператор определяет застойные энергетические сгустки, образовавшиеся в астральном поле пациента в результате стрессов, путем подключения своего биополя к биополю пациента и вхождения с ним в резонанс; и воздействием своей энергией оператор перемещает данные застойные сгустки из астрального поля пациента в его Анахата чакру и затем, через Вишудху, Аджну и Сахасрару-чакру в космическое пространство. Способ осуществляется следующим образом.

1. Проводится предварительная беседа с пациентом, направленная на выявление преобладающих в нем негативных эмоций и установок, искажающих обмен его энергией с энергиями пространства через искажение работы чакр.

2. Переосмысление пациентом своих жизненных позиций, осознание существующих у него негативных эмоций и установок и прощение всех людей, вызвавших их, что вы-

ражается перемещением застойных сгустков из астрального поля в Анахата-чакру.

3. Введение пациента в состояние лечебного транса в положении сидя или лежа. Включение трансовой музыки.

4. Подключение биополя оператора к биополю пациента и достижение резонанса полей.

5. Направление потока биоэнергии оператора на застойные энергетические сгустки пациента, находящиеся в Анахате-чакре, и перевод их затем через Вишудху, Аджну и Сахасрару-чакру в космическое пространство.

6. В результате очищения биополя пациента от застойных энергетических сгустков восстанавливается естественная гармоничная циркуляция биоэнергии по энергетическим каналам (меридианам) биополя и вследствие этого нормализуется функциональное состояние организма пациента».

В методе Светланы Пеуновой ключевым моментом работы с сознанием и подсознанием пациента является медитативный аутотренинг, основанный на базе Vipasana-медитации. Овладение этой медитацией позволило целительнице объединять свое энергоинформационное поле, то есть поле сознания и подсознания с аналогичными полями ее курсантов и учеников. Разумеется, считывание информации происходит взаимно. Целительница передает ученикам свои знания и опыт в области энергоинформатики и духовных практик, одновременно считывая их вопросы, проблемы, состояние души. Возникает своеобразный молчаливый «разговор», в результате которого и проявляется терапевтический эффект воздействия энергетического поля оператора на человека. Причем проявляется этот эффект в стимуляции жизнедеятельности организма, иммунной, гормональной и кроветворной систем, в интенсификации и нормализации обменных процессов на клеточном уровне, что положительно сказывается на состоянии организма в целом, позволяет снять перенапряжение и ослабить стресс, создать защиту от несанкционированного внешнего экстрасенсорного излучения и от влияния геопатогенных факторов.

Под влиянием биополя оператора человек начинает осознавать свою неправоту в конкретных мыслях, чувствах и поступках. При этом блоки негативной энергии из астрального поля перемещаются в сердечную чакру, где они «под воздействием оператора или растворяются, или, проходя через нее, уходят во внешний — Высший Мир — Космос».

Стоит отметить, что метод, запатентованный С. М. Пеуновой, в некоторых теоретических аспектах схож с методами трансперсональной психологии (психотропное дыхание, ребефинг, элементы йоги и пр.). Однако в практическом воплощении он отличается от всех вышеназванных техник тем, что, во-первых, не содержит в себе никаких искусственных приемов, и, во-вторых, в нем во главу угла ставится не ощущение, а осознание, не достижение экстаза и удовольствия, а осознание своей природы и гармонии с миром, осознание вечных и нетленных ценностей.

«Главное — мы учим человека управлять собой. И других людей мы учимся понимать, соединяясь с ними сердцем, душой. Мы развиваем сострадание, сочувствие, истинное милосердие. В нашей Школе понимание и сострадание, а значит, и помощь происходит естественным образом, без использования каких-либо психологических и иных техник», — говорит Светлана Пеунова.

Основной смысл обучения в Школе, которая учит людей быть счастливыми, от первой к седьмой ступени направлен именно на то, чтобы повысить уровень духовности, самоанализа, широты мышления слушателей-курсантов.

Объективно повышение духовности и чистоты вибраций ауры выражается в том, что целители Центра давно уже почти не знают болезней, так же как и члены их семей. От ступени к ступени обучения повышается благополучие в области физического здоровья и даже материального обеспечения у подавляющего большинства учеников, что подтверждается периодическими опросами всех курсантов Школы.

В Центре были проанализированы результаты 238 слушателей курсов за период с сентября 2000 года по февраль 2002 года. Их возраст колебался в пределах от 7 до 68 лет. Все пациенты страдали различными заболеваниями разной степени тяжести. Кроме того, практически у всех отмечались депрессия, различные страхи, быстрая утомляемость, снижение работоспособности. После двухмесячных занятий 230 человек (97 процентов) по данным опроса отметили улучшение общего состояния, которое выражалось в улучшении настроения, повышении работоспособности, нормализации сна, исчезновении депрессии, появлении веры в себя. Кроме того [61, с. 72]:

- у 54 человек (23 процента) исчезли боли различного происхождения: головные, связанные с невралгией, остеохондрозом, боли в сердце, суставах и т. д.;
- 11 человек полностью отказались от приема лекарств в связи с нормализацией давления;
- у 6 курсантов исчезли тахикардия и сердечная аритмия, что подтвердилось ЭКГ;
- 3 человека с бронхиальной астмой отказались от применения ингаляторов;
- у 2 женщин нормализовался менструальный цикл;
- у 10 человек исчезли кожные заболевания;
- 8 человек смогли избавиться от зависимости: табака (3), алкоголя (4), наркотиков (1) и т. д.

В целом 110 человек (48 процентов) за два месяца не только улучшили свое состояние, но и избавились от конкретных заболеваний.

Уже в одиннадцати городах Самарской области и в других городах России (на выездах) работают филиалы Школы духовной культуры Светланы Пеуновой. Ее закончили более 4 тысяч человек. Результаты и география оказываемой помощи впечатляют (Москва, Тольятти, Сызрань,

Отрадный, Нефтегорск, Новокуйбышевск, Чапаевск, Жигулевск, Суходол, Красный Яр, Кинель). Уходят тяжелейшие заболевания, восстанавливаются семьи, дети и родители начинают понимать друг друга, находится любимая работа, бизнес становится успешным и приносящим радость, общение — бесконфликтным. Гармония в духе приводит к гармонии в физическом плане.

Вот только несколько выдержек из книги отзывов, подтверждающих эффективность метода Пеуновой (эта книга отзывов опубликована как «Архив Светланы Пеуновой»). По этическим соображениям мы указываем только инициалы бывших курсантов Школы:

В Школу пришла со своей бедой — ребенок с диагнозом ДЦП (ребенок занятия не посещал). Уже через неделю она стала шагать ножками. Конечно, с поддержкой. Моя малышка не сидит сама, головку держит плохо, но выпрямляется, стоит, а теперь появился и шаговый рефлекс. До этого его не было! Я благодарна! Этого мне совсем немало, и это лишь начало. Знаю и верю. Моя малышка стала хорошо спать по 12—14 часов ночью. Я и сама стала спать безмятежно, это такое счастье. Появилось много времени, все успеваю, что задумала. В голове нет «каши», все стало просто и понятно, жить легко и празднично. Каждый мой день стал праздником! Я счастлива, что живу, мыслю, что могу дарить Любовь и тепло близким, родным — и всем. Ничто не сломит меня, потому что я стала сильнее.

К. Т. В.

***

На первой встрече со Светланой Михайловной я очень удивилась открытию, что у меня тяжелый характер. Я всегда считала себя покладистой, уступчивой, терпеливой. Прожила с мужем 33 года, было в жизни все: частые ссоры, упреки, обиды. Я всегда считала, что он мне многое недодает. И вот уже ближе к 50 годам здоровье сильно пошатнулось, стало даже страшно, а что же будет дальше? Придя в Центр, я не

думала, что будет так сложно. Оказалось, что к болезням приводят твои же отрицательные черты характера. А избавиться от них — ох, как сложно! Это надо вывернуть себя наизнанку, затратить много сил. Светлана Михайловна учит нас мудрости. Как это здорово! На всех занятиях постоянно говорит о любви, а в ней все нуждаются.
Сейчас у меня стало больше терпимости к мужу, гордыни стало меньше. Я могу ему сказать, что он мой самый близкий и родной человек, он мне дорог, и я его люблю. Ко всем окружающим людям стала относиться с любовью. Обратила внимание, что всю зиму и весну не болела простудными заболеваниями. А раньше были постоянные бронхиты, трахеиты, воспаление легких, кашель со свистом, хрипы. Такого больше не было — я рада этому. В теле почувствовала легкость, похудела заметно. Об этом многие говорят. С любовью к вам!

П. Е. И.

***

На курсы меня привела проблема дочери (7 лет): у нее нарушение речи. Куда бы мы с ней ни обращались, результатов не было. Наш психиатр говорила в грубой форме, что она дебил. Когда стали посещать курсы и медитации Светланы Михайловны, дочь стала общительной, стала задавать вопросы, пишет печатные буквы, фамилию и имя, читает по слогам, но еще иногда ленится. В семье стало спокойно, все стали находить между собой общий язык. С третьего занятия у меня прошли боли в пояснице. Еще у меня была слизь в дыхательных путях, она меня мучила по вечерам, сейчас я ее не ощущаю. У мамы давление стало редко подниматься.

Б. М. Н.

***

Только в Центре я поняла причины моего нездоровья и гибели мужа. До этого я как бы жила с завязанными глазами, не знала, из-за чего такие мучения!

...Сама обстановка в Центре, Светлана Михайловна, все ученики и курсанты, все улыбаются, спрашивают, обмен впечатлениями, радуемся! Господи, чего еще надо? Здоровье стало возвращаться на круги своя! Перестали болеть голова, сердце, ноги, суставы. Захотелось жить и радоваться жизни! За время учебы стала замечать, что со мной стали здороваться незнакомые люди, было удивительно, я тоже здоровалась. Возвратили старый долг, который никак не хотели возвращать!
Оказала помощь женщине 68 лет на улице, до прихода «скорой». Много приятных сюрпризов произошло! Приехала давняя подруга детства, нашла меня через справочное бюро. Позвонил брат, который уехал в США и не давал о себе знать более 3 лет.

С. Н. Д.

***

В наш Центр «Путь к Солнцу» я пришла 1,5 года назад с такими глобальными проблемами, что, по—моему, ни у кого их не было больше, чем у меня. Семейные отношения были на грани развода. Муж пил очень часто. Сын употреблял наркотики. У меня не было работы. Мой бывший зять судился со мной 2 года подряд. Из-за всех этих проблем у меня в душе был постоянный страх, ночами почти не спала.
Прошло 1,5 года. Это много или мало? Если бы не Светлана Михайловна и наш Центр «Путь к Солнцу», мне бы не хватило и несколько жизней, чтобы решить все эти проблемы. Что у меня сейчас?
Семейные взаимоотношения с мужем наладились. Наступила почти полнейшая гармонизация. Муж почти бросил пить (иногда только пиво). Сын больше не употребляет наркотики. И я уверена, что это ушло навсегда. У меня появилась любимая работа. Суд с моим бывшим зятем закончился благополучно в мою пользу. Мы с ним больше не враги, а просто соседи. Страх из моей души исчез давно, и сейчас почти всегда у меня хорошее настроение, и хочется помочь всем людям, кто обращается за помощью.

А. Л.

Да, такие отзывы дорогого стоят! Ради них и стоит работать!

Потрясает одно: как же немного нужно нашим людям, чтобы их жизнь кардинально изменилась. Или много? Понять суть нашей жизни, изменить отношение к себе и к людям, к окружающей нас природе, а это значит — жить по законам Бога!

В августе 2000 года Светлане Пеуновой посчастливилось побывать на приеме у Аватара Сатья Саи Бабы, который благословил Центр, подарив ему свое одеяние. С этих пор через Центр Пеуновой наряду с другими Высшими космическими энергиями идет и энергия Сатья Саи Бабы.

В начале 2003 года Светлана Михайловна еще раз побывала в Индии, в ашраме Сатья Саи Бабы, на празднике Шиваратри, чтобы видеть материализацию лингама.

Кроме Центра «Путь к Солнцу» в Самаре еще в 1992 году был создан медицинский центр долголетия «Ойген», научным руководителем которого много лет была доктор медицинских наук, профессор Н. И. Затулина. Директором этого центра является доктор энергоинформационных наук, академик Международной академии энергоинформационных наук, лауреат премии им. А. Л. Чижевского Е. С. Степанов (рис. 19), а главным врачом — доктор медицинских наук, заведующий кафедрой внутренних болезней Самарского медицинского института, академик АМТН и МАЭИН, лауреат премии им. А. Л. Чижевского, кавалер ордена «Звезда Вернадского» за заслуги в науке Ю. С. Пименов. В декабре 2002 года Е. С. Степанов и Ю. С. Пименов, будучи в Санкт-Петербурге на конгрессе по проблемам долгожительства, навестили нас и передали интересные документы о деятельности центра «Ойген», через который уже прошло около 3,5 тысяч человек, обретших исцеление.

Сотрудники Самарского медицинского центра долголетия «Ойген» используют в своей работе знания и достижения как классической медицинской науки, так и биоэнергодиагности-

Рис. 19. Академик Е. С. Степанов (слева)
и академик Э. А. Крюк

ку, биокоррекцию, апи-, фито-, рефлексотерапию [62, с. 73]. Поскольку, по их убеждению, первопричина заболеваний — нарушение целостности и деформация биополя, вследствие чего снижается защитная функция физического тела (иммунитет), и в результате генетических факторов, обусловленных состоянием наследственности, возникает и развивается та или иная патология, сотрудники центра с помощью аурофазометра фиксируют место и величину деформации, корректируют эту патологию и затем восстанавливают иммунитет с помощью специальных лекарств (пептидных биорегуляторов — цитомединов) [63, с. 6]. Разработчиком этих препаратов стал коллектив ученых во главе с доктором медицинских наук, академиком В. Х. Хавинсоном — заведующим лабораторией Военно-медицинской академии им. С. М. Кирова в Санкт-Петербурге [64, с. 2]. В настоящее время академик РАМН В. Х. Хавинсон возглавляет Институт биорегуляции и геронтологии в Санкт-Петербурге.

В докладе Е. С. Степанова и Ю. С. Пименова «Общая теория возникновения болезней», прочитанном на Международном конгрессе «Наука, информация, сознание», который состоялся в мае 1999 года в Санкт-Петербурге, особо подчеркивается, что деформация тонкоматериального тела наступает в результате суммарного воздействия полевых (информационных) структур пространства, обусловленных как окружающей человека средой (экологической и социальной), так и своей собственной поведенческой линией в жизни (поступками — хорошими и плохими). То есть причинами заболеваний и старения людей является нарушение человеком морально-этических заповедей (а их в православии десять) [65, с. 46].

Это заключение основывается на глубоком анализе современных достижений науки. К ним относятся [28]:

1) создание прибора аурофазометра (Ю. П. Кравченко, г. Уфа), способного в графическом виде зарегистрировать деформации тонкоматериального тела человека;

2) создание прибора ИГА-1, индикатора геомагнитных аномалий (создан там же);

3) разработка и создание метода и прибора ГРВ — газоразрядной визуализации (К. Г. Коротков, Санкт-Петербург), позволяющих запечатлеть в виде цветного изображения состояние тонкоматериального тела человека;

4) создание комплексов «Аура 001-015», «Сканер» и др. (Э. А. Крюк, С. Юрданов и др., институт «Бинар», Москва), позволяющих диагностировать и воздействовать на тонкоматериальное тело;

5) создание приборов индивидуального пользования «Гамма-7 Нейтрализатор» и «Гамма-7 Активатор» (А. Ф. Охатрин, Москва), защищающих тонкоматериальное тело человека от геопатогенных, технотронных, социумных отрицательных излучений, восстанавливающих деформации тонкоматериального тела;

6) разработка лечебно-диагностических аппаратов «Хелпер» (В. Г. Вогралик, Новгород), позволяющего в считанные минуты определить суммарное состояние иммунной системы человека и при необходимости скорректировать его;

7) создание прибора «RAYOCOMPPS 1000», универсального высокоэффективного биорезонатора для интегральной вибрационной терапии и диагностики;

8) создание диагностической системы КЭСГ — компьютерная электроструктурография (В. Куделькин, Тольятти), которая позволяет визуализировать в динамике качество лечебных мероприятий, в том числе и биополевое воздействие на человека.

Да, прав, оказывается, академик В. Н. Волченко, когда утверждает: «Отвергать концепцию биоэнергоинформатики (БЭИ) теперь уже бесполезно, ее надо развивать, хотя самым главным барьером, стоящим на пути выхода из нравственно-экологического кризиса, несомненно, можно назвать психологический барьер. Но эпоха катастроф требует нетривиальных решений. И поэтому есть только один путь — это познание человечеством, кроме материальной, также и духовной структуры Вселенной. Необходим переход к новому мировоззрению, которое связано с изучением пограничных областей между материальным и информационным мирами. И науки об энергоинформационном обмене вторгаются в область Философии, Искусства, Религии, Бога, Духа!» [66, с. 12].

Огромную научно-исследовательскую и целительскую деятельность ведет Научно-исследовательский центр «Психосинтез» в Томске. Научный руководитель центра, врач-психиатр, кандидат медицинских наук Людмила Владимировна Серебренникова, человек феноменальных способностей, четверть века тому назад сделала то, что и сегодня не под силу медикаментозной терапии (рис. 20). Ведущие специалисты-отоларингологи предрекли ей глухоту из-за серьезнейшего заболевания — неврита слухового нерва. Будучи молодым специалистом с дипломом Алма-Атинского мединститута, она на собственном организме применила в полном объеме всю схему биоэнерговоздействия. Результат оказался потрясающим. Причем сделала это она практически на интуиции. И только спустя несколько лет она сумела подвести научную основу под свои уникальные результаты в лечении больных.

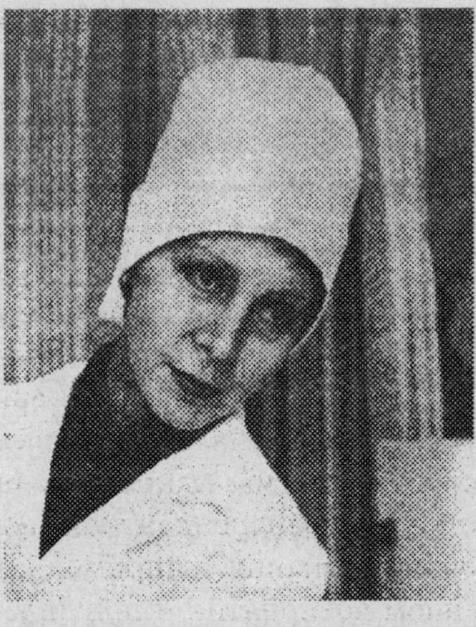

Рис. 20. Л. В. Серебренникова

«Основная моя специальность — психоневролог, поэтому я лечу неврозы и обусловленные ими заболевания внутренних органов. Хорошо помогают циклы моих сеансов при аллергии, сахарном диабете, остеохондрозе, при сформировавшихся в желчном пузыре и почках камнях. Лечение обладает омолаживающим действием, повышает сопротивляемость и выносливость организма, возникает психотонизирующий эффект...

По моей статистике, до 90 процентов пациентов реагируют на энерговоздействие, из них около 60 процентов — на гипноз. Абсолютно не податливы в сеансах где-то 10 процентов больных» [67, с. 3].

Основываясь на научных исследованиях, Людмила Владимировна считает, что биосубъект — это Микрокосм, материя которого состоит из вещества и энергии. Причем вещество субъекта представлено грубо структурированным физическим телом и семью тонкими телами, а биоэнергия — это переработанная и преобразованная в человеческом организме внешняя энергия, «динамирующая в физическом теле биосубъекта и диссимилирующая за его пределами». Энергия и вещество в системе человека объединены структурно-энергетическим стержнем — чакрально-нейтронным блоком. Причем энергия связана энергетическим стержнем — чакральным блоком, а вещество связано нейронным блоком ЦНС. С точки зрения доктора Серебренниковой, сознание биосубъекта и Сознание Вселенной объединены процессами плазменной ассимиляции и диссимиляции — это Единый Пульсирующий Энергогомеостат Сознания Вселенной. Востребование субъектом информации из Единого поля Сознания возможно: в состоянии трансцендентной медитации, в измененном состоянии сознания (например, при гипнозе), при сверхчувственном восприятии и при телепатическом контакте [66, с. 53].

В частности, научная группа центра «Психосинтез» под руководством доктора Л. В. Серебренниковой провела астральную диагностику и дистанционную коррекцию на расстоянии десятка километров. В эксперименте приняли участие кандидаты наук А. Бобров и Э. Деграф. Незадолго до эксперимента доктору была передана фотография четырехлетней внучки Боброва с просьбой избавить ребенка от врожденного косоглазия. Этот эксперимент подробно описан доктором в книге «К механизмам паранормальных явлений». В частности, сказано: «Автор на импульсном уровне решила воздействовать на Боброва через фотоиндуктора, то есть через фотоизображение его внучки. Все воздействие от начала до конца длилось 2,5 минуты. В процессе эксперимента автор направила луч энергии через косящий глаз девочки, не намереваясь на этом отрезке времени заниматься коррекцией косоглазия. При этом у автора возникло чувство физического неудобства и дискомфорта при проведении энергетического луча через глаз ребенка на фотографии. Это побудило к минимальному волевому усилию для постановки глаза в удобное для автора состояние (то есть позицию зрачка в центре глазницы). Возникло ощущение уверенности, что направленный на Боброва луч энергии выпрямился. И в это время дома у девочки исчезло косоглазие. Прошло 7 месяцев, фотография Влады по-прежнему фиксирует косоглазие, а у живого ребенка его нет, оно отсутствует» [66, с. 29].

Причем автор книги отмечает, что при манипулировании пучком энергии она обычно ощущает напряжение в области глаз (зрачок является трактом для проведения энергетического луча). А вот при работе на «мыслеформах» ощущения уже другие: происходит отделение от головы умеренно вязкой массы чаще в области затылка, реже — на стыке теменной и затылочной областей. Выделенные сгустки волевым усилием можно преобразовывать в любые формы, «вытягивать» в луч, собирать в пучки и т. д.

Да-а-а! А моему племяннику пришлось делать операцию по исправлению врожденного косоглазия.

Но самое потрясающее в работе центра — это экспериментальные доказательства возможности дистанционного воздействия на психику, на сознание других людей. В журнале «Наука и религия» № 4—5 за 1992 год профессор Б. И. Искаков отмечает: «Манипулирование на расстоянии сознанием отдельного человека и человеческих масс по своим последствиям опаснее и сильнее термоядерного оружия.

Возможна также и лептонная разведка: считывание информации с любого человека независимо от его воли, желания и расстояния». Такие воздействия уже получили точное научное объяснение. И никто из нас не гарантирован от таких воздействий, во всяком случае, до тех пор, пока мы не научимся защищаться от них. Академик Н. П. Бехтерева по этому поводу пишет: «Нужно уметь защищаться от чужого воздействия, от насильственной индукции, приказывать себе не поддаваться, не реагировать, не принимать „за здорово живешь" сказочные подношения. За них рано или поздно приходится расплачиваться. Помните о цене данайских даров... Мое мнение таково: 99,9 процентов биоэнергии неизвестно».

Так как же защититься от негативных воздействий какого-нибудь «доброжелателя», обладающего необыкновенными способностями? Именно поиском методов защиты от психоэнергетической агрессии и занят центр доктора Серебренниковой. Именно этому посвящены ее работы «Биоэнергетическая теория Единого Психоза», «Новое представление о механизмах психоэнергетической агрессии и способах защиты от нее», «К механизму психоэнергетической зависимости (зомбирования и дезомбирования»)» и другие. Ибо главное для доктора Серебренниковой — помочь людям, страдающим от психоэнергетической агрессии и биоэнергетического вампиризма.

Доктор Серебренникова, касаясь вопросов психиатрии, замечает, что самое тягостное в ней — это «специфичный подход к жалобам больных, большинство из которых относится психиатрами к бреду». Как говорил еще Людвиг Фейербах: «Никакая другая наука не водила человека за нос и не выдавала свои измышления за действительность, как психология» [23, с. 217].

Да, не умеют и не хотят большинство врачей слушать больных! Они опираются не на слова, чувства, эмоции и ощущения человека, а на объективные показания приборов. А если приборов, подтверждающих слова пациентов, нет, тогда все, что доверительно говорит больной, с точки зрения врачей, просто бред! «Суть бреда больных с синдромом Кандинского—Клерамбо заключается в том, что все пациенты, независимо от социальной принадлежности, национальности и вероисповедания, образования и интеллекта, пола и возраста, говорят одно и то же. А именно: о воздействии на них *насильственного* плана, о включении в эксперимент, о преследовании или желании навредить, о *навязанности*, или *сделанности*, их болезненных симптомов» [68, с. 487].

В результате огромной исследовательской работы Людмила Владимировна пришла к выводу: «Синдром Кандинского—Клерамбо — это типичный биоэнергетический феномен, своеобразная защитная реакция на внешнее или внутреннее воздействие насильственного плана (преимущественно различных видов энергии)». И чтобы помочь людям, этот удивительный, нестандартно мыслящий доктор пишет книгу «О биоэнергоканнибализме — биоэнергетическом вампиризме и паразитировании человека на человеке», в которой предлагает целую серию биоэнергетических способов самокоррекции, защиты от агрессии вампира-людоеда, от «сглаза-порчи». Она пишет:

«Автор расскажет Вам о том,

— как оттолкнуть такого вампира раньше, чем он мертвой хваткой вцепится в Вас;

— как помочь Вам, когда он уже напал на Вас;

— как Вам восстановиться тогда, когда он уже почти уничтожил Вас;

— как послать к нему бумеранг его же ядовитых выделений, если он применил тактику дозированного биоэнергопаразитирования» [68, с. 489].

К сожалению, эта книга не была издана. Не нужна она ортодоксам науки.

Вопреки твердому убеждению академика Е. Б. Александрова, того самого, который борется с лженаукой, в том, что «никакой психотроники не существует», доктор Серебренникова получила уникальные результаты своих теоретических и прикладных исследований, работая на стыке ряда точных и биологических наук, главным образом физики, медицины и медицинской биоэнергоинформатики. Ах, если бы такие мужи науки, как Александров, занимались бы не бездарной и вредной борьбой с призраками, а работой, как много можно было бы сделать в нашей стране для людей!

Так, член-корреспондент РАМН, доктор медицинских наук, генеральный директор Московского центра проблем здоровья при правительстве Москвы, заведующий кафедрой восстановительной медицины Московской медицинской академии им. И. М. Сеченова, профессор А. Н. Разумов в своем докладе на 2-м Международном конгрессе «Научно-практические аспекты народной медицины», который состоялся в августе 1995 года в Москве, исключительно высоко оценил работу Л. В. Серебренниковой и в заключение сделал вывод: «Инновационный характер работ доктора Л. В. Серебренниковой и их приоритет для России обусловливают необходимость организации специализированной лаборатории медицинской биоэнергоинформатики под ее руководством».

И в том же году академик Разумов дал специальный отзыв о научно-практической деятельности томского доктора: «Серебренникова Людмила Владимировна является автором принципиально новой теории и методологии научной биоэнергоинформатики, имеющих приоритетное значение для России. На основании ее научно-практических разработок возможно создание первого научно-практического Центра с планетарным масштабом деятельности» [68, с. 509]. К сожалению, центр этот так до сих пор и не создан.

О гомеопатии

Гомеопатия таит в себе такие сокровища, о размерах которых официальная медицина даже не имеет полного представления.

В. Квилиш

Говоря о биоэнергоинформатике в медицине, нельзя не сказать о гомеопатии. Ее, гомеопатию, от начала и до конца двести лет назад придумал гениальный немецкий ученый Самуэль Ганеман. Согласно истории, однажды вечером он сидел у кроватки тяжело больного сына, ломая руки от бессилия. Ребенок чувствовал себя плохо, а самое передовое на то время лечение кровопусканиями не давало результатов. «Нет! — воскликнул Ганеман. — Нет, Бог не для того создал эти прелестные существа, чтобы мы подвергали их подобным пыткам! Ведь Бог — это доброта и мудрость, и, раз так, значит, должен быть Его путь излечения!» И Бог указал ему этот путь [69, с. 4].

Спустя некоторое время после этого ужасного вечера Ганеман переводил статью английского врача Куплена о хинной коре. Куплен писал о том, что хинная кора излечивает малярию благодаря горькому вкусу и вяжущему действию. Подобное объяснение показалось Ганеману неубедительным, и он решил на себе испытать действие хинной коры, чтобы на самом деле выяснить, почему она может излечивать малярию.

Он начал принимать хинин и вскоре почувствовал дрожь и слабость в конечностях, замедление пульса, онемение стоп и т. д., одним словом, обнаружил в своем состоянии все симптомы малярии. Тогда доктор Ганеман пришел к выводу: хинная кора излечивает приступы малярии не потому, что горчит и вяжет, а потому, что сама вызывает такие же симптомы у здорового человека. У него родилась гениальная мысль о лечении различных заболеваний теми веществами, которые могут сами вызывать похожие заболевания. Первый же опыт применения новой идеи на практике дал положительный результат.

По мнению Ганемана, гомеопатические средства искусственно вызывают болезнь «особого рода» для стимулирования естественных защитных механизмов организма, невосприимчивости человека к конкретной болезни. Однако клеточных реакций на физическом уровне, как это бывает во время обычной иммунизации, в случае с гомеопатическими препаратами не происходит. Позднее он придет к выводу, что гомеопатические лекарства — это тонкоэнергетические лечебные средства, содержащие информационную «подпись» вещества, из которого они изготовлены.

В результате анализа огромного количества заболеваний по литературным источникам и на основе собственных исследований Ганеман сформулировал два фундаментальных закона взаимодействия болезней [70, с. 6].

1. Если в организме встречаются две противоположные болезни, то более сильная на время подавляет более слабую, но не излечивает ее. После прекращения более сильной болезни подавленная возобновляется и часто с еще большей силой.

2. В организме не могут сосуществовать одновременно две подобные болезни. Более сильная уничтожает более слабую.

Безусловно, между первой и второй ситуациями существует множество промежуточных вариантов, но аллопатическая медицина следует в значительной степени первому принципу. Термином «аллопатия» Ганеман «окрестил» обычную медицину, а разработанный им новый метод лечения назвал «гомеопатией». Суть первого принципа формулируется так: противоположное лечится противоположным. Заместительная и отвлекающая терапия представляет собой если не диаметрально противоположное воздействие, то уж в любом случае не подобное. Лечение противоположным, которое ввел в медицину древнеримский врач Гален, довольно тяжело переносится организмом. Когда врачи для лечения какой-нибудь болезни возбуждают в организме больного противоположное заболевание, значительной нагрузке подвергаются здоровые органы. То есть обычная медицина всегда настроена на войну с болезнью, и в этой войне больной (своеобразное поле боя) всегда проигрывает.

Кроме того, современные химиотерапевтические препараты жестко подавляют, убивают болезни, но когда организм привыкает к лекарствам, штаммы заболеваний мутируют, восстанавливают свои силы и снова начинают мучить человека. Именно поэтому приходится постоянно создавать все новые и новые, более совершенные лекарства.

Фармацевтическая наука за последние 10 лет на 40 процентов обновила ассортимент лекарственных препаратов. Но совершенствуются лекарства, совершенствуется и вирус. Он тоже расширил свой «ассортимент», и возникли инфекции, устойчивые к любым лекарствам. Например, грипп. Несмотря на новые сильные лекарства, болезнь сегодня протекает более тяжело, чем пару десятков лет назад. В газете «Санкт-Петербургские ведомости» от 26 февраля 2003 года приводится интервью журналиста О. Островской с главным ревматологом Санкт-Петербурга В. Мазуровым. Он говорит: «Важной особенностью терапевтических заболеваний в XXI веке приходится считать и агрессивный характер многих недугов, ранее не считавшихся фатальными. Например, в 50-е годы прошлого века крайне редкими были осложнения ишемической болезни в виде инфарктов. Сегодня инфаркт — основная причина смертности при сердечно-сосудистых заболеваниях... Агрессивнее стала острая пневмония, смертность от которой в общей структуре составляет 7 процентов».

Кроме того, буквально каждое лекарство обязательно на что-то вредно влияет. В аннотациях на лекарства указывается все больше и больше противопоказаний. Например, проведенное в Швейцарии исследование показало, что побочные эффекты аллопатической терапии (при различных патологиях) наблюдаются в 70 процентах (!) случаев. Воистину, одно лечим, другое калечим. Только в ФРГ от нежелательного побочного действия лекарственных препаратов различных фармакологических групп ежегодно страдает около 30 тысяч человек (обобщенные данные по всем группам препаратов).

В 1998 году вышла книга американских врачей А. Фокс и В. Фокс «Иммунитет на всю жизнь. Помоги себе сам», в которой они пишут: «Мы, врачи, действуем так, будто уверены, что болезнь вызвана нехваткой лекарств в организме... Исследования, выполненные для института патологии, показали, что от 6000 до 12 000 случаев смерти в год имеют своей причиной реакцию больного на лекарства, назначенные врачом».

А уж о России и говорить нечего. И это при том, что 20 процентов всех лекарственных препаратов, поступающих в продажу, представляют собой подделку, которая в лучшем случае просто не помогает вообще. А в худшем... сами понимаете!

В своем интервью В. Мазуров по этому поводу отмечает: «Применение сильнодействующих препаратов разрушает иммунную систему человека и приводит к так называемому вторичному иммунодефициту». Невольно задумаешься о вреде такого лечения. Вот пример с нашей хорошей знакомой. После операции по поводу рака матки она подверглась химиотерапии. И все то, что еще было живым в организме, оказалось убитым. Она, отказавшись обратиться в «Ноосферу» или к Г. П. Грабовому, умирала долго и мучительно. О затраченных суммах и говорить нечего! А гомеопатическое лечение ей вообще никто не предлагал.

Началом научно обоснованного лекарственного лечения рака (химиотерапии) считают 1941 год, когда было предложено использовать для лечения рака предстательной железы гормоны эксторогены. В 1942 году в результате проведенных исследований было обнаружено угнетающее влияние химических производных ядовитого вещества иприта на лейкозные клетки. В дальнейшем выяснилось, что химические противоопухолевые препараты, к сожалению, влияют на все, в том числе и на здоровые клетки любых тканей и органов. «Под действием химиотерапии происходит прекращение процесса деления (размножения) и разрушение делящихся тканей, в том числе и опухолевых. Таким образом, мы видим, что в химиотерапии отсутствует механизм специфического действия на раковые клетки, и это является ее главным недостатком» [71, с. 285].

Правда, химиотерапевты обнаружили, что злокачественные клетки более чувствительны к различным химическим воздействиям и начинают раньше других реагировать на очень малые дозы химических веществ. Следовательно, можно рассчитывать на то, что они погибнут раньше здоровых. Тем более что сегодня есть некоторые возможности поддержать здоровые клетки организма. В частности, как показали исследования доктора биологических наук О. В. Семиной [72, с. 21], использование биологически активной добавки VMM положительно влияет на кроветворение и при этом не стимулирует рост опухоли и метастазирование. И поскольку чувствительность различных опухолей к противоопухолевым препаратам неодинакова, то при некоторых новообразованиях химиотерапия приводит к излечению больных или значительно уменьшает размер опухоли (например, при раке яичников, тела матки, молочной и предстательной желез).

Но одно лечим, другое калечим. И применение химиотерапии, пагубно влияющей на весь организм, во всех случаях — вынужденная мера, поскольку ничего лучше ортодоксальная медицина предложить не может. А такие новообразования, как рак печени, поджелудочной железы, пищевода, почки, шейки матки и рак легкого, вообще обладают малой чувствительностью к химиотерапии, и здоровые клетки разрушаются быстрее, чем раковые. В этом случае химиотерапия не только не эффективна, но и вредна, ибо усиливает страдание больного, ускоряя при этом его уход из жизни.

Как пишет в своей книге Н. Л. Лупичев: «Вообще, сравнительно с ортодоксальными методами лечения злокачественных опухолей гомеопатия намного более эффективна. Даже если нет возможности избавить больного от смерти, его уход будет значительно более достойным» [70, с. 47].

Вторая ситуация, когда в организме не могут сосуществовать одновременно две подобные болезни и более сильная уничтожает более слабую, целиком и полностью характеризует гомеопатию, основополагающий принцип которой формулируется так: подобное лечится подобным. Еще Ганеман писал, что каждый опытный повар знает: обожженную руку следует держать вблизи от источника тепла, тогда ткань восстановится в несколько раз быстрее, боль исчезнет, и отека практически не будет. Лишь психологический барьер не позволяет нам, коснувшись рукой раскаленной плиты, опустить ее на секунду в кипяток. А ведь тогда не останется никакого следа от ожога. Или пример с «морской болезнью». Чтобы не укачивало в море, пассажиры интуитивно принимают немного алкоголя, который в токсических дозах вызывает аналогичные симптомы.

Как говорит доктор-гомеопат Н. Радомская: «Смысл гомеопатии в том и состоит, чтобы вызвать в организме искусственную болезнь. И эта искусственная болезнь должна выдавить естественную. Созданное препаратом искусственное состояние — более сильное, но и более кратковременное. Именно обострение стимулирует организм. По принципу „клин клином вышибают“» [69, с. 5].

А доктор С. В. Баракин, военный хирург, прошедший школу Афганистана, занимающийся сегодня гомеопатическим лечением онкологических больных, добавляет: «В результате их конкурентного взаимодействия побеждает та, у которой более сильное физиологическое действие на данный организм» [71, с. 16].

В 1798 году выходит труд Ганемана «Новый принцип для исследования целебных свойств лекарств». Началось изучение токсилогических признаков различных веществ и вызываемых ими симптомов отравления или поражения органов и тканей и сравнение полученной картины с каким-либо уже известным заболеванием. Создавались точные протоколы, описывающие все тонкости токсического действия различных веществ на организм человека, которые назывались «патогенезы». Сборники патогенезов с описанием действий группы веществ стали называться «Материя медика» [71, с. 15].

И сегодня врач-гомеопат, изучающий конкретного больного и все его болезненные проявления, ищет в «Материи медика» вещество с патогенезом, картина которого похожа на патологическую картину заболевания этого человека. Чем больше будет сходство, тем быстрее и полнее будет лечебный эффект.

В самом начале своей деятельности Ганеман лечил больных теми же лекарствами, которыми пользовались и другие врачи, но назначал их в неизмеримо меньших количествах. «У больного повышена чувствительность к подобному лекарству, так как оно вызывает у него те же симптомы, что и болезнь, поэтому часто обнаруживается плохая переносимость такого лекарства, и дозу нужно уменьшать» [70, с. 7].

Постепенное уменьшение дозы привело к тому, что исходное лекарство нужно было растирать в нейтральном порошке или разводить в нейтральном растворителе (молочный сахар, винный спирт и т. д.). Растворяя или разводя лекарства все больше и больше и при этом энергично встряхивая раствор, Ганеман, к своему огромному удивлению, обнаружил, что их действие не только не исчезает, а наоборот, возрастает. После 12-го сотенного разведения лекарства в растворе не остается ни одной молекулы исходного вещества [70, с. 10].

Казалось бы, организму не на что реагировать, а эффект от воздействия такого лекарства растет! А лекарства, разведенные порядка 10 тысяч раз, вообще давали потрясающие результаты. Одним словом, разведения потенцировали действие лекарств, поэтому Ганеман стал называть их потенциями. Если в низких разведениях лекарство действовало насколько часов, а затем требовался новый прием, то высокие разведения действовали сутками или неделями, а высочайшие — даже месяцами!

Однако потенцирование лекарств связано не только с разведением, но и с встряхиванием. По Ганеману, техника потенцирования включает в себя три этапа.

1. Выделение минимальнейшей части лекарства. Для жидких видов такой частью является капля.

2. Растворение этой части в растворителе (спирт, физраствор).

3. Динамизация полученного раствора путем очень интенсивного встряхивания.

Именно динамизация — главный этап потенцирования, так как просто растворенная капля лекарства не придает раствору никакого целебного действия. Полученное разведение становится активным только после динамизации!

Стоит отметить, что наиболее эффективно встряхивание лекарства вручную, хотя допустимо и автоматическое встряхивание. «Механическая энергия, сообщаемая раствору, преобразуется в энергию лекарства, и, соответственно, чем больше порядковый номер разведения, тем больше энергия, заключенная в носителе, то есть потенциал лекарства» [70, с. 11].

Что же происходит при потенцировании? Потенцирование (растворение с последующим многократным встряхиванием, разбавление с повторным встряхиванием, перетирание) ведет к разрыву межмолекулярных и внутримолекулярных связей исходного вещества. Разрыв связей сопровождается освобождением энергии и информации, характерных для каждой из этих связей. При этом в лекарственной основе, например в воде, также происходит разрыв связей, и под воздействием энергии и информации исходного (лечебного) вещества в ней (в воде) образуются определенные кластеры, сохраняющие энергоинформационные характеристики этого вещества (создаются определенные фрактальные структуры).

Если эти характеристики были «записаны» на другие носители (сахар, воск, парафин, магнитные носители), то под воздействием этих характеристик вода в организме человека тоже структурируется. При приеме внутрь гомеопатического препарата, по всей видимости, вода в желудочно-кишечном тракте также структурируется, фиксируя в межмолекулярных связях энергоинформационные характеристики исходного сырья. Одним словом, структурированная под воздействием этих характеристик вода подобна по структуре и по энергоинформационным характеристикам исходному веществу [73, с. 109].

Безусловно, вручную получить высокопотенцированные лекарства очень трудно. Они приготавливаются обычно из какого-нибудь растения (или определенного вещества), которое помещают в спирт. Далее одна капля полученной тинктуры добавляется к 10 или к 100 частям воды. Растворы с разведением 1 : 10 обозначаются буквой «Д» — десятичная стадия, с разведением 1 : 100 — «С» — сотенная стадия. Полученный раствор сильно взбалтывается.

Далее одна капля полученного раствора прибавляется к 10 или 100 частям воды (в зависимости от требуемой концентрации). Эта пропорция остается неизменной и на всех последующих этапах. Микстура опять взбалтывается, и процесс разведения повторяется снова и снова (рис. 21). [27, с. 81]. Этот метод и называется потенцированием.

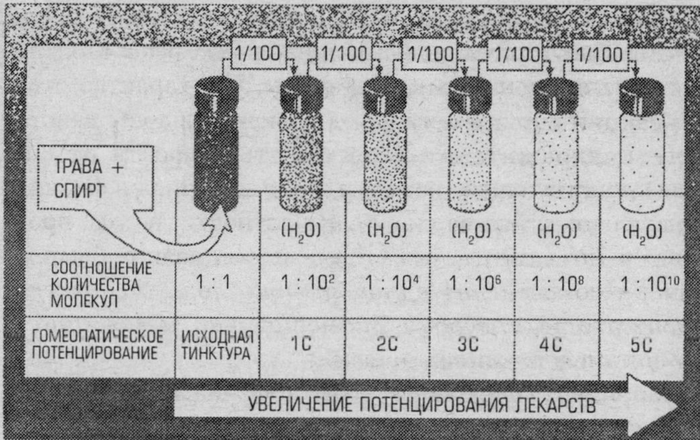

Рис. 21. Изготовление гомеопатических лекарств

Гомеопатические препараты при правильном применении эффективны и в силу специальной технологии их приготовления абсолютно безвредны. Их изготавливают из минерального, животного и растительного сырья, из кислот и солей, а также из продуктов пораженного организма. Гомеопатическим лекарство делает способ его приготовления, а исходным веществом может быть что угодно — от поваренной соли до чернил каракатицы. Эти лекарства не обладают токсичностью, и передозировка их практически невозможна. Кроме того, лечение гомеопатическими средствами, по сравнению с обычными препаратами, очень недорого и может быть доступно каждому. А главное — гомеопатия лечит человека интегрально, весь организм в целом. Стоит подчеркнуть разницу между «лечением подобным» и «лечением тем же самым». «Тем же самым» болезнь лечит вакцинация, которая против кори запускает в организм штаммы кори, против гепатита — вирус гепатита и т. д. А гомеопатические средства не имеют в своем составе непосредственно возбудителей болезни [69, с. 5].

Феномен действия малых и сверхмалых концентраций вещества был тщательно исследован в XX веке. Подтвердилось утверждение Ганемана о том, что характер ответных реакций живого организма зависит от дозы действующего раздражителя. Зависимость эффекта от силы (дозы) действующего раздражителя получила в физиологии название «Закона силы». В частности, в ходе проведенных в 1962 году в АН СССР исследований было выявлено, что *изменение одной только дозы химического раздражителя способно диаметрально изменить характер ответа живой клетки.*

Например, сверхмалые дозы кофеина вызывают первичное торможение нервной клетки, средние дозы — длительное возбуждение, большие дозы снова приводят к вторичному торможению этой клетки. Смена эффекта действия на противоположный в зависимости от дозы четко проявляется во многих случаях, в частности, на примере никотина и алкоголя. Так, алкоголь в малых дозах — лекарство, а в больших — яд. Или сахар, источник энергии, без которого человек просто жить не может, в избыточном количестве тоже действует как яд.

Вообще, введение сверхмалых концентраций сильнодействующих ядов оказывает стимулирующее действие. А например, введение малых концентраций ядов змей, стимулирующих выработку защитных ферментов, предотвращает смерть животных от смертельных доз этих же ядов, не защищая от других [71, с. 33].

Сегодня во всем мире предпринимаются попытки уменьшить дозировку обычных лекарственных средств с целью уменьшения их вредного воздействия на организм, изучить действие сверхмалых доз, в сотни и тысячи раз меньших, чем в обычных лекарствах.

У нас в России первыми начали такие исследования в НИИ биохимической физики им. Н. М. Эмануэля РАН под руководством профессора Е. Бурлаковой, затем к ним подключились и фармакологи [75]. «Мы проводили много серий экспериментов с отечественным феназепамом, который до сих пор считается одним из самых мощных транквилизаторов... Снижая дозу транквилизаторов в 1000 и даже 1400 раз, удалось подобрать такую дозировку, что побочные эффекты и риск возникновения зависимости ушли, а лечебный эффект сохранился». А это уже почти гомеопатия, которую аллопаты в упор не видят и не признают. Причем главным аргументом противников гомеопатии является отсутствие молекул исходного вещества в высоких разведениях гомеопатических препаратов. А раз это так, то, следовательно, в гомеопатических препаратах нет ничего, что может лечить! Как страшно, когда врачи оказываются такими некомпетентными.

В 1995 году Российский Пептидный клуб под председательством академика И. П. Ашмарина принял официальную резолюцию о том, что *эффекты действия веществ в сверхмалых концентрациях хорошо задокументированы и сомнений не вызывают.*

Некоторые свои любимые лекарства Ганеман потенцировал всю жизнь и, по-видимому, достиг величин стотысячных потенций. Уже будучи известным врачом, он назначал пациенту только один раз понюхать раствор — и с этого момента начиналось плавное действие лекарств, длящееся месяцами, до полного излечения.

В результате своей деятельности Ганеман пришел к потрясающему выводу: причины болезни лежат за пределами материального мира и находятся в области духовной [70, с. 15]. И еще он понял, что в лекарстве действует некая невидимая, неосязаемая и неизмеримая часть, которая может передаваться дистанционно.

Действительно, что же остается в растворе от лекарства, если там нет даже молекулы этого лекарства? Остается **информация**! Раствор, в котором присутствуют только «следы» материальной составляющей лекарства, несет информацию лекарства и при этом обладает большой энергией. То есть действие даже материальных доз лекарств определяется не молекулярным контактом, а излучением (информацией).

Стоит отметить, что в аллопатии информационная и энергетическая составляющие лекарства также играют определенную роль. Аллопатические лекарства (отличающиеся большими дозами), прежде чем попасть к больным органам, растворяются в крови, в результате чего и происходит их потенцирование в жидкостях организма — носителях лекарства. Но кроме информации и энергии, в этих носителях присутствует значительная материальная составляющая, которая вызывает химическое взаимодействие с клетками. Опыт гомеопатии показал, что чем меньше материальная составляющая в носителе, тем сильнее информационный сигнал, и тем большее воздействие оказывает он на носитель.

Скорее всего, «чистый» информационный сигнал формирует в носителе кластеры одного типа, а присутствие материальной составляющей приводит к формированию кластеров другого типа. Носителями универсального характера в организме являются вода, углеводы, спирты. Итак, опять вода! Однако вполне возможно, что существует оптимальная «концентрация» лекарства в носителе, обеспечивающая максимальное информационное воздействие, и при дальнейшем разведении информационное воздействие на носитель начнет уменьшаться. Во всяком случае, в отечественной гомеопатии используются лекарства максимум десятитысячного разведения.

В 1988 году в крупном научном журнале «Nature» в статье французского иммунолога Жака Бенвенисте, работающего в INSERM (французский эквивалент Национального института здравоохранения), были опубликованы интересные результаты опыта, подтверждающего, в частности, что клетки крови реагируют особым образом на некий «след», оставленный в воде лекарственным веществом после того, как, по всем расчетам, ни одной молекулы этого вещества в воде уже не оставалось [71, с. 34]. Бенвенисте обнаружил также, что гомеопатически разбавленные растворы гистамина теряют свою биологическую активность под воздействием теплоты и магнитного поля, в то время как на высококонцентрированные (фармакологические) растворы гистамина эти факторы влияния не оказывают. Многочисленные опыты подтвердили чувствительность гомеопатических растворов к различным видам энергии: тепловой, магнитных полей и ультразвука. Выяснилось, например, что биологическую активность вещества типа гистамина можно информационно и энергетически передать дистиллированной воде без прямого соприкосновения вещества с водой.

Под руководством Ж. Бенвениста группа, называемая «Цифровая биологическая лаборатория», провела исследование с применением разных биологических систем, которое показало, что биологическое действие может быть не только передано прямым путем, но и сохранено на компьютерных дисках и передано по всему миру с помощью Интернета [73, с. 102].

Все это доказывает, что гомеопатические средства оказывают энергоинформационное воздействие! Сегодня реакция организма человека на такие воздействия фиксируется на фотографиях С. Д. Кирлиан, определяется, например, по изменению электрических потенциалов биологически активных точек, а с помощью тепловизорной техники — по изменениям температуры в этих точках.

Так что создателю гомеопатии Ганеману оставалось сделать еще один шаг до переворота в медицине — заявить о дистанционном воздействии лекарства на организм человека. Однако такой шаг только через сто лет сделал другой немецкий врач —Рейнхольд Фолль.

Ему удалось создать прибор для измерения электрических характеристик точек акупунктуры — прибор для

EAV-диагностики. Однажды пациент, которого Фолль обследовал методом EAV, случайно прикоснулся к пузырьку с лекарством. Измеряемые точки моментально отреагировали на это прикосновение, и стрелка прибора показала новое значение. Маленькие таблетки сквозь стенки пузырька действовали на больного, и прибор позволил это сразу увидеть! Значит, лекарство излучает некие волны, которые, свободно проходя через другие материалы, действуют на акупунктурную систему человека так же, как само лекарство? Значит, лекарство не обязательно принимать внутрь? И Фолль, разработав иерархию причинно-следственных связей в возникновении болезней, начал исследования по переносу информации лекарств на организм человека.

На рис. 22 показана иерархия пяти уровней возникновения заболеваний [70, с. 41]. Чтобы лучше понять ее, можно рассмотреть пример, двигаясь от следствия к причине. Причина появления сахара в моче — повышение его уровня в крови (первый симптоматический уровень). Причина повышения сахара в крови — нарушение синтеза инсулина поджелудочной железой (второй функциональный уровень). Причиной панкреатических нарушений может быть, например, патология желчевыводящих протоков и двенадцатиперстной кишки. Это, в свою очередь, является следствием нарушения регулирующей функции акупунктурной системы (третий уровень акупунктурной системы). А нарушение этой функции — следствие эмоциональных процессов — изменений состояния души (четвертый уровень психики).

Однако правильно рассматривать схему нужно с пятого уровня — с уровня Духа. Первые нарушения, являющиеся причиной заболевания, развиваются на уровне Духа. Если человек не в состоянии ликвидировать эти нарушения, возникает дисбаланс энергии в нижних слоях, и в качестве компенсаторной реакции начинают проявляться деформации более низких уровней иерархии. В первую очередь возникают энергоинформационные изменения тонкомате-

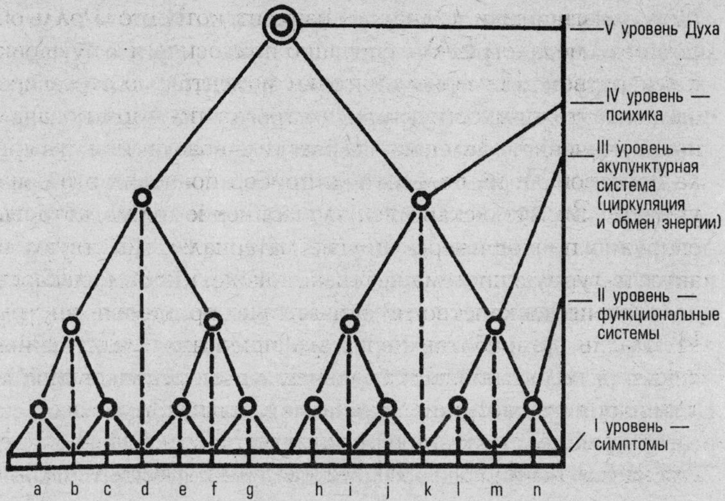

Рис. 22. Иерархия причинно-следственных связей в возникновении заболеваний

риальных уровней, деформации состояния души. (Именно эти изменения фиксируются установками, разработанными, в частности, в НИИ «Бинар».)

Врач из Кирова с 30-летним стажем, руководитель лечебно-профилактического учреждения, Владимир Филиппович Токарев в своей книге «Возвращение к первоистокам» [76, с. 24] указывает, что причина любого нездоровья человека находится не в физическом, а в тонком теле. Вначале от нарушений в поведении, образе мыслей и поступков начинают страдать дух человека, его кармическая оболочка, его информационно-полевой уровень здоровья. Затем изменения передаются на интеллектуальный уровень, что проявляется в абсолютизации бездуховности, безнравственности, гордыне. Позднее начинает страдать психоэмоциональный уровень, астральная энергетическая оболочка, что проявляется в виде чрезмерного чувства раздражительности, озлобленности, грусти, уныния и т. д. В итоге деформация полевых структур передается на эфирную оболочку... и нарушения, происходившие в течение длительного времени в полевых структурах тонкого тела человека, начинают проявляться в физическом теле в виде болезней.

Доктор Р. Гербер в своей книге также приводит убедительные доказательства того, что «заболевания могут быть обнаружены на эфирном уровне еще до того, как они проявятся в физическом плане» [27, с. 499]. Далее начинают проявляться психические симптомы у еще «здорового» человека. Его организм пытается компенсировать нарушения на уровне Духа соответствующими изменениями души. Возникают психические нарушения, на которые человек реагирует двумя недуховными путями [70, с. 40].

1. Компенсация деформации Духа и души энергоинформационным взаимодействием с внешним миром в виде аморальных и антисоциальных поступков. Так, в частности, еще Ганеман утверждал, что «развившаяся мания может подавить чахотку».

2. Если первый путь не подходит человеку по моральным соображениям, то болезнь компенсируется более низкими ступенями иерархии в пределах организма. Проявляются первые изменения в акупунктурной системе. Если этого недостаточно, по истечении определенного времени, данного нам для осмысления происходящего, проявления начинаются на уровне органов и систем.

Как пишет доктор А. А. Алексеев: «Существуют два способа избежать общеорганизменной психофизической стрессорной ситуации: один ведет к физической болезни; другой — к душевной патологии» [26, с. 183].

Болезнь дается человеку как предупреждение о неправильном образе жизни. Болезнь — это тайм-аут для больного. «Болезни можно считать своего рода искусственными препятствиями, воздвигаемыми на нашем пути Высшим Я с целью слегка притормозить нас и заставить задуматься, как мы живем и в чем смысл нашего бытия... Болезнь сигнализирует о том, что где-то в нашей многомерной тонкой аномалии произошел сбой...» [27, с. 499].

Инертность материи дает человеку дополнительное время для духовного совершенствования. Поэтому есть еще духовный путь исцеления, в основе которого лежит гармонизация всех тонких и физического тел человека. Врач или целитель могут лишь помочь больному, если он об этом просит, но *окончательное исцеление возможно исключительно на духовном уровне*.

С целью изучения информационного воздействия лекарственных препаратов Фолль провел многочисленные эксперименты. Ему удалось доказать, что «энергоинформационные свойства лекарства распространяются в пространстве подобно электромагнитным волнам. Если это излучение направить на другой объект, то часть энергии излучения поглощается, и поглощающий объект приобретает свойства излучающего объекта» [70, с. 52]. Кроме того, Фолль обнаружил, что акупунктурная система в организме человека является той самой проводящей системой, по которой информация и энергия излучения материи достигает внутренних органов быстрее и действует наиболее эффективно.

В книге «Жизнь напрокат» мы писали о работе северокорейских ученых под руководством профессора Ким Бонг Хана, которые экспериментально обнаружили в организме человека систему меридианов (система Кенрак), состоящую из тонкостенных трубок, в местах утолщения которых оказались биологически активные точки — БАТ [77, с. 58].

В результате исследований выяснилось, что в «этих трубках циркулирует *жидкость* (H_2O) *с повышенным содержанием молекул ДНК* (вода, структурированная особым, благоприятным для организма образом. — *Прим. авт.*). Это открытие показало, где именно происходит соприкосновение энергетических каналов (энергии) с молекулой ДНК, несущей информацию, необходимую для развития клетки и всего организма».

В своей книге «Вибрационная медицина» доктор Гербер также подчеркивает, что «система меридианов — не просто тубулярная система, переносящая гормоны или питательные вещества к клеткам. Она также служит для циркуляции электролитической жидкости, способствующей переносу особой формы тонкой энергии (ци) от внешнего источника к глубинным структурам организма».

Так как система меридианов формируется в эмбрионе еще до того, как органы и ткани займут свои надлежащие места, корейский профессор Ким предположил, что она (система меридианов) является своего рода «технологической картой», в соответствии с которой развивается тело. То есть создание энергетической структуры тонкого тела предшествует формированию физического тела и управляет его развитием. Изменения в структуре тонких тел передаются в физическое тело. Подтверждение этому было получено Кимом при проведении эксперимента, в ходе которого нарушался нормальный поток энергии по меридиану печени. Патологические последствия проявлялись на физическом плане не ранее, чем через три дня.

Исследования доктора Шафики Карагуллы также подтверждают эти выводы: «Между нервной, кровеносной и меридианной системами существует непосредственная связь, потому что две первых возникают благодаря последней. Все перемены в структуре меридианной системы оказывают влияние на нервную и кровеносную системы, которые она использует для передачи энергии телу — вплоть до молекулярного уровня. Меридианы — своего рода канал или дверь между физическим и эфирным телами» [27, с. 125].

То, что каналы служат транспортным средством для особых форм энергии, подтверждается тем фактом, что электрическое сопротивление в акупунктурных точках существенно меньше сопротивления окружающих участков кожи (кратность расхождения достигает порядка двенадцати). А значит, акупунктурная система отличается высокой проводимостью. Хорошо известно, что энергия предпочитает пути наименьшего сопротивления. Вода, а точнее, физиологический раствор, образующий основную массу тела, представляет собой хороший проводник не только для электрической, но и для других видов тонкой энергии.

В принципе, действие лекарства на человека начинается тогда, когда он взял его в руки или просто посмотрел на него. Но это действие может быть неизмеримо сильнее, если информацию лекарства передавать с помощью специальной иглы, как антенны, установленной в биологически активной точке нужного меридиана.

Итак, вода, структурированная под действием электромагнитного поля лекарства, имеет структуру и волновые характеристики, подобные структуре и энергоинформационным характеристикам самого лекарства. В настоящее время вопрос о воздействии кластеров воды на биомолекулы (молекулы физического тела) является объектом самого серьезного исследования.

Одна из последних гипотез механизма действия гомеопатических лекарств и, в частности, кластеров воды, основана на способности биомолекул поглощать и имитировать когерентное излучение [73, с. 108]. Согласно предложенной гипотезе кластеры воды, несущие энергию и информацию, во время циркуляции в кровотоке излучают когерентные волны. И чем крупнее кластер, тем «мощнее» излучение. Это излучение оказывает воздействие только на те белки, которые способны поглощать его или резонировать с ним.

Следует отметить, что механизм изменений в биомолекулах при воздействии на них структурированных «кристаллов» — кластеров воды до сих пор остается нераскрытым. Совершенно ясно одно: взаимодействия обусловлены волновыми характеристиками, но чем обусловлены изменения в биомолекулах: резонансом, интерференцией волн, поглощением волн или другими результатами волновых взаимодействий, — это еще необходимо уточнить.

Хотя, например, американский ученый, доктор Гербер, уверен, что в основе этого процесса лежит принцип резонанса. Он пишет: «Люди похожи на электроны тем, что их энергетические подкомпоненты имеют различные вибрационные формы, которые можно условно назвать здоровыми и больными орбитами. У больного человека энергетические системы находятся на орбите болезни. Он может воспринять тонкую энергию только идентичной частоты, чтобы „сдвинуть" тело на орбиту, соответствующую состоянию здоровья. Гомеопатические лекарства доставляют этот необходимый квант тонкой энергии с помощью одного из видов резонансной индукции. Такое поступление эфирной энергии обеспечивает переход системы от болезненной вибрационной формы на орбиту здоровья» [27, с. 86].

Таким образом, рассматривая болезнь как энергетический дисбаланс человеческого организма в целом, доктор Гербер считает, что введение гомеопатического препарата в организм оказывает тонкоэнергетическую поддержку физическому телу и позволяет ему вернуться в состояние гомеостатического равновесия. Точное совпадение частотных характеристик пациента и лекарственного препарата приводит к излечению, так как по принципу резонанса биологические системы могут воспринимать только строго определенные частоты, позволяющие им перейти на новый энергетический уровень.

Крупнейший современный английский ученый доктор Эдвард Бах в результате длительных исследований пришел к тому же выводу, что и Ганеман: заболевание возникает вследствие дисгармонии между физическим планом человека и его Высшим Я. Он пишет: «*Необходимо понять, что каждая душа находится на Земле с особой целью — для накопления опыта и совершенствования сознания, чтобы продвигаться в направлении стоящих перед ней идеалов. Не следует забывать, что душа ставит перед нами особую задачу, и если человек не будет стремиться (пусть даже неосознанно) ее выполнять, то неизбежно возникнет конфликт между душой и личностью, который вскоре даст о себе знать в виде физического расстройства.*

С незапамятных времен известно, что Провидению было угодно поместить средства предупреждения и лечения болезней в божественно освященных травах, растениях и деревьях. Им была дана сила исцелять любые недуги и уменьшать страдания людей. При лечении этими препаратами природа самого заболевания не имеет никакого значения.

Зачатки нового, более эффективного способа лечения заключены в нас самих. Сто лет назад гомеопатия Ганемана стала первым лучиком восходящего солнца после долгой, мрачной ночи невежества. И она еще сыграет свою роль в медицине будущего...

Медицине придется идти в ногу со временем и перейти от сугубо материальных методов к иным, использующим те же божественные законы, что управляют и нашей собственной природой.

В будущем медицинская практика изменится, перейдя от преимущественно физических способов лечения тела к методам духовного и ментального целительства, которые, восстанавливая гармонию между душой и сознанием, устранят и саму причину заболевания» [27, с. 250].

И вот здесь возникает законный вопрос: если гомеопатия — такая эффективная и перспективная, то почему ее так долго отвергали в нашей стране? Нужно сказать, что самая трудная судьба у гомеопатии была именно в России, где, помимо сильного давления конкурирующих медицинских кругов, метод подвергался политическим и идеологическим гонениям. В Россию гомеопатия пришла в 1826 году, но уже в 1833 году противники метода добились запрета на применение гомеопатии в государственных учреждениях, и только благодаря императору Николаю I он не был запрещен вообще и разрешен в частной практике. В том же 1833 году указом императора была открыта гомеопатическая аптека в Санкт-Петербурге на Невском проспекте, дом 50, в помещении которой врачам-гомеопатам дозволялось проводить приемы больных. Она функционирует и сегодня. В 1913 году в России насчитывалось 36 гомеопатических аптек, работали пять гомеопатических лечебниц и одна больница.

После революции 1917 года почти все гомеопатические заведения были закрыты, и гомеопатию, по указанию свыше, стали считать «подспорьем религии». А в 1932 году общество врачей-марксистов объявило гомеопатию «политически враждебным методом», который почему-то стали считать «буржуазным». Такого маразма даже в дурном сне не увидишь. Это то же самое, что объявить М. Л. Ростроповича буржуазным агитатором за виртуозную игру на виолончели! Впрочем, и это было. У нас, в России, все возможно!

В конце 60-х годов были запрещены подготовка врачей-гомеопатов, выпуск книг и другая издательская деятельность и, наконец, вышел приказ об изъятии из гомеопатических аптек обширного списка самых действенных препаратов. Это означало полный разгром гомеопатии. «Метод смог выжить не благодаря случайности, а лишь в силу своей незаменимости и необходимости, вере и стойкости врачей-гомеопатов, ведь не секрет, что даже в такие времена к услугам гомеопатии прибегали в высших кругах советских чиновников» [71, с. 26].

После перестройки обстановка стала меняться. С 1990 года началась подготовка врачей и выпуск литературы, стали образовываться научные общества и учебные курсы.

И, наконец, 29 ноября 1995 года был подписан приказ Минздрава Российской Федерации № 335 «Об использовании метода гомеопатии в практическом здравоохранении», выдержку из которого мы приводим ниже.

«В целях дальнейшего совершенствования исследования метода гомеопатии в Российской Федерации ПРИКАЗЫВАЮ:

1. Разрешить использование метода гомеопатии в практическом здравоохранении.

3. Управлению учебных заведений обеспечить последипломную подготовку врачей-специалистов лечебного, педиатрического и стоматологического профилей по гомеопатии...

4. Возложить на Российскую медицинскую академию последипломного образования функции учебно-методического центра по гомеопатии...

5. Организовать на базе Научно-исследовательского института традиционных методов лечения Минздрава РФ Российский научно-организационный центр по гомеопатии».

И сегодня гомеопатия успешно входит в наше здравоохранение, невзирая на негативное отношение к ней ортодоксов.

Прежде чем закончить раздел о гомеопатии, мы, авторы книги, хотели бы высказать свою гипотезу о сущности гомеопатического воздействия на организм человека. Нам, как ученым, не нравится утверждение о том, что, согласно второму закону взаимодействия болезней, более сильная болезнь (например корь) уничтожает более слабую (ту же корь): «Смысл гомеопатии в том и состоит, чтобы вызвать в организме искусственную болезнь. И эта искусственная болезнь должна выдавить естественную». Или: «В результате их конкурентного взаимодействия побеждает та, у которой более сильное физиологическое действие на данный организм». А почему бы не объединиться слабой и сильной болезням? Почему одна не усиливает другую? Что-то тут не так!

Давайте вернемся к тому моменту, когда гомеопатическое средство (одна молекула вещества на сто тысяч молекул раствора) попадает в жидкостные среды организма. Эти жидкостные среды разносят по организму информацию. Информацию чего? Болезни? Нет. О возбудителе болезни? Тоже нет. Они несут информацию о веществе, которое никакого отношения к болезни не имеет вообще (например, о каком-то растении или о минерале). Ему отдано предпочтение только по одной причине: его воздействие в малых дозах на организм вызывает те же проявления, что и возбудитель болезни или сама болезнь (например, температуру, озноб, рвоту и т. д.). Информация этого вещества (растения или минерала) вызывает образование определенных кластеров в носителе.

Как утверждает С. В. Зенин, образование водных кластеров строится по принципу ретрансляции. Стоит изменить конфигурацию одного кластера, как тут же меняется вся цепочка. Причем сам носитель, благодаря гомеопатическому средству, которое не случайно динамизируется, приобретает огромную энергию. Нам представляется, что сходство проявлений, вызываемых веществом и вирусом болезни, обеспечивает адресность воздействия сохраняемой и переносимой кластерами информации энергетически сильного гомеопатического средства на структурные образования, созданные под влиянием вируса. Это воздействие разрушает и перестраивает их. А поскольку само гомеопатическое средство не несет в себе возбудителя болезни, то болезнь фактически исчезает. Таким же образом можно объяснить и дистанционное воздействие гомеопатического лекарства на организм человека.

Другими словами, основоположники гомеопатии полагали, что гомеопатическое лекарство инициирует болезнь в организме (например, хина инициирует малярию) или, как считают наши современники, создает искусственную болезнь. Мы же считаем, что гомеопатическое лекарство не создает никакой болезни (и не может создать). Его информация способствует образованию определенных кластеров в жидкостных средах, которые, сохраняя и разнося эту информацию по организму, адресно воздействуют на структуры, созданные вирусом болезни. Адресность обеспечивается тем, что воздействие лекарства на организм человека подобно проявлению симптомов болезни. Однако повторяем, это только наша гипотеза.

Заканчивая разговор о некоторых современных направлениях интегративной медицины, мы хотим отметить, что врачи и экстрасенсы могут только помочь, подсказать нам, как вернуть и сохранить свое здоровье. Но работать над своим здоровьем должен сам человек. Здоровье — это труд. Только молодым оно дается Богом как подарок, который обычно не ценится. Верна пословица: что имеем, то не ценим, потерявши — плачем. И чем старше становится человек, тем больше он должен работать над тем, чтобы вернуть и сохранить свое здоровье. И уж, конечно, вести здоровый образ жизни. И вот здесь хотелось бы еще раз подчеркнуть очень важную мысль О. А. Машкова: *наше сознание способно исцелять наше физическое тело.* Более того, именно оно является основным нашим целителем.

Нельзя рассматривать свою болезнь, как «провал», в лучшем случае — «временное поражение». Конечно, всегда плохо, когда рушатся собственные планы и надежды. Но нужно помнить, что болезнь послана нам не случайно. Нужно суметь посмотреть на болезнь как «на скрытую благодать, чем она зачастую и является, потому что заставляет нас встрепенуться и переключить свои усилия в другом, более правильном направлении» (Н. Хилл). Нужно воспринять болезнь как возможность проявить свои лучшие качества, стать для себя «главным врачом», «главным психологом», проанализировать прожитую жизнь, найти те реперные точки на жизненном пути, когда вы при выборе направления допустили ошибки. Не лукавя перед собой, признать эти ошибки. И болезнь позволяет, даже помогает это сделать. Стать для себя главным — значит «переделать» себя.

Человек должен признать, что во многом из того, чем он занимался в своей жизни, вовсе не было никакого смысла, была лишь заполненность, навязанная ему порядком вещей. И, конечно, определиться с причиной болезни, потому что суть болезни — в том, что организм человека просто нашел оптимальный, но патологический (разрушительный) выход из какой-то личной или социальной проблемы.

Онколог с мировым именем К. Саймонтон указывает, что «...из-за социальных и культурных условий люди часто не могут разрешить стрессовые ситуации здоровым способом и поэтому выбирают — сознательно или бессознательно — заболевание в качестве выхода». Если бы человек почаще вспоминал, что рак (да и все болезни вообще) возникает как результат злобы, зависти, обиды, неудовлетворенности, он бы жил по-другому. К сожалению, он начинает об этом думать, когда заболевает. И чем серьезнее заболевание, тем больше он понимает, что неправильно жил. И деньги соседа, «Мерседес» начальника, заграничные поездки друга уже не имеют для него никакой ценности, потому что они действительно ничего не стоят в Мироздании. И не случайно человек, который сумел избавиться от «неизлечимой» болезни (Господь дал ему еще один шанс), становится другим. А это и есть духовное совершенствование, достигнутое очень тяжелым путем. Не стоит доводить до крайностей. Нужно подумать о душе и о духе раньше.

Если больной не занимается собственной личностью, а лишь аккуратно принимает назначенные врачом таблетки, то это равносильно лечению симптома, а не болезни. Вспомните, окончательное излечение возможно лишь на духовном уровне. Поэтому эффект лечения определяется соразмерно новой формирующейся личности — личности выздоравливающего. Лишь собственная эффективная работа над собой и вера в исцеление есть гарантия продолжения жизни.

Как пишет В. Т. Лободин: «Прежде чем решать любые проблемы своего здоровья, проблемы в семье, на работе или в мировоззрении, нужно определить для себя, прежде всего, духовную платформу или позицию, с которой все это будет решаться».

А знаменитый философ прошлого века И. А. Ильин говорил: «Человек не гриб и не лягушка: энергия его организма, его „соматического Я“, дана ему для того, чтобы он тратил и сжигал его вещественные запасы в духовной работе».

Помимо веры в исцеление и духовной работы над собой Н. Хилл рекомендует следующие правила, по которым должна протекать жизнь.

1. «Никто не может рассчитывать на неизменный успех, пока не начнет смотреть в зеркало, чтобы увидеть истинную причину всех своих ошибок. (Все беды, все проблемы, все причины болезней человека находятся в нем самом. Не жена виновата в том, что у него плохое настроение, не начальник — в том, что не ладится работа, и даже не окружающая среда — в его болезнях: виноват только он сам. Неправильно живет! — *Прим. авт.*).

2. Успех лечения гарантирован, если два ума (интегративного врача и пациента) взбудоражены и согреты единой целью — исцеления.

3. Сила исцеления — „...организованное знание, выраженное посредством умственных усилий“; не стать вам силой и не добиться собственного успеха в любом стоящем деле, пока не подниметесь до признания собственной вины за ошибки и провалы.

4. Считайте, что лечение наполовину безуспешно, если вы пожалели себя или в процессе лечения стали оправдывать свои недостатки.

5. Ищите совета у людей, говорящих вам правду в глаза, даже если она горькая. Похвалы пользы делу не приносят.

6. Вы победили болезнь, если сделали это целью своей жизни.

7. Преодолейте в себе основные страхи, мешающие выздороветь: страх нищеты, болезни и старости, страх утерять чью-то любовь, страх чужой критики, страх перед смертью.

8. Выбирая способ лечебного действия, помните слова Ван Дейка: „В конечном итоге лучшим оказывается не тот

куст розы, где меньше шипов, а тот, где цветут самые красивые розы".

9. Постоянно расширяйте знания о собственном здоровье — это часть вашего интеллекта. Пренебрежение к расширению знаний всю жизнь мешает хоть что-то делать.

10. Борясь за свое здоровье, необходимо помнить, что „нельзя получить что-то за ничто". В итоге вы получите ровно на ту сумму, которую заплатили».

ОБ ОДНОМ ИЗ ДЕЙСТВЕННЫХ СРЕДСТВ ПОДДЕРЖАНИЯ ЗДОРОВЬЯ

Новейшие исследования в области молекулярной биологии позволили сделать ошеломляющий вывод: причины большинства человеческих недугов кроются в обычной нехватке витаминов.

А. Н. Александров

О свободных радикалах

В России создано уникальное лекарство — мексидол, но оно доступно немногим.

«Известия» от 25 октября 2002 г.

Если болезнь уже начала проявляться на физическом уровне или стали возникать некоторые проблемы, связанные с возрастом, а «Школы счастья» поблизости нет, есть ли какая-нибудь возможность поправить свое здоровье? Оказывается, есть. Но сначала давайте ознакомимся с основными причинами болезней и старости. Сегодня очень популярна теория так называемых свободных радикалов, объясняющая механизм старения и проявления болезней в физическом теле. А что это такое — свободные радикалы? Откуда они берутся?

Оказывается, причиной возникновения в организме свободных радикалов является... кислород. Всем известно, что кислород необходим для жизни, и без него мы можем прожить не более нескольких минут. Кислород участвует в метаболизме (обмене веществ), в ходе которого клетка получает энергию. Энергия необходима для каждой жизненной функции: от дыхания до клеточного деления и сердцебиения. Однако в процессе получения энергии клетки производят также и свободные радикалы.

Мы знаем, что клетки состоят из атомов. У каждого атома есть центр или ядро, окруженное электронами, которые вращаются по некоторой траектории, подобно планетам вокруг Солнца. Под влиянием какого-либо энергоинформационного воздействия (иными словами, по команде, полученной из информационного поля человека — с *духовного уровня*), электрон выбивается из орбиты. Оказавшись на свободе, он начинает искать другое «солнце» и немедленно садится на орбиту другого атома. Присоединившись к орбите другого атома, он создает возбужденный, нестабильный атом, который и называется свободным радикалом. Свободный радикал просто распирает от избытка энергии, и он начинает искать другой атом, с которым можно поделиться избыточной энергией [78, с. 89].

Коварную роль свободных радикалов в биологических объектах первым в мире обнаружил советский академик Николай Эмануэль еще в середине 50-х годов XX столетия. В 1958 году Ю. А. Владимиров (ныне академик РАН, лауреат Государственной премии) открыл явление сверхслабого свечения радикалов, названное хемилюминесценцией, и разработал методику их определения. Фактически это был первый метод прямого измерения радикалов [79].

В норме свободные радикалы необходимы организму как средство уничтожения «биомусора» — отживших свой век клеток, бактерий, вирусов и прочего. Но, накапливаясь в избытке, те же радикалы оборачивают оружие против «хозяина»: запускают лавину химических реакций, которые повреждают здоровые клетки и вызывают болезни.

Избыток свободных радикалов очень опасен тем, что может разрушить клеточные мембраны — защитное покрытие клеток и проникнуть в клеточное ядро, хранящее ДНК, ценный генетический материал. Свободные радикалы могут повредить ДНК и даже нарушить способность клетки к делению.

Примерно сорок лет назад ученый Денам Харман предложил теорию старения (антиоксидантную), виновниками которого так же оказались свободные радикалы. Он утверждал, что старение — это что-то вроде «ржавчины», которая появляется в организме подобно ржавчине в оставленной под дождем старой машине или на срезе яблока. Эту ржавчину вызывают именно свободные радикалы! В результате повреждения систем организма возникают не только болезни, но и происходит (по Харману) процесс старения. Именно повреждения, вызванные свободными радикалами, являются причиной многих заболеваний, включая такие серьезные, как рак, сердечные заболевания, диабет, болезнь Паркинсона, катаракта, артрит [78, с. 90].

Долгое время эта теория возникновения болезней находилась под критическим обстрелом. Однако в последние годы теория свободных радикалов не только признана во всем мире, но и вооружила практическую медицину новыми средствами лечения и профилактики.

Прошедший летом 2002 года на теплоходе (во время круиза по маршруту Кижи – Валаам) международный симпозиум «Активные формы кислорода и азота: значение для диагностики и лечения», организованный СПБМАПО, собрал мировую элиту в области науки о свободных радикалах.

Академик РАН Ю. А. Владимиров заявил на симпозиуме: «Во всем мире признано, что в развитии большинства болезней, например старческих (рак, атеросклероз, инсульт), центральную роль играют именно свободные радикалы — осколки молекул. В самые последние годы оказалось, что многие радикалы не только не вредны, но, наоборот, нужны для организма. Симпозиум посвящен роли этих активных частиц в нормальной жизнедеятельности клетки и при превращении их во вредные радикалы».

В медицине эти знания важны для диагностики, профилактики и лечения.

1. *Для диагностики.* Если у человека понижены защитные свойства организма и происходит избыточное образование радикалов — это очень тревожный признак.

2. *Для профилактики.* Сегодня широко используются антиоксиданты (уничтожители свободных радикалов). Они фактически подавляют образование вредных радикалов. Механизм действия антиоксидантов интенсивно изучается во всем мире.

3. *Для лечения.* Когда болезнь развивается и налицо повышенное количество радикалов, нужно их снижать и таким образом лечить человека. Антиоксидантная терапия очень широко применяется во всем мире.

Академик РАН, директор Института физико-химической биологии МГУ, президент Российского биохимического общества, член президиума Европейской академии Владимир Петрович Скулачев говорит: «Анализируя, зачем из ядовитого радикала супероксида (свободного кислорода) организм вырабатывает более ядовитую перекись водорода и ужасно ядовитый радикал-гидроксил, я понял, что в биологии действует самурайский закон — „лучше умереть, чем навредить". Я утверждаю, что любая сложная биологическая система имеет механизм самоубийства. Он включается, когда система принимает решение, что она бесполезна или, еще хуже, вредна для систем более высокой иерархии (например организму)».

Но если действует самурайский закон, то должен быть самурайский меч. Свободные радикалы — и есть тот меч, который приводит в исполнение решение о самоубийстве, причем на разных уровнях: клеточном (апоптоз), организменном (феноптоз, частный случай которого и есть старение) и субклеточном (митоптоз).

К счастью, человеческий организм может защититься от агрессивного действия свободных радикалов. Для борьбы со свободными радикалами организм сам производит так называемые антиоксиданты (уничтожители свободных радикалов), которые предотвращают окисление клеток тем, что пожирают свободные радикалы прежде, чем те начинают действовать. Это витамины и некоторые микроэлементы. В молодом организме (в нормальных экологических условиях) собственных антиоксидантов вполне достаточно, чтобы справляться со свободными радикалами.

Но с возрастом мы более подвержены окислительному разрушению, и нам требуется больше антиоксидантов. Один из способов избежать образования свободных радикалов — ограничить контакт с условиями и веществами, которые способствуют их появлению: радиация, ультрафиолет, сигаретный дым, смог и полиненасыщенные жиры.

Есть и другой способ контролировать образование свободных радикалов: принимать аитиоксидные добавки, которые способствуют восстановлению правильного баланса антиоксидантов. И за последние годы роль природных антиоксидантов изучена подробно. Они являются пока единственным средством продления жизни, это, по сути, средство Макропулоса. Например, крысы, в диете которых много антиоксидантов, живут в среднем на 30 процентов дольше! Так что при старении, которое вызывается повышенным количеством свободных радикалов, не нужно чинить каждую поломку, которая появляется у старого человека, а нужно сломать механизм, который вызывает старение, и тогда будет царить вечная молодость. Жизнь значительно продлится, а умирать люди будут от причин, не зависящих от возраста, например, в результате аварий. Сегодня антиоксидантная терапия очень широко применяется в медицине.

Оказалось, что именно витамины и некоторые микроэлементы защищают наши клетки от агрессивных свободных радикалов кислорода, тормозят выработку в организме вредных веществ, в частности, «плохого» холестерина. Например, множество смертей, связанных с сердечными заболеваниями, имеют своей первоначальной причиной коронарную недостаточность. Представьте себе артерию в виде садового шланга; кровь по шлангу поступает в сердце. Коронарная недостаточность начинается тогда, когда снабжающие сердце артерии закупориваются бляшкой — густым, желтоватым, воскообразным веществом, мешающим току крови по артериям. Это состояние называется атеросклерозом. Рост бляшки продолжается до тех пор, пока она не перекроет полностью ток крови. Когда кровь перестает поступать к сердечной мышце, клетки испытывают острый недостаток кислорода. При этом могут поражаться обширные участки сердца. Главным виновником формирования бляшек считается холестерин. Следует различать два типа холестерина — ЛВП (липопротеины высокой плотности) и ЛНП (липопротеины низкой плотности). В последние годы стали считать ЛВП «хорошим» холестерином, потому что он необходим для образования желчи в печени, а ЛНП известен как «плохой» холестерин, потому что он разносится с током крови по телу.

Некоторые исследователи считают, что перекрывающая поток крови бляшка начинает расти в результате повреждения внутренней поверхности артерии. Откуда же берется это повреждение? Полагают, что такое «ранение» может быть вызвано окислением ЛНП («плохого» холестерина) свободными радикалами или нестабильно окисленными молекулами. Окисленные ЛНП привлекают внимание клеток-уборщиков. Они пожирают ЛНП, и образуется что-то вроде пены из клеток, которая дает начало формированию бляшки [78, с. 141].

Ученые установили, что каждая клеточка тела около 10 тысяч раз в сутки подвергается воздействиям свободных радикалов [81, с. 145]. Правда, возникающие при этом повреждения могут частично восстанавливаться. У пожилых людей полное разрушение клеток ввиду отсутствия антиокислителей встречается вдвое чаще, чем у молодых.

Для борьбы с подобными недугами в последние годы было создано несколько синтетических антиоксидантов, но все они оказались жирорастворимыми. Выяснилось, что у них есть серьезный недостаток: подавляя синтез вредных веществ, одновременно они подавляли и продукцию полезных.

Первый отечественный синтетический водорастворимый антиоксидант *мексидол* разработан и испытан учеными Института биохимической физики РАН им. Н. Эмануэля (ИБХФ РАН), НИИ фармакологии РАМН, Всероссийского научного центра биологически активных веществ и врачами 17 ведущих лечебных учреждений [82].

Отечественный препарат мексидол (по химической формуле это соединение янтарной кислоты и структурного аналога витамина B_6) оказался серьезным прорывом в антиоксидантной терапии.

«Наиболее чувствительны к воздействию свободных радикалов нейроны — клетки нашего мозга, — говорит профессор Леонид Смирнов, заведующий лабораторией ИБХФ РАН, один из основных разработчиков нового лекарства. — Изучая мексидол в клинике, мы убедились, что сходные повреждения мозга в виде гипоксии, то есть нехватки кислорода, происходят и при нарушениях мозгового кровообращения, и при эпилепсии, и при паркинсонизме, и при старческом слабоумии. Все это последствия оксидантного стресса. Поэтому и применяли препарат у групп больных с самыми разными заболеваниями, при которых такой стресс неизбежен».

Выяснилось, что препарат обладает и антидепрессивным действием, хорош в лечении алкоголизма, наркомании, стрессовых расстройств. И это не удивительно — при всех подобных заболеваниях мозговые ткани страдают от «удушья», а мексидол улучшает их кровоснабжение, укрепляет мембраны клеток, повышает активность антиоксидантных ферментов. К тому же он недорог, так как сырьем для его синтеза служат... отходы древесины. Препарат включен в московский список лекарств льготного отпуска. Но экспериментальное производство мексидола способно обеспечить лишь потребности столицы. Без государственной поддержки социально необходимое лекарство (только инсульты ежегодно переносят у нас в стране полмиллиона человек) никогда не станет доступным всем.

Не удивительно, что место антиоксидантов лечебного назначения в практике постепенно заняли всевозможные биологически активные добавки (БАД) — комплексы, содержащие вещества и соединения, которых недостает в рационе питания современного человека.

О биологически активных добавках

Каждое животное и человек, умершие естественной смертью, умирают от неполноценного питания, то есть от дефицита питательных веществ.

Доктор Уоллок

А как обстоят дела с полноценным питанием в России? Статистические исследования показали, что важнейшие нарушения пищевого статуса населения России за 1995–2000 годы следующие: избыточное потребление животных жиров; дефицит полиненасыщенных жирных кислот, полноценных (животных) белков, витаминов: аскорбиновой кислоты, тиамина (B_1), рибофлавина (B_2), фолиевой кислоты, ретинола (А) и бета-каротина, токоферола (Е) и др.; дефицит макроэлементов: кальция; микроэлементов: селена, йода, фтора, цинка, железа; дефицит пищевых волокон. Одним словом, дефицит всего, что необходимо!

Витаминный статус населения России (по результатам изучения фактического питания более 63 тысяч человек) оказался таков: 70—100 процентов — дефицит аскорбиновой кислоты (витамин С); 40—80 процентов — дефицит витаминов B_1, B_2, B_6 и фолиевой кислоты; 40—60 процентов — дефицит бета-каротина.

Для того, чтобы обеспечить организм всеми необходимыми компонентами для нормального обмена веществ, человеку необходимо ежедневно получать с пищей около 600 веществ. Эти вещества называются микронутриентами. Они нужны организму в микродозах, но каждый день. Из 600 микронутриентов минимум 89 являются незаменимыми, то есть организм не может сам их синтезировать, и они должны поступать с пищей. Это 60 минералов (макро- и микроэлементов), 16 витаминов, 10 незаменимых аминокислот и 3 основные полиненасыщенные жирные кислоты.

Микро- и макроэлементы не участвуют в энергетическом обмене организма, но именно они управляют процессами обмена веществ, поддерживают физическую и химическую целостность клеток и тканей путем сохранения биоэлектрических потенциалов. В активности необходимых для жизни ферментных процессов основная роль принадлежит именно витаминам и микроэлементам. «Новейшие исследования в области молекулярной биологии позволили сделать ошеломляющий вывод: причины большинства человеческих недугов кроются в обычной нехватке витаминов» [81, с. 143].

В человеческом теле около 70 триллионов клеток. Благодаря электронному микроскопу ученые сумели пронаблюдать за ними. Рассматривая молекулы в пределах пиктограммов (триллионной доли грамма), ученые сумели буквально сосчитать их количество в крови или тканях. Например, в крови «плавает» атом железа — абсолютно «мертвый», как и положено металлу. Но как только этот атом соединяется с молекулой витамина, он в течение одной миллиардной доли секунды «оживает». В нашем теле находится множество атомов металлов и других элементов, которым требуется витамин для «оживления», как поцелуй для спящей принцессы. А поскольку в нашей пище наблюдается дефицит всего самого необходимого, и в частности витаминов, то обмен веществ «замирает», а мы стареем, заболеваем. Образно говоря, без витаминов наши клеточки «засыхают», как цветы, лишенные влаги.

При недостатках всего этого в организме человека особенно страдают системы антиоксидантной защиты. Именно с дефицитом таких природных антиоксидантов, как витамины С, А, Е, бета-каротина и т. д., связано снижение показателей здоровья людей. Продолжительность жизни падает. В России в настоящее время для мужчин она составляет 57 лет, а для женщин — 72 года [83, с. 6]. Просто стыдно писать о такой так называемой «продолжительности» жизни наших мужчин! Стрессов более чем достаточно, а простейших витаминов нет. Но самое обидное, что знаний нет. Люди просто не знают, в чем дело, почему их самочувствие такое плохое. И они идут к врачу, треплют себе нервы, тратят большие деньги на лекарства, которые не только не помогают, но, зачастую, наоборот, вредят. Естественно, в наши «засыхающие клеточки», которым требуется живительная влага в виде витаминов, мы «подсыпаем неорганические удобрения» и ждем. Чего ждем? Когда они совсем «засохнут»? Очень хочется, чтобы вы, дорогие наши читатели, приняли самые действенные меры по укреплению своего здоровья, по собственной антиоксидантной защите организма, по борьбе с болезнями и старостью, тем более что такие меры есть. Не уповайте на страховую медицину, обращайтесь к ней только в необходимых, экстренных случаях. Меньше ходите по врачам и больше работайте над своим здоровьем сами.

Лауреат двух Нобелевских премий, доктор Лайнус Поллинг утверждает: «Причину любой болезни, любого недомогания можно проследить по недостатку того или иного минерального вещества» [84, с. 1]. Он считает, что для продления жизни необходимы особый режим питания и использование определенных витаминов и антиоксидантов. Они способствуют предупреждению старения и увеличению продолжительности жизни. Но принимать их лучше не в виде цветных шариков из аптеки, а в натуральном виде. По Поллингу, надо ежедневно съедать не менее 600 г свеклы, капусты, лука, чеснока, картофеля, свежей зелени, не менее 300 г свежих фруктов или ягод. И еще около 400 г разнообразных кисломолочных продуктов [85, с. 9]. Проблема только в одном: где взять экологически чистые продукты, насыщенные витаминами, микроэлементами и питательными веществами?

Не секрет, что современные методы ведения сельского хозяйства привели к тому, что в нашем питании почти не осталось необходимых нам микроэлементов и витаминов. По мере роста урожаев фермеры используют все больше химикатов, пестицидов и искусственных удобрений, которые только улучшают внешний вид продукции и объем урожаев, но не повышают их питательности, а наоборот, снижают.

Многие годы использования одних и тех же посевных площадей постепенно истощили запасы микроэлементов в почве. Загрязнения воздуха и токсические химикаты, попадающие через искусственные пестициды и химические удобрения, также наносят почве непоправимый вред, уничтожая крайне необходимые микроорганизмы, помогающие восполнить недостаток в микроэлементах. В результате на такой почве вырастают культуры, бедные питательными веществами и витаминами. По мнению Л. Поллинга, «никогда раньше у людей не было избытка продуктов при таком недостатке питательных веществ и витаминов».

В России, где четверть населения живет за чертой бедности, говорить об избытке и разнообразии продуктов питания не приходится (хотя магазины ломятся от их изобилия). И, к сожалению, эта часть населения лишена возможности приобретать даже сравнительно недорогие витамины и биологически активные добавки, которые так интенсивно рекламируются по радио. Например, различные эквиды, содержание одной капсулы которых эквивалентно трети стакана черники, собранной в лесу. Конечно, нет никаких гарантий, что в собранной в лесу чернике отсутствуют тяжелые металлы или радионуклиды. И все-таки стоит по мере возможности перенести центр тяжести в питании с картошки, макарон и животных жиров на фрукты, овощи и ягоды, пусть даже лесного происхождения. А если средства позволяют, то, безусловно, необходимо включить в свой ежедневный рацион экологически чистые биологически активные добавки (БАД), которые в повседневной практике питания являются сравнительно быстрым способом решения проблемы поддержания здоровья.

Использование БАД позволяет, во-первых, легко и быстро, не повышая калорийности рациона, ликвидировать дефицит витаминных веществ и микронутриентов; во-вторых, индивидуализировать питание конкретного человека; в-третьих, в максимальной степени удовлетворить измененные физиологические потребности в пищевых веществах больного человека; в-четвертых, повысить сопротивляемость организма к воздействию неблагоприятных факторов окружающей среды; в-пятых, усилить и ускорить связывание и выведение ксенобиотиков и продуктов обмена веществ из организма.

По данным журнала «Невский врачебный вестник» (2000 год), использование биологически активных добавок и продолжительность жизни связаны между собой, и эту связь иллюстрирует следующая таблица.

Рост потребления БАД в мире: 1970 год — 12 миллиардов долларов, 1990 год — 32 миллиарда долларов, 2000 год — 72 миллиарда долларов.

Страны	Процент жителей, принимающих БАД	Средняя продолжительность жизни, лет
Япония	100	90
США	80	76
Европа	50	67
Россия	3	60

Правительство России 10 августа 1998 года приняло постановление № 917 «Концепция государственной политики в области здорового питания населения Российской Федерации на период до 2005 года», в котором одним из основных направлений признано расширение рынка БАД. В журнале «Кремлевская медицина» (январь 2002 года) говорится: «Сейчас БАД должны стать фундаментальной базисной терапией».

БАД бывают двух типов — нутрицевтики и парафармацевтики.

Нутрицевтики — это биологически активные добавки к пище, применяемые для коррекции химического состава пищи человека (дополнительные источники нутриентов: белка, аминокислот, жиров, углеводов, витаминов, минеральных веществ, пищевых волокон).

Парафармацевтики — биологически активные добавки к пище, применяемые для профилактики, вспомогательной терапии и поддержки в физиологических границах функциональной активности органов и систем.

Одновременно с восполнением недостаточного поступления с пищей микронутриентов, необходимых для жизнедеятельности, БАД могут быть использованы также в качестве вспомогательных средств при профилактике, а также в комплексном лечении таких заболеваний, как ожирение, атеросклероз и другие сердечно-сосудистые заболевания, злокачественные новообразования, иммунодефицитные состояния [81, с. 7].

В приложении к приказу МЗ РФ № 117 от 15 апреля 1997 года указывается, что «биологически активные добавки к пище (нутрицевтики и парафармацевтики) — *это концентраты натуральных или идентичных натуральным биологически активных веществ*, предназначенные для непосредственного приема или введения в состав пищевых продуктов с *целью обогащения рациона питания человека отдельными биологически активными веществами или их комплексами*». В соответствие с этим приказом, биологически активные добавки к пище используются для [86, с. 4]:

- восполнения недостаточного поступления с рационом белка и отдельных незаменимых аминокислот, липидов и отдельных жирных кислот, углеводов и сахаров, витаминов и витаминоподобных веществ, макро- и микроэлементов пищевых волокон, органических кислот, биофлавоноидов, эфирных масел, экстрактивных веществ и др.;
- уменьшения калорийности рациона, регулирования (снижения или повышения) аппетита и массы тела;
- повышения неспецифической резистентности организма, снижения риска развития заболеваний и обменных нарушений;
- осуществления в физиологических границах регуляции функций организма;
- связывания в желудочно-кишечном тракте и выведения чужеродных веществ;
- поддержания нормального состава и функциональной активности кишечной микрофлоры.

В приказе говорится также: «Биологически активные добавки к пище не должны содержать сильнодействующих, наркотических и ядовитых веществ, а также растительного сырья, не применяемого в медицинской практике и не используемого в питании. Настоящее положение распространяется на сертификацию нутрицевтиков, являющихся источниками пищевых веществ в дозах, не превышающих 6 суточных потребностей человека, и парафармацевтиков, дозировка активных веществ в которых ниже терапевтической» [86, с. 4].

Как показал опыт, при адекватном использовании БАД наиболее выраженные и достоверные положительные сдвиги в организме наступают к концу третьей недели их применения, затем следует фаза стабилизации полученного терапевтического эффекта.

В отличие от лекарств, БАД всегда имеют натуральную, растительную основу. Как подчеркивает в своем интервью доктор биологических наук, профессор, руководитель отдела клиники Института питания РАМН А. Васильев: «В БАД исключается присутствие синтетических, химических, искусственно созданных соединений» [87, с. 6]. А от лекарственных препаратов из естественного сырья БАД отличаются дозировкой. Именно она служит причиной регистрации препаратов в «ином качестве», чем лекарственные препараты.

Существенное значение имеет то обстоятельство, что биологически активные добавки можно применять одновременно с обычными лекарствами, а также практически со всеми методами немедикаментозного воздействия на организм. При этом важную роль играют изучение эффективности БАД, дальнейшие подтверждения их безопасности, расширение спектра состояний, где возможно их применение.

Нужно иметь в виду, что БАД — ведущее средство для поддержки организма в ситуациях «предболезни» из-за конституционной предрасположенности, экологических или профессиональных вредностей, в процессе долечивания и реабилитации после заболеваний, травм, операций. Однако нужно четко понимать, что БАД — это не лекарство, и в случаях тяжелой патологии они могут являться лишь компонентом комплексной терапии. Так, профессор Васильев говорит: «Есть лекарства, и есть пища, а БАД — посередине».

В 1997 году приказом № 114 МЗ РФ от 14.04.97 в нашей стране был создан Федеральный Центр по изучению побочного действия лекарств (директор член-корр. РАМН В. К. Лепахин), целью которого было проведение мероприятий по выявлению и анализу данных по осложнениям лекарственной терапии, включая фитопрепараты и БАД, их профилактике и лечению.

В выступлении профессора В. К. Лепахина на V Российском национальном конгрессе «Человек и лекарство» высказывались обоснованные опасения бесконтрольного приема и необоснованной рекламы ряда таких препаратов, отсутствия противопоказаний и полных сведений о составе и количестве входящих ингредиентов у ряда фирм-производителей, необходимости четких требований к контролю и качеству препаратов, необходимости информации медиков, потребителей и дистрибьюторов обо всех случаях осложнений. Приводились данные о серьезных побочных эффектах фитопрепаратов, имеющиеся в банке ВОЗ. Появилась информация, что в настоящее время Международный Центр ВОЗ по контролю лекарственных средств готовит соответствующую программу для разработки стандартов контроля лекарственных трав [88, с. 2].

В то же время следует подчеркнуть, что во всем мире серьезное обоснование и предпосылки законодательного оформления получили идеи интегративной медицины. Многие серьезные специалисты и особенно врачи общей, семейной практики, используют в лечении пациентов, профилактике и реабилитации как современные медицинские технологии, так и традиционные методы лечения (натуропатию, БАД, гомеопатию, фитотерапию, акупунктуру и т. п.).

Популярность альтернативных видов терапии постоянно растет. Ряд экономистов начинает рассматривать этот процесс как способ снижения расходов на здравоохранение. Исследования показали, что 84 процента жителей Германии с доверием относятся к альтернативным видам терапии. Авторы подчеркивают, что такие средства могут выступать как замена обычных фармакологических средств (особенно при функциональных расстройствах), так и эффективно их дополнять в виде фонового лекарства, существенно снижая дозу фармпрепаратов.

Вокруг БАД сломано немало копий, их производители нередко обещают чудеса выздоровления от самых разных недугов, но на практике это чаще всего не подтверждается. Далеко не все фирмы, выпускающие БАД, как отечественные, так и зарубежные, тщательно контролируют качество своей продукции. Львиная их доля приходит к нам из-за рубежа, а поскольку клинических испытаний не требуется, в БАД порой присутствуют не только бесполезные, но и вредные компоненты. Да и отечественные добавки, если и не являются прямыми подделками, то очень часто изготавливаются с нарушениями технологии. И вполне возможно, не от злого умысла, а из-за отсутствия соответствующего технологического оборудования и экологически чистой продукции.

Поэтому в выборе нужного препарата в океане поступающих на рынок биологически активных добавок следует руководствоваться авторитетом производящей их фирмы и результатами проведенных у нас в стране исследований продукции этой фирмы.

Доктор медицинских наук, профессор, заместитель директора по научной работе крупного медицинского центра в Москве Е. А. Дегтярева в своей статье, опубликованной в INTERNATIONAL MEDICAL JOURNAL № 9 10 за 1999 год, пишет: «Как клиницист, давно работающий с биологически активными веществами, считаю недопустимыми публикации в широкодоступной печати и т. п. о „чудосредствах" натурального происхождения для „растворения" атеросклеротических бляшек и спасения от сахарного диабета. Подобная реклама может стоить жизни тяжелым больным в случае отказа от серьезной, апробированной терапии».

1 декабря 1999 года Государственной Думой был принят, а 23 декабря 1999 года Советом Федерации одобрен

Федеральный закон о качестве и безопасности пищевых продуктов. Настоящий Федеральный закон регулирует отношения в области обеспечения качества пищевых продуктов и их безопасности для здоровья человека.

Однако этот закон совсем не гарантирует качество биологически активных добавок, поступающих на российский рынок. Мы очень советуем нашим читателям не поддаваться на обилие реклам и заграничные этикетки и выбирать для себя и своих детей БАД только проверенных фирм, начиная от отечественной фирмы «Биокор-П» (Пенза), производящей отличные отруби «ЛИТО» (проверено на собственном опыте: стакан кефира с отрубями на ночь — и застарелых проблем с кишечником нет), до крупных, таких как отечественный холдинг с необычным названием «VISION» и зарубежных фирм типа «NEWAYS» [84, 86].

Нужно понимать, что безличная и бесцеремонная реклама вторгается в наше жизненное пространство лишь на том основании, что кто-то вложил в нее большие деньги. Ответственность за рекламируемый товар, даже если это биологически активные добавки к пище, газеты, радио или телевидение не несут. В связи с этим лучше всего выходить на нужный продукт или через знакомых, которые уже пользуются этой продукцией, или непосредственно через представителей фирм, их дистрибьютеров.

17 апреля 2003 года мы (авторы книги) присутствовали на заседании комиссии по аномальным явлениям Русского географического общества. После заседания к нам подошли читатели наших книг. Завязался разговор. Они поинтересовались нашими планами на будущее, и мы рассказали о том, что работаем над книгой, связанной с проблемами здоровья: энергоинформационная медицина, свободные радикалы, антиоксиданты и т. д. Стоящий рядом мужчина заинтересованно спросил, проверили ли мы на себе действие антиоксидантов. И услышав наш отрицательный ответ, предложил не откладывать дело в долгий ящик, а

начать принимать необходимые добавки. Игорь Викторович Тульский, а это был именно он, оказался дистрибьютором очень крупной российской компании «VISION», которая занимается производством и распространением экологически чистых биологически активных добавок к пище.

Надо сказать, что мы, разобравшись со свободными радикалами, и сами пришли к необходимости принимать антиоксиданты, но не знали, где их можно найти. Где вообще можно купить экологически чистые БАД, гарантированные от подделок? После операции знакомый врач порекомендовал мне принимать некоторые добавки, продающиеся в аптеке, и в частности, расторопшу, «Витрум», рыбий жир и т. д. Мы купили эти добавки и начали принимать их ежедневно. Причем расторопша и рыбий жир были российского производства. Буквально через две недели от расторопши пришлось отказаться совсем, поскольку в медицинской печати появились сведения о нарушении технологии изготовления этой добавки. А от российского рыбьего жира в горошинах мы отказались просто потому, что он оказался очень неприятным: горошина начинала таять уже во рту, вызывая очень неприятные ощущения, и к тому же, проглоченная с трудом, вызывала отрыжку. Кто пил когда-нибудь жидкий рыбий жир, тот нас поймет. Мало того, на этикетке была рекомендация принимать до 10 горошин этого жира. А это уже перебор. К счастью, нам удалось найти отличный рыбий жир в капсулах венгерского производства без вышеуказанных проблем, который мы принимаем и поныне.

И когда дистрибьютор Компании «VISION» предложил нам БАД этой фирмы, нам захотелось проверить, что это такое, и как они действуют на организм. И вообще, действуют ли?

Естественно, возрос и наш интерес к указанной фирме. Мы решили выяснить, что это за фирма, когда и откуда она появилась, каковы результаты ее работы? И, наконец, если ей можно доверять, то как на нее можно выйти обычному жителю нашей страны? Где искать этих дистрибьюторов? Ведь не выйдешь на улицу и не станешь кричать: «Хочу антиоксидные добавки!» И выяснили, что информацию можно найти в газетах «Известия» от 25 марта 2003 года, «Российская газета» от 20 марта 2003 года, «Комсомольская правда» от 24 апреля 2003 года.

Компания «VISION», созданная Дмитрием Буряком, занимается производством и распространением БАД. Судьба распорядилась так, что в 1995 году Дмитрий Буряк попал в автомобильную катастрофу и получил серьезную травму позвоночника. Борясь с угрозой паралича, он пришел к пониманию того, что самое главное в жизни человека — здоровье и сама жизнь. Произошла серьезная переоценка ценностей. Боль и страдание либо ломают человека, либо закаляют его тело, одухотворяют его душу, приводят к новому пониманию мира и своего назначения на Земле. Находясь на грани «бездны», разверзшейся рядом, человек обязательно задумывается о смысле жизни: «Зачем я приходил? Что я успел сделать? С чем я уйду?»

И когда благодаря собственной силе духа и таланту врачей Дмитрий Буряк победил болезнь и вернулся к нормальной жизни, главным в этой жизни стали не деньги, не виллы, не десятки автомобилей в гараже. Главным стало желание сделать что-то важное для людей, чтобы не стыдно было держать ответ перед Богом, когда такое время настанет. И он принял решение посвятить себя и свою жизнь людям, их здоровью и долголетию.

Мы высоко оценили продукцию этой фирмы, когда начали прием «Лайфпак+», а через две недели добавили антиоксидные добавки («Антиокс» по одной капсуле в день). Через месяц анализ крови одного из авторов показал снижение протромбина до 60 процентов. Этот автор два года принимал антикоагулянт-синкумар (одну таблетку в сутки), что позволяло поддерживать протромбин на уровне 68—70 процентов, хотя врачи рекомендовали более низкий уровень (55–60 процентов). Еще через две недели протромбин снизился до 58 процентов. Если тенденция сохранится, то может появиться возможность снизить на четверть таблетки (для начала) прием синкумара, очень вредно влияющего на почки и на многое другое.

Постепенно мы перешли на прием основных БАД, но особое внимание уделяем, естественно, антиоксидантам.

Заканчивая главу о медицине, мы хотим сказать следующее. Пока медицина в целом созреет до нового понимания человека, пока ваш семейный врач (ведь когда-нибудь они у нас появятся) научится помогать вам в заботах о вашем здоровье, займитесь своим здоровьем сами.

Сегодня, к сожалению, человек относится к своему здоровью, особенно пока оно есть, гораздо хуже, чем, например, к своей машине. Заплатив несколько тысяч долларов за свою любимицу, он ежегодно выкладывает солидные суммы на ее техническое обслуживание, запасные части, различные жидкости, не говоря уж о налогах или страховке. Но когда на «технический осмотр» его организма или на «заправку витаминами и добавками» для поддержания здоровья необходимо выложить какую-то сумму, он старается экономить, забыв, что «нельзя получить что-то за ничто». Здоровье стоит беречь, пока оно есть. Ибо, перефразируя пословицу, можно сказать: машину потерял — ничего не потерял; друга потерял — половину потерял; здоровье потерял — все потерял.

О том, как нужно вести правильный образ жизни, как очищать свой организм, что, когда и сколько следует есть, какие биоактивные добавки принимать, написано и сказано очень много. Безусловно, это очень важно для нашего здоровья. Но это не все. Самое главное лежит в духовной сфере. Нужно задействовать эту духовную сферу для поддержки самого себя.

И мы хотим дать читателям один простой и, как мы убедились на собственном опыте, очень действенный совет: в любой самой трудной ситуации постарайтесь найти что-нибудь хорошее, зацепитесь за это светлое пятно как за спасательный круг. Оно не даст вам сорваться в депрессию, в злобу, в обиду, а значит, убережет от возникновения болезней. Поверьте, даже в самых трудных ситуациях вам станет легче, как только вы найдете это хорошее. А найти хорошее можно почти всегда, потому что всегда возможна ситуация, при которой было бы еще хуже.

Несколько лет назад мы, получив письмо от родственника, полное жалоб на безденежье, на судьбу, злобы на руководство страны, постарались успокоить его, приведя в ответном письме убедительные факты о его вполне приличном положении. Мы писали ему: ты со своей женой, с которой прожил 46 лет, живешь в Москве в двухкомнатной квартире; ты сам и все члены твоей семьи здоровы; вы получаете пенсию, да еще вам доплачивает город; у вас есть дача под Москвой, где твоя дочь и внуки могут отдыхать летом, помогая вам на огороде; у твоей дочери хорошая семья, квартира и работа; твой внук учится в техникуме, который сам выбрал. Что тебе еще надо? Ведь миллионы людей живут хуже тебя. Просто стыдно причитать в таких условиях. Если хочешь жить дольше, радуйся каждой минуте жизни, пока она еще не последняя, каждому дню, благодари Бога за красоту природы, которую Он сотворил для нас, за хорошие условия, в которых живете вы с женой, ваши дети и внуки! И поскольку мысли материальны, они будут творить благоприятную обстановку вокруг тебя. Ситуация начнет меняться! А если продолжишь причитать дальше, жди беды. И как в воду смотрели. Инфаркт. А побывав на краю бездны, он оценил жизнь. Так стоит ли доводить себя до беды?

Л. Н. Толстой писал: «Все мировые религии учат нас тому, что человек приходит на Землю, чтобы испытывать муки земного существования. Я же на склоне лет утверждаю обратное — чтобы радоваться жизни, ее гармонии и каждому прожитому дню, каждому восходу и заходу солнца».

Глава 3

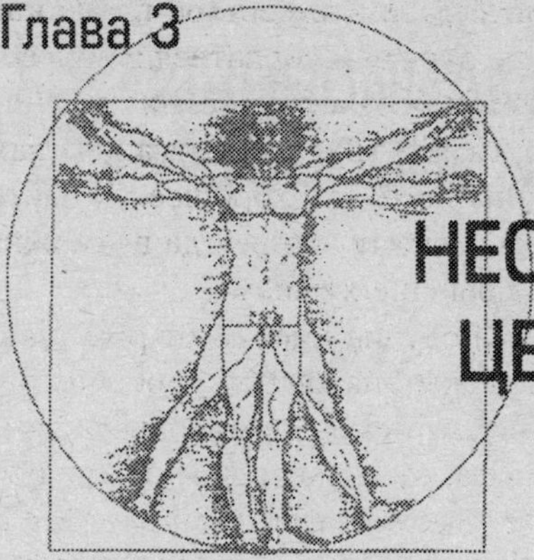

НЕСТАНДАРТНОЕ ЦЕЛИТЕЛЬСТВО

О ЦЕНТРЕ БИОИНФОРМАЦИОННЫХ ТЕХНОЛОГИЙ «НООСФЕРА»

Обращаясь к нам с просьбой дать координаты Центра биоинформационных технологий «Ноосфера», многие читатели задают нам вопрос: «А им (А. Н. Петрову, И. В. Арепьеву) можно верить?» Вопрос понятен: люди хотят быть уверенными, что их надежды и средства не пропадут даром. Желание познакомиться с Аркадием Наумовичем Петровым и Игорем Витальевичем Арепьевым, с их необыкновенными способностями не давало покоя и нам. Мы хотели лично побывать в биоинформационном Центре «Ноосфера», ознакомиться с его работой и описать свои впечатления в книге. Чтобы вы, дорогие читатели, решали сами, можно ли им верить!

Но ситуация должна была созреть. Когда яблочко созревает, оно само падает на землю.

И вот такое яблочко упало на нас. В конце марта нам позвонила из Москвы редактор российского телевидения (РТР) Анна Александровна Красноусова. Она сообщила, что наши книги буквально перевернули ее жизнь, и пригласила нас для участия в телесъемке передачи «Что хочет женщина». Тема передачи «Жизнь после смерти». Пообещав подумать над предложением, мы порекомендовали

Анне Александровне посетить Центр «Ноосфера» и поближе ознакомиться с интересующей ее тематикой.

Будучи далеко немолодыми и не очень здоровыми людьми, да еще двенадцать лет никуда не выезжавшими из Петербурга, мы немного побаивались подняться и отправиться в какое-либо путешествие, даже если это путешествие всего лишь из Петербурга в Москву. В свое время, помыкавшись со своими многочисленными болезнями по врачам-ортодоксам и убедившись в их полной беспомощности (и очень часто в равнодушии), мы решили «отпустить ситуацию», положившись во всем на волю Бога и собственные усилия. Но желание посетить биоинформационный Центр «Ноосфера» с целью ознакомления с удивительными технологиями А. Н. Петрова и И. В. Арепьева, выяснить, «каким таким образом» у меня вдруг начал расти желчный пузырь (а этого не может быть, потому что этого не может быть никогда) и, если удастся, подлечить другие болезни, было достаточно велико. В целом обстоятельства складывались очень удачно, тянуть с поездкой было нельзя, и мы решились. Взяли с собой в качестве подарков 40 наших книг и поехали. Ох, и тяжелы эти книги! Чтобы облегчить свою участь, дарить книги стали уже в поезде, затем в гостинице и на телестудии.

31 марта в 19 часов 30 минут мы были на телестудии ООО «Моя семья» (РТР). Нас встретили очень радушно. Прежде всего бросился в глаза молодой возраст работников студии, удивительно дружеская атмосфера, царившая там, поразил огромный подъем и энтузиазм, с которым эти молодые люди делали свою работу. Но еще больше поразил нас их интерес к серьезнейшим вопросам тонкого мира, смысла жизни, ко многим аномальным явлениям, описанным в наших книгах, да и вообще к нашим книгам. Привезенные нами книги разлетелись в одно мгновение. Анна Красноусова радостно сообщила нам, что уже побывала в «Ноосфере», познакомилась с А. Н. Петровым и И. В. Арепьевым, записалась на тренинги.

Нам пришлось достаточно долго ожидать начала съемок, мы познакомились с приглашенными экспертами, в частности, с директором Института трансперсональной психологии Владимиром Валерьевичем Майковым, о котором писали в книге «Начало начал», и понаблюдали за кипучей жизнью «за кулисами». Так что теперь, глядя в экран телевизора, мы невольно вспоминаем ту удивительную обстановку в студии, когда одни снимают, другие гримируют, третьи инструктируют будущих участников, стараясь снять с них напряжение с целью обеспечения непринужденной беседы перед зрителями, а четвертые... едят. Молодой человек с огромной тарелкой, на которой можно было заметить винегрет, курицу, пирожное и еще что-то, приютившись на краешке стола, быстро уничтожал все подряд, не замечая, что именно он ест. Мысли его, видимо, были где-то далеко.

Наконец дошла очередь и до нас. Съемка длилась достаточно долго, прошла, с точки зрения телевизионщиков, удачно и закончилась около часа ночи. Закончив все свои дела, работники телевидения окружили нас и стали расспрашивать о душе, о духе, о тонком мире. Обстановка была исключительно теплой. А потом Станислав Курцев, сценарист передачи «Что хочет женщина», на такси через всю Москву с Шаболовки проводил нас в гостиницу «Останкино».

А утром 1 апреля мы отправились в «Ноосферу». Скажем откровенно, что нам очень хотелось дать в книге телефон секретаря Центра, но сотрудники попросили этого не делать. Иначе невозможно будет работать. Итак, мы отправились в «Ноосферу», горя желанием познакомиться с удивительными людьми, владеющими необыкновенной технологией исцеления людей, которые не чахнут над своими знаниями, как царь Кощей над златом, а щедро делятся ими со своими учениками и слушателями.

И вот мы в офисе Центра. Очень уютное, хорошо и со вкусом отделанное помещение. Правда, тесноватое. Но, как выяснилось позже, это помещение не единственное. Основная дислокация Центра — в Пушкино, под Москвой. Аркадий Наумович Петров радушно встретил нас в приемной. Пригласил в кабинет, где познакомил с Игорем Витальевичем Арепьевым. Первое впечатление обычно самое правильное. По первому впечатлению и Петров, и Арепьев открытые, щедрые люди, искренне желающие передать свои уникальные знания людям, научить их владеть удивительными технологиями, чтобы лечить себя и близких от различных заболеваний, уметь просматривать свое будущее, одним словом, помочь людям повысить уровень развития своего сознания!

Именно с этой целью они создали не просто целительский, а учебно-просветительский Центр, в котором слушателям дают и теоретическую часть в виде лекций, и практическую — в виде излечения их от различных, часто «неизлечимых», недугов. Не удивительно, что основная часть слушателей Центра — их бывшие пациенты, у которых в результате занятий развились способности ясновидения.

И вот первое интервью с Игорем Витальевичем Арепьевым. Молодой мужчина типично славянской внешности, волосы русые, очень спокойный, рассудительный, немногословен, говорит только по делу, мысли формулирует понятно, четко, логично, хотя речь идет о сложнейших вопросах, относящихся к сфере деятельности правого полушария мозга. Очень интересные глаза: кажется, видят тебя насквозь. Хотя почему кажется? Так оно и есть.

Задаем вопрос:

— Игорь Витальевич, с чего вы начинаете дистанционную диагностику? С какой-нибудь настройки? И что вы видите при этом?

— Никакой специальной настройки не нужно. Даю себе команду и вижу образ конкретного человека, его характер, личность. Вижу именно внешность, так что при встрече на улице могу его узнать. У того, кого я уже диагностировал, в организме остается особое свечение на всю жизнь. И я его вижу.

— А с чего все это началось?

— Началось самопроизвольно еще в школе, в старших классах. Я вдруг стал предсказывать ребятам будущее, которое совершится завтра или послезавтра. И совершенно неожиданно стал видеть внутренние органы, их расположение в организме. Но решил, что это так и должно быть. Правда, я с детства в руке шарики катал, шарики условные. Просто ощущал их очень явственно. А потом эти шарики начали расти.

— Значит, когда вы идете по улице, то навстречу вам движутся не люди, а комбинации органов?

— Раньше именно так и было. А теперь я научился управлять этими процессами. И вот сейчас я, например, вижу вас, но если нужно, увижу и органы. Я вас уже диагностировал и вижу свечение.

И дальше пошел неспешный долгий разговор о том, как Игорь Витальевич встретился с Петровым, что их объединило, как шел процесс совершенствования его феноменальных способностей, как по крупицам они с А. Н. Петровым накапливали необыкновенные знания, «выбирая граммы радия из тонны руды».

И выяснилось следующее. Однажды, летом 1998 года, Игорь, офицер милиции, приехал в Москву на встречу со своими армейскими друзьями. В теплый летний день около девяти часов утра пятеро молодых людей стояли на улице, решая проблему свободного времени. Мимо проходил мужчина средних лет, который вдруг повернул на 90 градусов и подошел к ним. Он стал рассказывать о необыкновенных способностях, которыми может обладать человек, если его научить. Он рассказывал и почему-то посматривал на Игоря. Создавалось впечатление, что он говорил именно ему. Поговорив с молодыми людьми, мужчина отошел, а ребята занялись своими делами. Но в душе Игоря что-то дрогнуло. Ведь он прекрасно понимал, о чем шла речь.

На следующее утро те же ребята в том же составе на том же самом месте собрались снова. И не успели разговориться, как на улице показался тот же самый мужчина, который снова подошел к ним, теперь уже на правах знакомого, поздоровался и представился. Это и был академик Аркадий Наумович Петров. Разговор о тонком мире, о феноменальных способностях человека, о возможности обучения в Центре, который возглавляет академик Петров, продолжился, но закончился ничем. Выслушав информацию, все разошлись.

Идя утром следующего воскресного дня по центральной улице Черкизова (район Подмосковья), Игорь загадал: «Если встречу Петрова, значит, это судьба». Еще не было девяти, народу на улице почти не было, как и шансов на встречу. Дойдя до угла, на котором росли густые кусты, и повернув на другую улицу, Игорь в полном смысле слова столкнулся с Петровым. Значит, судьба! Ведь ничего случайного не бывает. А здесь судьба проявилась трижды.

На вопрос: «Почему вы вдруг подошли к незнакомым молодым людям и заговорили об удивительных феноменах?» Аркадий Наумович честно ответил: «Не знаю. Я иногда совершаю поступки, которым нет логического объяснения». Скорее всего, его заставила остановиться интуиция.

И начались совместные учения, совершенствование знаний, огромная совместная работа по анализу феноменальных поступков и их результатов. Игорь прошел курс обучения в биоинформационном Центре в Пушкино, где ему помогли научиться управлять своими феноменальными способностями. Огромную роль сыграл в его становлении академик Григорий Петрович Грабовой, который, несмотря на занятость в Совете Безопасности и Администрации Президента РФ, тесно сотрудничает с Центром. Он преподал А. Петрову и И. Арепьеву немало ценных уроков, передал им свою «технологию спасения», которая включает в себя не только целительство, но и способы повышения уровня сознания людей, и в любой момент готов оказать им необходимую помощь.

Позднее, усовершенствовав свои способности, Игорь, закрыв глаза, научился видеть яркую белую точку на черном фоне. Концентрируя на ней свое внимание, он добился того, что она, точка, вдруг развернулась в огромный экран во все поле зрения. Мысленно он научился рисовать на нем различные геометрические фигуры, затем стал наблюдать цветовые оттенки, а однажды попробовал шагнуть в этот экран. И тут же выскочил обратно. Страшила неизвестность. Но любопытство пересиливало страх, и «походы в экран» продолжились. «В этот экран можно входить. Я зайду и выйду, зайду и выйду. А потом вошел и увидел, что там целый мир, тот мир, куда уходят наши души».

— Какой он, тот мир? Он похож на наш?

— Можно сказать, что такой же, только краски ярче.

— А как там «люди»? Что говорят? Что делают?

— «Люди» почти такие же, как у нас. Только тела полупрозрачные.

— Они заметили, что вы не такой, как они? Это не вызвало у них агрессии?

— Конечно, заметили. Но агрессии никакой не было. Наоборот, они проявили ко мне большой интерес. Подходили с вопросами. Как только начинался разговор, так сразу же собиралась толпа, сотни «людей». Спрашивали, в основном, как выйти на воскрешение. Этот процесс их очень интересует.

— Могут ли они сами принять решение о воскрешении без какого-либо воздействия с физического плана?

— Сегодня еще нет. Чтобы произошел процесс воскрешения, нужно задействовать несколько родных и близких этого человека на физическом плане, которые очень хотели бы его воскресить. И чем больше будет таких людей на земле, тем легче и быстрее пройдет процесс. Но когда количество воскрешенных достигнет критического уровня, произойдет массовое воскрешение всех. Они воскреснут сами. А сегодня там идет интенсивный процесс повышения их уровня сознания.

Вот так! До сих пор мы слышали о возможности воскрешения только от Сатья Саи Бабы и от академика Г. П. Грабового. А сегодня о воскрешении как о реальном факте говорят и академик Петров, и Игорь Арепьев. Появилась новая книга Владимира Носкова «Воскрешение: сегодня и навсегда» [90]. Болгарский ученый-физик Б. Палюшев пишет в своей книге [91, с. 122]: «Сегодня мы уже знаем, что все такие „чудеса", как прорицание, *воскрешение мертвых*, лечение болезней и др., доступны для практики людей, имеющих определенные качества и знания в этой новой научной области». Эти уникальные знания уже невозможно скрывать. Об этом нужно кричать во весь голос. Потому что только коллективное сознание всех (или большинства) живущих на земле способно сотворить такое чудо, как воскрешение и бессмертие.

Известный американский писатель Джеймс Гальперин шутил: «Люди вбили себе в голову, что человек смертен, вот и мрут по инерции». А ведь Гальперин абсолютно прав. Человеку действительно совсем не обязательно умирать. Установка на неотвратимость смерти реальна лишь до тех пор, пока общественное сознание допускает эту печальную неотвратимость. Но если люди перестанут думать, что смерть обязательна, — ее просто не будет.

— Правильно, — подтвердил Григорий Петрович Грабовой, — это акт коллективного сознания. Ведь все пространство Вселенной — это проекция сознания.

Академик Г. П. Грабовой утверждает, что «бессмертие — это акт коллективного согласия на вечную жизнь, на неумирание. То есть коллективное сознание должно принять факт бессмертия, и оно из гипотетической области переместится в область реального».

2 января 2003 года по российскому радио состоялась передача «Кто открывает глаза», которую вела Людмила Подкопаева. В декабре 2002 года в МВТУ им. Баумана состоялся международный конгресс «Экоэтика XXI века». В перерыве Л. Подкопаева взяла интервью у доктора физико-математических наук Андрея Игоревича Полетаева,

сотрудника Института молекулярной биологии им. В. А. Энгельгарта. Речь шла о новых подходах к изучению мироздания, новых биоинформационных технологиях. И конечно, разговор зашел о Центре «Ноосфера» и о необычных целительских технологиях Петрова и Арепьева.

А. И. Полетаев рассказал о необыкновенных способностях Игоря Арепьева следующее: «Игорь Витальевич сказал, что ему было бы интересно поработать с клетками человека в лабораторных условиях. Мы в Институте молекулярной биологии Академии наук РФ провели эксперимент. Были принесены из соседнего здания свежепересеянные чашки Петри. В них находились клетки человека. Игорь Витальевич никогда их раньше не видел. Он рассказал, как они будут выглядеть завтра и через два дня, что с ними будет происходить. После этого культуры были унесены метров за 150 от здания, где мы находились, и Арепьев их больше не видел.

На следующий день я проанализировал эти клетки на автоматическом лазерном цитофлюориметре и под микроскопом. Их состояние полностью совпало с описанием, составленным Игорем. Картина полностью подтвердилась и на второй день. То есть Игорь за два дня совершенно точно предсказал всю морфологию и картину, которая была видна под микроскопом. Более того, он ускорил процесс деления клеток. Нормальные клетки, с которыми мы работали, удваивались в своем количестве за 28 часов. Клетки после воздействия Игоря удваивались за 12 часов и за два дня заполнили все донышко пластиковых ячеек. Причем такое воздействие на процесс деления клеток Игорь оказал сознательно, с легким юмором и без напряжения».

Даже самая современная аппаратура не способна диагностировать человека на внутриклеточном уровне, не способна определить повреждения в его генах или хромосомах. Эти повреждения определяются опосредованно, да еще с большой долей вероятности. А ясновидящий, в частности, Игорь Витальевич Арепьев утверждает: «Да, я вижу клетки. Более того, для регенерации органов я работаю со стволовыми клетками. Эти клетки более плотные, они буквально насыщены информацией. Например, книжный лист и целая книга. Стволовая клетка — это целая книга. По этой информации я создаю голограмму органа на том месте, где орган должен быть. Координаты этого органа хорошо просматриваются. А потом я запускаю процесс деления стволовых клеток, смотрю на голограмму, и орган растет». — «А когда вы не смотрите, орган растет или нет?» — «Конечно, растет. Ведь я своей энергией запускаю программу материализации клеток органа. А потом они растут (делятся) по информации, заложенной в голограмме».

По поводу такого подхода академик Грабовой пишет: «Чтобы узнать состояние внутренних органов пациента, медики используют приборы и потому посылают пациента, например, на рентген или ультразвуковую диагностику. Человек же с развитым внутренним видением поступает иначе. В качестве прибора он использует свой собственный организм. Он переводит свой организм в нужный режим работы, и все внутренние органы пациента видит с помощью ясновидения. С помощью ясновидения можно не только увидеть внутренние органы, но и узнать их назначение, а также и методы восстановления» [10, с. 25].

В радиопередаче Подкопаевой несколько человек рассказали о результатах лечения в Центре «Ноосфера».

Мы с братом обратились в Центр осенью прошлого года по поводу болезни нашей мамы. У нее шизофрения. А в результате лечения обнаружилась язва желудка, взвеси в поджелудочной железе и целый ряд других болезней. Она находилась в жуткой депрессии и не хотела жить. Причем лечить ее нужно было дистанционно. Мама прошла всю диагностику, и лечение началось. Было одно условие: не принимать никаких лекарств. Уже через месяц в голосе мамы появилось оживление. Самочувствие ее значительно улучшилось. Сегодня у нее нет язвы вообще, никаких взвесей в поджелудочной железе, она — энергичная и жизнерадостная женщина. И если раньше она боялась выйти из дома, то сегодня она организует помощь знакомым, соседям. Она любит жизнь. Спасибо Центру.

***

У меня был камень в почках, трещина в кишечнике, давление зашкаливало за 240 мм. рт. ст. Одним словом, весь набор болезней, характерных для сидячего образа жизни. Целый букет. Все ушло. Трещина зажила, камень просто исчез, я чувствую себя здоровым человеком.

Королева Н. А. обратилась в Центр также с целым букетом болезней, но особенно мучительным был насморк, который длился 17 лет. Лечили ее и лазером, и прокалывания делали неоднократно.

После второго сеанса (в «Ноосфере») насморк исчез. Восстановились хааны носа. Там были проколы, разрушение перегородки носа. Проколы заросли, перегородка восстановилась. Мои друзья говорят мне, что все произошло потому, что я очень сильно этого хотела. Но томограмма шейных позвонков показала, что у меня была грыжа, о которой я даже не знала. Так вот, грыжи больше нет. Здоровье прекрасное. Спасибо Центру.

***

Я пришла в центр с ихтиозом (кожное заболевание), с увеличенной щитовидной железой. После работы Игоря Витальевича все пришло в норму. Сейчас — полное выздоровление. После таких встреч меняется не только физическое тело, но и взгляды на жизнь, цель жизни.

Оказывается, для Арепьева все равно, что диагностировать: человека или технику. Так, в центр обратился Б. И. В., крановщик из Пушкино. Его привели к Арепьеву простатит, сколиоз и две грыжи в позвоночнике. Лечение началось в феврале 2002 года, а летом УЗИ показало, что простатит прошел. Томограмма позвоночника убедительно доказала, что грыж нет, а положение дел со сколиозом существенно улучшилось. Арепьев предложил крановщику сделать дистанционно техническую диагностику крана и совершенно точно указал все неполадки, которые крановщик обнаружил позже.

В июне 2003 года к нам обратился наш друг, академик А. С. с просьбой помочь ему связаться с Центром «Ноосфера». В прошлом у него удалили желчный пузырь, а несколько дней назад врачи обнаружили в желчном протоке — холедохе — довольно большой камень и настоятельно рекомендовали не откладывать операцию. Не испытывая жгучего желания немедленно ложиться под нож, пусть даже в руках талантливого хирурга, академик договорился о встрече с А. Н. Петровым и И. В. Арепьевым. И такая встреча произошла. Мы отметим только один эпизод, который, по словам самого академика, буквально потряс его. Продиагностировав ученого, И. Арепьев сказал в заключение:

— Камень я вам удалил.

— Как, удалил?

— Я его раздробил в песок. Можете сделать УЗИ немедленно.

Что и было сделано академиком незамедлительно, буквально после выхода из Центра. Благо такие возможности в Москве есть чуть ли не на каждом углу, в частности, на некоторых станциях метро. Врач долго пытался понять, почему посетитель так настойчиво ищет в холедохе камень, которого нет. И с чего он вообще придумал себе какой-то камень? Вернувшись в Петербург, академик А. С. прошел ультразвуковое исследование у того же самого врача, который две недели назад настаивал на операции. И вот заключение от 7 июля 2003 года за подписью врача городской больницы № 31: «В просвете холедоха конкрементов не определяется». Неправда ли, впечатляет! Однако воздействие на камень — далеко не самое трудное для целителей.

Настоящие чудеса целительства в Центре «Ноосфера» совершают, воздействуя на клетки человека.

В качестве примера можно привести выдержку из стенограммы одной магнитофонной записи, сделанной во время работы с пациентками. Их две. Молодая дама, у которой после аборта возникли серьезные проблемы. У другой — киста на яичниках.

Арепьев. Сначала посмотрим клетку-лидер. Видишь, как в нее заходит жидкость через оболочку?

Петров. Да, со всех сторон. Ничто не мешает ей входить в клетку. Это физический план. Если же посмотреть на информационном плане?

Арепьев. На физическом, информационном и энергетическом одновременно. Так будет удобнее.

Петров. То, что мы видим, похоже на мини-завод, где есть свои цеха, свое производство. По шесть цехов с каждой стороны от ядра. В каждом процесс идет по восьмерке.

Арепьев. За счет давления. Импульс и давление — зашла жидкость. Ее тут же протянули по восьмерочке. Начинаются химические реакции. Жидкость как бы заряжается энергией. А энергия — это жизнь. В каждом цехе идут процессы.

Петров. Идет смешение компонентов в определенных пропорциях. А управление — из ядра. Ты видишь светящиеся нити, они как неоновые, которые идут от цехов к ядру. Ведь этого ни один электронный микроскоп не покажет. Эти светящиеся нити, они уже с энергоинформационного уровня. У них там ядро, нити ДНК, рибосомы, митохондрии. А вот эти-то процессы взаимодействия, управления, какая информация записана на ДНК, вот эти проблемы в информационной цепочке — они же на физическом плане не видны.

Арепьев. Надо в эти патологии, в эти проблемы информацию вносить на выздоровление.

Петров. Информационные цепочки очень похожи на те, которые рисуют в китайской Книге Перемен. Древние ясновидцы определили понятие информации как искажение формы пространства. Допустим, мы берем эти пунктирные линии, которые сейчас видим на нитях ДНК, как нечто разделяющее два информационных пространства. Например, Свет и Тьму. Тогда там, где наблюдается разрыв линии, идет активный процесс взаимодействия этих двух враждующих начал Вселенной. Стало быть, если Тьма продавливает в этом разрыве, то начинается патология, болезни и прочий негатив. Если Свет — то обратный процесс. Но кроме того, вот эти разрывы, это и есть воля, оставленная человеку. От того, как он пройдет участок разрыва до следующего строго фиксированного отрезка жизни, зависит, чем заполнится его будущее.

Арепьев. Точно. Вот эта линия и разделяет проявленный и непроявленный мир. И человек — поле битвы.

Петров. Причем сам он в этом сражении, как правило, не участвует. Другие дерутся, а нам шишки достаются.

Арепьев. А как он в драку полезет? С чем? Это как раз та ситуация: двое дерутся — третий не лезь.

Петров. Согласен. Не лезь, если нечем драться. А если ты умеешь заполнить разрыв информацией, то организм здоров, и болезни нет.

Арепьев. Может, потому мы раньше так долго с больными возились, что на уровне энергетическом и физическом болезнь давим, а на информационном уровне в эти вот разрывы негатив опять продавливается.

Петров. Ядро очень сильно влияет на работу микроцеха. Вот спираль — на ней информация. Давай запустим процесс деления, это нам понадобится при регенерации органов. Посмотрим, как пойдет процесс. Нам ведь сейчас тоже понадобятся клетки, чтобы исправить нарушения стенок матки. Видишь, какие рвы от хирургических инструментов остались? Скоблили. По живому своими железяками.

Арепьев. Все стенки повреждены. Рубцы кругом. Похоже, какой-то инструмент со скошенными краями прошелся. Словно рвы пропахали или траншеи. Потом здесь чего угодно дождаться можно — и миомы, и опухоли. Клетки все изуродованы, стенки разорваны, жидкость из многих клеток вытекла. Давай импульс на деление. Я буду сопровождать.

Петров. Сразу записываю информацию на это подобие перфоленты в ДНК: болезни нет и не предвидится, фаза позитивного развития организма. Теперь импульс в ядро.

Арепьев. Еще раз. Посильнее надо.

Петров. Хорошо. Еще раз.

Арепьев. В глубине ядра энергия. И еще твой импульс, как луч лазера. В ядре образуется мощное избыточное давление. Со спирали идет энергия и информация. Они выстраивают мгновенно внутри материнской клетки новую миниклетку. Эту клетку избыточным давлением выталкивает из материнской клетки. Но вот еще что интересно — из ядра активизированной клетки во все стороны лучики выстреливаются. И другие клетки, которые получили укол лучиком, тоже начинают активно делиться. Процесс теперь идет лавинообразно. Смотри, как затягиваются траншеи и рвы, что добрые люди в белых халатах оставили.

Петров. Делают, что могут. Других-то знаний у них нет. Теперь я снова пойду в клетку. Посмотрю изнутри... Такое ощущение, что из ядра какие-то шпильки с двух сторон выдвинулись. Вот от них-то во все стороны и ветвятся энергетические разряды. Это энергетический план. Теперь на физическом плане захожу в один из цехов. Внутри все тоже поделено. Слева темное. Справа светлое. Жидкость заходит в цех, делает здесь восьмерочку, и выходит электролит. Я просто подчиняюсь этому движению, перемещаюсь вместе с электролитом. Ядро. Открывается проход. Внутри какое-то светло-желтое, комковатое желе. Вот где основная энергия. Ее здесь на тысячу лет для работы клетки хватит. А почему мы тогда так мало живем? Да еще болеем при этом постоянно?

Арепьев. Потому что не умеем записывать информацию о своем здоровом благополучном существовании в разрывы этой своеобразной перфоленты, называемой ДНК.

Петров. Получается, что судьба человека отчасти предопределена. Но если он умеет записать информацию в эти вот разрывы, то он уже ни от каких предопределений не зависит.

Арепьев. С этой дамой все. Полностью затянулось. Всего за несколько минут. Через несколько дней это перейдет на энергетический план. Потом на физический. Можно делать УЗИ — ничего не обнаружат.

Мы берем историю болезни второй женщины и результат нашей предварительной диагностики. Этого достаточно, чтобы установился визуальный контакт через ясновидение.

Петров. Вижу яичники. Они темного цвета и почти не работают. На яичниках, как две грозди винограда, кисты. В левой кисте камушек желтовато-грязного цвета. Функция яичников фактически парализована.

Арепьев. Естественно. Потому ей и хотят делать операцию. Давай работать, как и в первом случае. Дадим импульс на оздоровление органов, кисты уберем с помощью избыточного давления в их ядрах.

Петров. А камень?

Арепьев. Вместе с камнем. Делай. Я опять буду отслеживать процесс.

Петров. Даю импульс. Сразу двумя лучами на два яичника.

Арепьев. Надо быстрее. Понимаешь, есть твой импульс на выздоровление, а рядом импульс заболевания. Он как бы чувствует твое воздействие и старается опередить, перебраться по информационной сети в будущее, в зону недосягаемости. И там заполнить пробел на ленте ДНК. Так вот, твой импульс мощнее, но он недостаточно расторопен. Давай повторим, но порезвее. Не надо разглядывать, что там и как. Просто быстрый, мощный импульс, в который закладываем информацию будущего. Дескать, нет в будущем никакого заболевания яичников, никакой кисты, никакого камня. Давай еще один импульс.

Петров. Как два лазерных луча, видишь?

Арепьев. Теперь замечательно. Очень хорошая концентрация. Клетки кисты рвет на части. Они просто взрываются изнутри. Клетки в самих яичниках очень активизировались. Там и плазма активна, и энергия. Событийный ряд выстроился на ленте ДНК. Держи пока свои два луча. Это как из шланга, когда водой грядку поливаешь. Там сейчас энергетический поток идет на больные органы, и вместе с ним идет жизнь. Все осветляется [29, с. 115].

Обе женщины, о которых шла речь, на следующий день сообщили в Центр, что отчетливо ощущали работу целителей. И сразу же после психофизических воздействий почувствовали себя гораздо лучше.

Вот так и работают целители. И хотя они не копают канаву от забора до обеда и не стоят много часов у операционного стола, они выматываются физически и морально ничуть не меньше, чем те и другие. И даже больше. Потому что, по нашему мнению, вносить в человеческую клетку информацию, меняющую ситуацию в организме, — это очень ответственно. Это дорогого стоит. Не говоря уж о том, что надо уметь работать с клеткой, самостоятельной единицей жизни, поскольку вне клетки нет жизни.

Если не вдаваться в тонкости строения и функционирования клетки, то при первом знакомстве с методом воздействия на нее можно удовлетвориться объяснением академика И. И. Юзвишина.

В своей книге «Основы информациологии» академик И. И. Юзвишин пишет: «Поскольку каждый организм человека — это маленькая вселенная, то в нем живут тысячи или миллионы живых существ. В нем происходят процессы и технологии, аналогичные тем, которые имеют место во Вселенной, — извержения вулканов, дожди, завтраки, обеды, ужины, день, ночь, холод, жара, тишина, шум, рождение, уничтожение и т. д.» [92, с. 207]. А это значит, что и мини-заводы, и цеха, и производства (в интерпретации Петрова и Арепьева) тоже есть.

Как установлено наукой, каждый орган человека — это информационно-биоэнергетическая система. Кроме того, в организме имеются информационно-функциональные (инфраструктурные) системы (нервная, эндокринная, иммунная и т. д.). Академик И. И. Юзвишин утверждает, что «само состояние информационно-биоэнергетической системы *немыслимо без информации*, то есть без внутрисистемных отношений между собой элементарных частиц, атомов, молекул и клеток. То есть *только отношения (информация) в форме взаимосвязей, взаимосцеплений и взаимодействий могут быть основой любой системы в виде молекул, клеток, органов и т. д.*» [92, с. 251].

Если такие информационные системы рассматривать как биоэнергетические системы, например, в форме клетки или какого-либо органа любого организма, то целесообразно обратиться к физике, в частности, электротехнике.

Действительно, каждая клетка, орган или часть ткани за счет своей информационной структуры обладают сопротивлением, индуктивностью и емкостью, взаимодействующими между собой за счет, в первую очередь, внутренней информации (возможно, в форме стоячих волн генетического происхождения) и, во-вторых, взаимодействующими с внешним информационным полем. Следовательно, можно сказать, что каждая клетка или орган — это электрическая схема, а точнее, колебательный контур, состоящий из активной составляющей — активного сопротивления и реактивной составляющей — реактивного сопротивления в форме индуктивности и емкости.

Очевидно, что организм любого живого существа (словно радиоприемник, телевизор или ЭВМ) сплошь состоит из микро- и макроколебательных контуров (биоэлектрических схем), которые генетически настроены каждый на строго определенную частоту и обеспечивают в общем соответствующую частоту организма в целом.

Процесс обеспечения происходит за счет того, что каждый колебательный контур генерирует информационные импульсы от 10^{-100} до 60—70 Гц, которые (по законам электромагнетизма) возбуждают биоэлектрический ток в других биоконтурах. Создается равновесная самонастраивающаяся (автоколебательная) система всего организма, как информационно-биоэлектрическая система с определенной частотой, получающая возмущения (информацию) из внешней среды.

Следует отметить, что на Земле нет людей, частоты которых были бы одинаковыми, — у всех этот показатель разный. На этой основе и проявляется возможность некоторых людей, имеющих более высокую собственную частоту, воздействовать на других с меньшей авточастотой.

Таким образом, *«производя частотные вмешательства в тот или иной орган или на весь организм, можно корректировать информационно-функциональную деятельность соответствующего органа, обеспечивая его выздоровление»* [92, с. 253].

Такое вмешательство возможно с помощью технических приспособлений (электрических, магнитных, электромагнитных), биостимуляторов, биогенераторов и т. д., построенных на описанных выше принципах.

Следует иметь в виду, что любое техническое приспособление, любой биостимулятор хорош только в критической ситуации (во время болезни), когда организму нужно чуть-чуть помочь, дать толчок, импульс, после чего он сам должен привести свою информационную систему в равновесное (установившееся, стационарное) состояние, то есть должен сам в дальнейшем справиться с болезнью.

Хорошим примером генератора, корректирующего информационную структуру человека, может служить матричный аппликатор «Айрес», о котором мы писали в книге «Начало начал» [9, с. 266].

Кроме искусственных, в природе существуют и другие естественные генераторы. Это люди, животные, растения и собственный организм человека. Причем поля перечисленных источников могут действовать на людей как положительно, так и отрицательно. Звуки, зрительные образы, собственные мыслеформы и различные мыслительные конструкции пронизывают все клетки собственного организма. Поэтому нормальное состояние каждого человека должно поддерживаться, кроме правильного образа жизни, добрыми мыслями и желаниями.

Но так рассуждают физики. А как относятся к этому медики?

Да ведь биоэнергоинформационная медицина уже использует такой подход к лечению заболеваний. Так, профессор из США, доктор медицины Ричард Гербер в своей книге «Вибрационная медицина» пишет: «Теоретический подход вибрационной медицины основан на понимании того, что молекулы, из которых построены клетки физического тела, на самом деле являются сложной сетью взаимодействующих между собой энергетических полей. Эта энергетическая сеть управляется и подпитывается тонкоэнергетическими уровнями, согласующими взаимодействие жизненной силы и клеток физического тела. Существует иерархия тонких энергетических полей, которые координируют электрофизиологию, гормональные функции, а также жизнедеятельность клеток организма. В основном именно эти поля обусловливают как здоровье, так и возникновение заболеваний. Огромное влияние на эти уникальные энергетические системы оказывают наши эмоции, нарушение душевного равновесия, а также такие факторы, как питание и состояние окружающей среды. Перечисленные причины могут положительно или отрицательно воздействовать на рост клеток» [27, с. 41].

Здесь стоит отметить, что, скорее всего, под «тонкоэнергетическими уровнями, управляющими энергетической сетью», следует понимать информационные уровни. Американский ученый в своей книге, к сожалению, практически не использует понятие «информация».

Как между людьми, так и между клетками его физического тела происходит непрерывный информационный обмен. Такой же обмен информацией происходит между людьми, с одной стороны, и животными, растениями, предметами, вещами, продуктами и т. п. — с другой. Совпадение или несовпадение внутренних и внешних информационных полей людей — основа их совместимости или несовместимости. Поля предметов, вещей, растений могут положительно или отрицательно влиять на информационные поля (биополя) людей, подпитывая их оздоровительной энергией и одновременно отнимая у них скопившуюся отрицательную энергию.

При первой встрече многие люди на внутреннем информационном уровне ощущают совместимость или несовместимость, любовь или неприязнь между собой. При информационной совместимости они подпитывают друг друга положительной энергией, что обеспечивает гармоничное единство их желаний и целей. При несовместимости в любом человеческом объединении царят разлад и дискомфорт отношений. Вот так же в гармонии и единстве функционирует и здоровое физическое тело человека. Информационный разлад между клетками приводит к информационному сбою в организме, что и является причиной болезни.

Целители А. Петров и И. Арепьев работают и с энергией, и с информацией. В приведенной выше магнитофонной записи работы с двумя пациентками четко просматривается необходимость быстрого заполнения пробела на ленте ДНК информацией здоровья. В своей книге «Спаси мир в себе» академик Петров отмечает следующее.

Каждый человек имеет в планетарной тонкоматериальной структуре свою *точку архивации*, куда собирается информация о всех прожитых им жизнях, воспоминаниях, событиях, переживаниях. Как утверждает эзотерика, вся эта информация действительно накапливается в каузальном теле.

Импульс на выздоровление, введенный в точку архивации, немедленно приведет в движение механизм энергоинформационных преобразований, соответствующих задаче, которые затем переместятся на уровень физического тела человека.

Когда целители производят сканирование больного органа своим биоизлучением (совершенно безвредным для пациента, поскольку оно имеет ту же природу, что и весь организм в целом), то они как бы настораживают болезнь. У нее, у болезни, есть собственное сознание, интеллект и инстинкт самосохранения. Поэтому она моментально приходит в возбужденное состояние. И в случае перехода к активным воздействиям на нее информационная структура болезни пытается спрятаться в то же самое место, куда целители стремятся перенести информацию о процедуре выздоровления, то есть именно в точку архивации конкретного человека. Расчет простой: переждав неблагоприятный для себя период, информация заболевания снова вернется в организм и продолжит разрушительную работу. Чтобы опередить информацию болезни, нужно информацию здоровья вводить в точку архивации со сверхсветовой скоростью (именно такая скорость требуется для передачи импульса). На это способна пока только мысль человека.

Мы с вами уже знаем, что основная причина заболеваний — полевые деформации, несоответствие частотных характеристик биоструктур человека характеристикам информационного поля Земли и Вселенной. Как пишет А. Н. Петров: «Каждый отрицательный поступок или, наоборот, хороший, любая мысль, эмоция образуют на границе информационно-энергетических структур некие грыжеподобные выпячивания. (Вспомните картину, описываемую целителями при работе с пациентками. — *Прим. авт.*). То есть отрицательная или положительная информация как бы продавливается в ту или иную сторону. В тех разрывах, кстати, заранее запрограммированных, записывается самим человеком его волеизъявление».

Если считать, что жизнь моя неудача, у меня все болит, меня никто не любит, все только думают, как бы мне навредить, то так все и будет. Нужно смотреть на свою жизнь не как на унылое тягостное существование, а как на праздник, поскольку жизнь есть подарок Бога. Психика, характер, мысли, умение адекватно реагировать на происходящее — все это элементы кодировки судьбы человека. Чувства любви или ненависти, обиды и зависти, мысли хорошие и плохие — все это инструмент, с помощью которого заполняются информационные лакуны в перфоленте существования человека. Заполнять их нужно хорошим. А это можно делать с помощью сознания, конечно, если об этом знаешь.

В подтверждение таких подходов к лечению людей уместно вспомнить об удивительной статье Валентина Смаги «„Церпан" лечил рак», напечатанной в газете «Московский комсомолец». Она была перепечатана Николаевской газетой «Южная правда», которая и попала к нам в руки. Суть этой статьи в следующем.

В конце 70-х годов выдающийся советский авиаконструктор Олег Константинович Антонов тяжело заболел. Хирурги отказались оперировать злокачественное новообразование. Отчаявшиеся родственники обратились к целителю Анатолию Александровичу Беридзе-Стаховскому, который попросил у Антонова официальный диагноз, фотографии, сведения о датах рождения всех его родственников и множество других данных. Потом он принес авиаконструктору металлический цилиндр, состоящий из двух половинок, вставляющихся друг в друга. Лечение сводилось к тому, что раз в неделю в строго определенное время нужно было цилиндр разъединять и всего на одну секунду вставлять в проем кисть.

Через семь секунд такого вот лечения (в течение 7 недель, 49 дней) рентген не обнаружил у О. К. Антонова злокачественного новообразования. Знаменитый авиаконструктор прожил еще много лет и умер совсем от другой болезни. В благодарность он оказал огромную поддержку Беридзе-Стаховскому.

В экспериментальном цехе знаменитого антоновского завода лучшие мастера часто делали для него приборы из самых прочных сталей, в том числе и уникальный биогенератор «Церпан», а целителя привлекли к лечению исключительно киевской и московской партийно-хозяйственной элиты.

Всего по подсчетам учеников и последователей Беридзе было изготовлено свыше 100 биогенераторов, основная часть которых оказалась утерянной. Предполагают, что примерно 50 биогенераторов оказались в семьях высокопоставленных больных, которых лечил Беридзе в Киеве, Москве и Санкт-Петербурге, и в многочисленных закрытых институтах, куда они отправлялись для различных исследований. Около 30 «Церпанов» вместе со всеми научными работами изобретателя были похищены из его квартиры сразу же после его загадочной гибели.

Сам Анатолий Александрович всегда предостерегал больных от несанкционированного вскрытия биогенератора, говоря, что это может привести к слепоте, параличу, даже немедленной смерти.

Об ощущениях человека, самовольно вскрывшего «Церпан», рассказывает кандидат биологических наук Тамила Решетникова:

«Я занималась проблемой выведения морозостойкой озимой пшеницы. Беридзе дал мне для опытов „Церпан". Выяснилось, что облучение семян лучами биогенератора сильно стимулирует развитие растений. Но было не ясно, почему это происходит. И я из чисто научного любопытства решила попробовать действие „Церпана" на себе. После секундного облучения я спокойно легла спать. И проснулась от дикой боли. Я решила, что умираю, и, позабыв свое атеистическое мировоззрение, стала молиться Богу. Испытывая сильные мучения, я вдруг увидела, как в цветном мультфильме, живую клетку со всеми ее органоидами, сильно вибрирующие молекулы в виде разветвленных нитей и догадалась, что энергию, исходящую из биогенератора, можно зафиксировать методом ядерного магнитного резонанса.

Вскоре мне стало легче, я заснула, а через день в закрытом институте, где я тогда работала, на приборе „Миниспек Р-20" провела классический опыт и зафиксировала энергию, исходящую из „Церпана". Беридзе очень обрадовался результатам опыта, поскольку он не мог никому доказать, что из „Церпана" исходит энергия. Ни один прибор ее не регистрировал».

Однако он сильно беспокоился за здоровье Тамилы. Она же рассказала, что Беридзе неоднократно писал в Москву обращения с просьбой создать правительственную комиссию, которой он бы мог раскрыть свою тайну. Он боялся, что в преступных руках биогенератор может стать оружием пострашнее атомной бомбы. Однако ответа так и не получил.

Ученик Беридзе Александр Васильевич Мухин, кинооператор, член Союза кинематографистов, так объясняет принцип действия биогенератора «Церпан»: «Существует Теория единого поля. Существует Теория управления. Существует представление о мыслеформе как об элементарной частице единой биоэнергоинформационной Вселенной. Представьте себе, что есть целитель, который формулирует мыслеформу, заключает ее в оболочку и помещает возле нужного ему человека для того, чтобы в Событии под названием жизнь пациента такая деталь, как болезнь, не случилась. Кстати, „Церпан" и означает „управляющий событиями"».

Уж не по такому ли принципу лечат человека в установках, созданных во ВНИИ «Бинар»? К сожалению, это можно только предположить, так как информация о принципе их действия не публикуется.

Не правда ли, есть общий подход к целительству с помощью «Церпана» и с помощью феноменальных способностей целителей Центра «Ноосфера»?

Есть целитель, который формулирует мыслеформу, наделяет ее информацией здоровья, заключает в оболочку и помещает ее в точку архивации конкретного человека, чтобы в его жизни такое событие, как болезнь, не произошло. Чем тебе не «Церпан»? Оказывается, есть (был) такой прибор, который «умеет» лечить рак.

Невозможно передать сожаление и боль от того, что некоторые ученые слишком часто остаются абсолютно равнодушными к необычным открытиям. Может быть, разумнее затратить деньги на «ненужные» с точки зрения ортодоксов исследования, чем «выплеснуть с мыльной водой ребенка на помойку». Сколько же поразительных разработок прошло мимо равнодушных ученых, которые окопались в своем «окопе», обложились подушками и заботятся единственно о том, чтобы сохранить свои привилегии и свое имя. И главное, ученые-ортодоксы не просто равнодушны к новым знаниям, они интенсивно препятствуют их развитию. Как писал Циолковский: «Постоянно отвергаются старые гипотезы и совершенствуется наука. И всегда этому более всего препятствуют ученые, потому что они от этой переделки более всего теряют и страдают».

Это именно о них сказал Николай Гумилев: «Как пес, он должен защищать годами созданное имя». Неужели не понимают будущие лысенки, что потомки разберутся во всех их хитростях и подлостях (а может быть, глупостях) в борьбе с лженаукой, расставят все по своим местам, воздав всем должное. Потрясает, когда ученые, достигнув преклонных лет, продолжают «рвать на груди рубашку», с пеной у рта доказывая, что Бога нет. Пора бы подумать о душе! Но не дано!

«Горе вам, книжники и фарисеи, лицемеры, что затворяете царство небесное человекам; ибо сами не входите и хотящих войти не допускаете» [Матф., 23, 13].

Ну что же! Нам остается только вспомнить Омара Хайяма:

Если вдруг снизошла на тебя благодать,
Можешь все, что имеешь, за правду отдать.
Но, святой человек, не испытывай гнева
На того, кто за правду не хочет страдать!

Гнева нет, есть сожаление! Какое великое счастье, что есть такое явление в России, как Г. П. Грабовой, — последняя инстанция перед встречей с Богом, и его ученики и сподвижники, такие как А. Н. Петров и И. В. Арепьев. И какое счастье, что существуют ученые, которые могут «все, что имеют, за правду отдать». Ведь именно благодаря им, их беззаветному труду мы все обязаны теми знаниями, которые они добыли, продираясь через улюлюкающую толпу «собратьев»-ортодоксов, через тернии к звездам, к Богу!

По поводу информационного двойника академик Г. П. Грабовой пишет: «*Существует информационный центр че-*

ловека... Я соотношу информацию, соответствующую понятию такого центра, с информацией микро- и макросреды на клеточном уровне» [47, с. 13]. То есть информация микро- и макросреды на клеточном уровне и представляет собой того самого информационного двойника (точку архивации), о котором пишет А. Н. Петров.

Далее в книге академика Грабового говорится: «Существует информационный фон, информационный логический двойник неявного плана (скрытый), который определяет реальность события в прошлом, настоящем и будущем. В настоящем — это система перекрестных областей вокруг анатомического тела. В будущем — это информационные структуры горизонтального плана, в прошлом — вертикального. При пересечении они могут давать определенные параллелепипедальные зоны. Они могут иметь деформационные изменения. Например, соответственно диагнозу или какой-то социальной, финансовой ситуации в жизни, которую необходимо уравновесить или оптимизировать. *Чтобы оптимизировать, необходимо выйти на скорость мышления большей характеристики, большей частоты»* [47, с. 31].

Г. П. Грабовой в своих книгах дает систему концентрации внимания, занятия по которой позволяют выйти на «большие по интенсивности зоны мышления». «Технология спасения», разработанная академиком Грабовым, передаваема и прекрасно используется его учениками и последователями. Учение Грабового «О спасении и гармоничном развитии» официально утверждено в уставных документах ЮНЕСКО [10, с. 313].

Стоит отметить, что подобную точку зрения на существование информационного центра человека подтверждают исследования академика Ю. А. Фомина, разработавшего понятие о комплексе ИРС-БС (информационно-распрядительная система — биологическая система) [77, с. 43].

В первой главе книги мы писали о том, что, с точки зрения академика Ю. А. Фомина, биологическая система (физическое тело) — это видимая оболочка, скрывающая более сложную и невидимую нами информационно-распорядительную структуру (ИРС) — независимое первичное образование. Причем основой комплекса ИРС-БС является механизм накопления и хранения программ и информации и механизм реализации программ.

В работах академиков Грабового и Фомина, в сущности, речь идет об энергополевой структуре, содержащей информационную программу развития организма, о чем как об экспериментально доказанном факте докладывал на Международной конференции в 1999 году в Москве академик МАИСУ, доктор биологических наук С. И. Репьев [93, с. 10]. Эта информационная программа по фрактально-голографическому принципу содержится в хромосомном аппарате на полевом уровне.

Итак, человек, являясь дитем природы, рожденным фактически между Землей и Космосом, отражает в своем организме информационно-полевую сущность Вселенной. Человек — это фрактал Вселенной и на уровне каждой клетки, и на уровне всего организма, и на уровне социума.

Организм человека — не изолированный объект, как считает ортодоксальная медицина, а часть глобальной фрактальной конструкции — общего поля Вселенной. Оба эти объекта всецело зависят друг от друга. Действительно, если в пространстве существует всего одна точка, она может проявлять себя как угодно. Если этих точек столько же, сколько биологических клеток в организме, без четкой схемы взаимодействия они существовать не могут. Каждая клетка вырабатывает определенные информационные сигналы, которые стопроцентно влияют на ее окружение. При таком подходе организм — это непрерывный поток воспринимаемой и передаваемой информации.

Если стабильность объектов нарушается, то одни из них резко увеличивают активность, другие, наоборот, оказываются вне игры. Идет перегрузка тех или иных отделов организма, что в конце концов приводит к стойкому нарушению их функций и к болезни. Стоит повторить еще раз: истинное здоровье — это не отсутствие внешних проявлений болезни, а состояние внутреннего благополучия, когда структура организма бесконфликтна.

Так, например, специалисты Центра Айрес считают, что для излечения организма нужно восстанавливать базовую информационную матрицу, в противном случае деформированная схема взаимодействий приведет к тому, что вновь и вновь будут разворачиваться и выходить на поверхность программные деформации, проявляющиеся в виде болезни. Это именно то, о чем говорит Арепьев во время работы с пациенткой.

Давайте вспомним: «*Арепьев*. Может, потому мы раньше так долго с больными возились, что на уровне энергетическом и физическом болезнь давим, а на информационном уровне в эти вот разрывы негатив опять продавливается?»

И если специалисты Центра Айрес для коррекции информационной структуры человека используют аппликатор «Айрес», то Петров и Арепьев используют методологию Грабового и свои феноменальные способности.

Эта методология лечения в умелых руках позволяет делать то, чего не могут сделать никакие аппликаторы, никакие генераторы. Но чтобы ознакомиться с этими методами нужно, прежде всего, ознакомиться подробнее с клеткой.

НЕМНОГО О КЛЕТКЕ

Нужно сказать, что наука о клетке, которая называется цитологией, — сравнительно молодая биологическая наука, ей около 100 лет, хотя возраст термина «клетка» свыше 300 лет. Впервые это название применил в середине XVII века Роберт Гук. Рассматривая тонкий срез пробки с помощью сконструированного им микроскопа, Гук увидел, что пробка состоит из ячеек, которые он назвал клетками. В 1838 году уже на основе многочисленных сведений о клетке Теодор Шванн сформулировал клеточную теорию [25, с. 1519]. Он внес в науку правильное понимание клетки как самостоятельной единицы жизни, наименьшей единицы живого.

Клеточная теория включает в себя следующие положения:

- клетка — основная единица строения и развития всех живых организмов, наименьшая единица живого, вне клетки нет жизни;
- клетки всех одноклеточных и многоклеточных организмов сходны по своему строению (гомологичны), химическому составу, обмену веществ и основным проявлениям жизнедеятельности;

• размножение клеток происходит путем их деления, и каждая новая клетка образуется в результате деления исходной (материнской) клетки;

• в сложных многоклеточных организмах клетки специализируются по выполняемой ими функции и образуют ткани; из тканей состоят органы, которые тесно связаны между собой и подчинены нервным и гуморальным системам регуляции.

Большое значение имеют исследования клетки для разгадки заболеваний, потому что именно в клетках начинают развиваться патологические изменения, приводящие к возникновению различных заболеваний.

Клетка — элементарная живая система, основа строения и жизнедеятельности всех животных и растений [25, с. 595].

Следует отметить, что термин «элементарная» ни в коей мере не означает «простейшая». Наоборот, клетка — уникальное фрактальное творение Бога, поражающее своей сложностью и в то же время исключительной слаженностью работы всех ее элементов. «Клетка — это особая материя Вселенной, особая материя Космоса» [95, с. 179]. И хотя количество и разнообразие клеток в организме человека потрясает (около 70 триллионов), все они самоподобны, как самоподобны и все процессы, происходящие в клетках. И даже по своему химическому составу клетки животных и растительных организмов сходны. Действительно, фрактальность мироздания проявляется и в большом, и в малом.

В микроскопической клетке содержится несколько тысяч веществ, которые участвуют в разнообразных химических реакциях. Химические процессы являются одним из основных условий ее жизни, развития, функционирования. Причем в клетках обнаружено значительное большинство элементов, содержащихся в периодической таблице Менделеева. Одни элементы содержатся в клетках в относительно большом количестве (почти 98 процентов содержимого клетки составляют кислород, углерод, азот и водород), а другие — в малом (1,9 процента составляют сера, фосфор, калий, магний, натрий, кальций, железо, хлор). Все остальные элементы содержатся в клетках в исключительно малых количествах (меньше 0,01 процента). Таким образом, в клетках нет каких-нибудь особенных элементов, характерных только для живой природы. На атомном уровне различий между химическим составом органического и неорганического мира нет.

Различия обнаруживаются на более высоком уровне — молекулярном. В живых телах наряду с неорганическими веществами и водой находятся еще белки, углеводы, жиры, нуклеиновые кислоты, АТФ и другие низкомолекулярные органические соединения.

Почти 80 процентов массы клетки составляет вода. Она определяет физические свойства клетки: ее объем, упругость. Велико значение воды в образовании структуры молекул органических вещества, в частности, структуры белков. Велико значение воды и как растворителя: многие вещества поступают в клетку из внешней среды в водном растворе, и в водном же растворе отработанные продукты выводятся из клетки. И, конечно, исключительно огромно значение воды как хранителя и носителя информации. Ведь именно благодаря этой способности вода участвует и в образовании структуры молекул органических веществ, и служит растворителем, и передает информацию, в том числе целительную, клеткам.

Еще 15 лет назад японские ученые впервые обнаружили, что клетки ребенка содержат «необычную», особую воду. Микроскоп с 20-тысячным увеличением показал, что эта вода имеет кластерную структуру. Как утверждает доктор биологических наук С. Зенин, вода благодаря такой структуре является информационной матрицей для управления биохимическими процессами. На первом уровне в каждой ячейке воды ученые обнаружили 44 тысячи информационных панелей. В каждой ячейке памяти воды заложена информация не только о прошлом, но и о будущем.

Французский иммунолог Ж. Бенвенисте, работая в созданной им лаборатории, получил удивительные результаты по передаче специфической биологической информации чистой воде. Информация запоминалась образцом воды, а затем вызывала ответ в биологической тест-системе без прямого контакта с ней. Впервые эти эксперименты начались в 1992 году. Из опытов Бенвенисте следует, что вся биологическая информация лежит в звуковом диапазоне частот, и при этом неважно, какова частота несущей волны [43, с. 176].

Особую роль звукового диапазона частот и воздействия на самые разные биологические объекты обнаружили еще несколько десятилетий тому назад ленинградские физиологи под руководством Д. Н. Насонова. В соответствии с их выводами реакция живой клетки на любое специфическое или неспецифическое раздражение включает глобальную перестройку состояния ее цитоплазмы.

Таким образом, данные Насонова и Бенвенисте говорят, что биологический объект независимо от его природы воспринимает колебания в диапазоне их звуковой частоты. Эти объекты объединяет то, что все они — водные системы. Напрашивается мысль, что первичная «мишень», с которой взаимодействуют колебания звуковой частоты, — это вода, являющаяся основным химическим веществом в составе организма.

В настоящее время доказано, что вода живой и мертвой клетки неодинакова. Более того, американские ученые установили, что клетка здорового органа окружена структурированной (живой) водой, а больного органа — неструктурированной (мертвой) водой.

Вообще, по данным многих авторов, от 3/4 до 2/3 клеточная вода малоподвижная, структурированная. Остальная ее часть обладает той же подвижностью, что «обычная», неструктурированная вода. Причем на структуризацию воды организм тратит свои энергетические ресурсы.

Огромную роль в биологической жизни играют белки. В клетке содержатся несколько тысяч белков, присущих только данному виду клетки (исключение составляют стволовые клетки). Способность синтезировать именно свои белки передается по наследству от клетки к клетке и сохраняется в течение всей жизни. В процессе жизнедеятельности клетки белки постепенно изменяют свою структуру, их функция нарушается. Эти отработавшие белки удаляются из клетки и заменяются новыми, благодаря чему жизнедеятельность клетки сохраняется.

Отметим, прежде всего, строительную функцию белков, ибо именно они являются тем строительным материалом, из которого состоят мембраны клеток и клеточных органоидов, стенки кровеносных сосудов, сухожилия, хрящи и т. д. В результате химических реакций, происходящих в клетке с огромными скоростями за счет действия катализаторов (или ферментов, которые по химической природе тоже белки), осуществляется и регулируется обмен веществ в организме. Каждый вид ферментов катализирует превращение определенных веществ, поэтому многочисленные биохимические реакции в клетках осуществляют огромное число различных ферментов [25, с. 1418]. Катализаторы — вещества, изменяющие скорость протекания химических реакций. Биологические катализаторы — ферменты [25, с. 564].

Чрезвычайно интересна сигнальная функция белков. Оказывается, в поверхностную мембрану клетки встроены молекулы белков, которые способны изменять свою третичную структуру под действием внешних факторов. Белкам присуща также двигательная функция. Все виды движения, к которым способны клетки, например, сокращение мышц, выполняют особые сократительные белки. Белки выполняют также транспортную функцию. Они способны присоединять различные вещества и переносить их из одного места клетки в другое. Например, белок крови гемоглобин присоединяет кислород и разносит его ко всем тканям и органам тела.

Кроме того, белкам присуща и защитная функция. При введении чужеродных белков или клеток в организм в нем происходит выработка особых белков, которые связывают и обезвреживают чужеродные клетки и вещества. Ну и, наконец, энергетическая функция белков заключается в том, что при полном расщеплении 1 г белка освобождается энергия в количестве 17,6 кДж.

Жизнь клетки включает в себя два периода: деление, в результате которого образуются две дочерние клетки, и период между делениями, который называется интерфазой. Клетка состоит из трех неразрывно связанных между собой частей: оболочки, цитоплазмы и ядра (рис. 23), причем строение и функция ядра в разные периоды жизни клетки различны.

Оболочка клетки осуществляет непосредственное взаимодействие с внешней средой и взаимодействие с соседними клетками. Она состоит из наружного слоя и расположенной под ним плазматической мембраны. Поверхностный слой животных клеток называется гликокалис. Он осуществляет связь клеток с внешней средой и со всеми окружающими ее веществами. Толщина его — менее 1 мкм.

Под гликокалисом и клеточной стенкой расположена плазматическая мембрана (от *лат.* membrana — кожица, пленка), граничащая непосредственно с цитоплазмой. Поскольку она имеет толщину всего около 10 нм, то изучение ее возможно только с помощью электронного микроскопа. Нано-приставка для образования наименования дольных единиц, равных одной миллиардной доле исходных единиц [25, с. 868]. Эта мембрана образует барьер, который отделяет внутреннее содержимое клетки от внешней среды. Между клетками и внешней средой постоянно происходит обмен веществ. Из внешней среды в клетку поступают вода, разнообразные соли в форме отдельных ионов, неорганические и органические молекулы. Во внешнюю среду через мембрану из клетки выводятся продукты обмена, а также

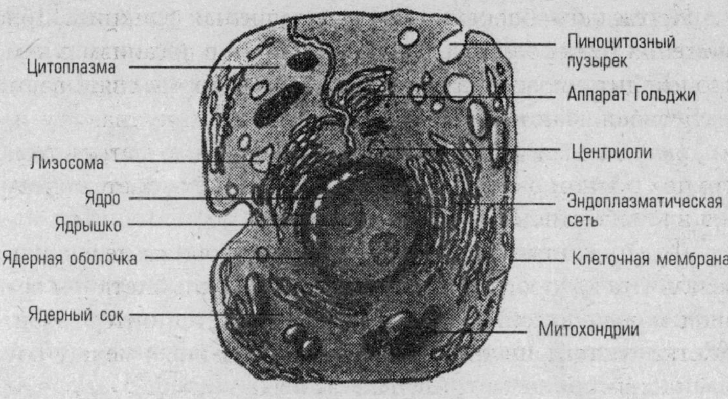

ПО ДАННЫМ ЭЛЕКТРОННОГО МИКРОСКОПА

ЖИВОТНАЯ КЛЕТКА

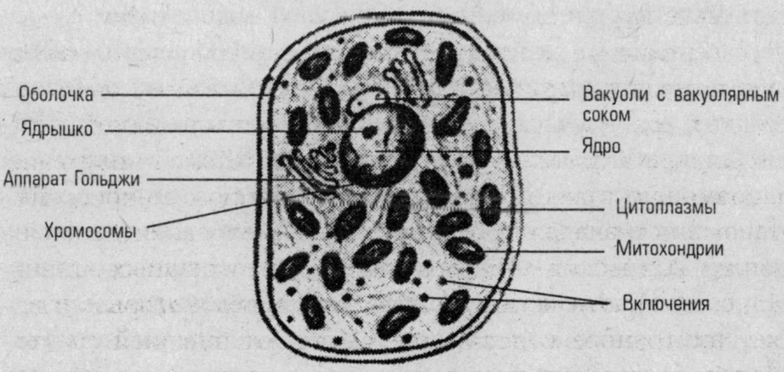

ПО ДАННЫМ СВЕТОВОГО МИКРОСКОПА

Рис. 23. Схема строения животной клетки

вещества, синтезированные в клетке: белки, углеводы, гормоны, которые вырабатываются в клетках различных желез. Транспорт веществ — одна из главных функций плазматической мембраны.

Цитоплазма [25, с. 1489] — внутренняя полужидкая среда, в которой протекают основные процессы обмена веществ. Последние исследования показали, что цитоплазма — это не некий раствор, компоненты которого взаимодействуют друг с другом при случайных столкновениях. Ее можно сравнить с желе, которое начинает «дрожать» в ответ на внешнее воздействие [43, с. 177]. Именно так цитоплазма воспринимает и передает информацию.

В цитоплазме располагаются ядро и различные органоиды, объединяемые ею в одно целое, что обеспечивает их взаимодействие и деятельность клетки как единой целостной системы. Ядро располагается в центральной части цитоплазмы. Вся внутренняя зона цитоплазмы заполнена эндоплазматической сетью, которая представляет собой клеточный органоид: система канальцев, пузырьков и «цистерн», отграниченных мембранами. Эндоплазматическая сеть участвует в обменных процессах, обеспечивая транспорт веществ из окружающей среды в цитоплазму и между отдельными внутриклеточными структурами, но основная ее функция — участие в синтезе белка, который осуществляется в рибосомах — микроскопических тельцах округлой формы диаметром 15–20 нм [25, с. 1564]. Синтезированные белки сначала накапливаются в каналах и полостях эндоплазматической сети, а затем транспортируются к органоидам и участкам клетки, где они потребляются.

Кроме белков, в цитоплазме содержатся также митохондрии, мелкие тельца размером 0,2–7 мкм, которые называют «силовыми станциями» клеток. В митохондриях протекают окислительно-восстановительные реакции, обеспечивающие клетки энергией. Число митохондрий в одной клетке — от единиц до нескольких тысяч [25, с. 822].

Ядро — жизненная часть клетки, управляет синтезом белков и через них — всеми физиологическими процессами в клетке. В ядре неделящейся клетки различают ядерную оболочку, ядерный сок, ядрышко и хромосомы. Через ядерную оболочку осуществляется непрерывный обмен веществ между ядром и цитоплазмой. Под ядерной оболочкой — ядерный сок (полужидкое вещество), в котором находятся ядрышко и хромосомы. Ядрышко — плотное округлое тельце, размеры которого могут изменяться в широких пределах: от 1 до 10 мкм и больше. Оно состоит в основном из рибонуклеопротеидов, участвует в образовании рибосом. Обычно в клетке 1—3 ядрышка, иногда — до нескольких сотен [25, с. 1586].

В состав ядрышка входят РНК и белок. РНК (рибонуклеиновые кислоты) — высокомолекулярные органические соединения, образованы нуклеотидами. Нуклеотиды — это химические соединения остатков трех веществ: азотистого основания, углевода (рибозы или дезоксирибозы) и остатка фосфорной кислоты [25, с. 914]. В клетках РНК участвуют в реализации генетической информации.

Хромосомы — важнейшая составная часть ядра. В неделящихся ядрах хромосомы имеют форму тончайших нитей, каждая из которых представляет одну молекулу ДНК в соединении с белком. Эти нити могут иметь длину свыше 1 см. Нитевидные хромосомы неделящихся ядер располагаются в ядерном соке и переплетаются между собой. С помощью электронного микроскопа удается увидеть сильно вытянутые в длину нитевидные хромосомы. Роль хранителя наследственной информации у всех клеток принадлежит ДНК.

ДНК (дезоксирибонуклеиновая кислота) — это высокополимерное природное соединение, содержащееся в ядрах клеток, которое вместе с белками образует вещество хромосом. Молекула ДНК представляет собой две спирально закрученные одна вокруг другой нити (рис. 24).

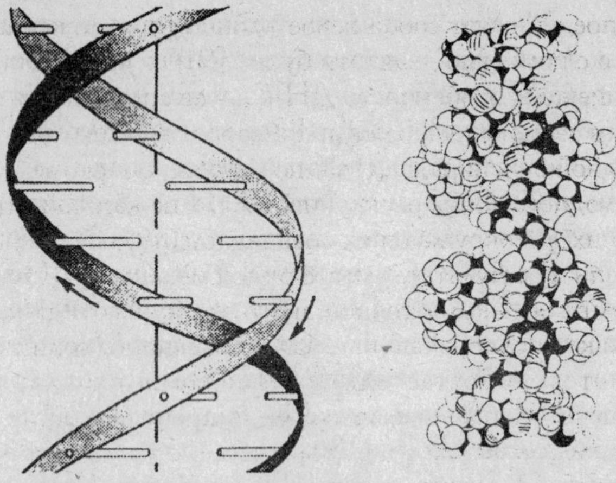

Рис. 24. Схема строения ДНК (двойная спираль)

За открытие двойной спирали ДНК, несущей наследственную информацию, в 1962 году Уотсон и Крик получили Нобелевскую премию. Ширина такой двойной спирали невелика, около 2 нм. Длина же ее в десятки тысяч раз больше — она достигает сотен тысяч нанометров. А самые крупные белковые молекулы в развернутом виде достигают в длину не более 100–200 нм. Поэтому вдоль молекулы ДНК можно уложить одну за другой тысячи белковых молекул. Таким образом, ДНК представляет собой цепь из последовательно расположенных нуклеотидов, а белок — цепь из последовательно расположенных аминокислот (как бусинки на нитях). Определенные сочетания последовательно расположенных нуклеотидов соответствуют определенным аминокислотам в молекуле белка. ДНК всего органического мира образованы соединением четырех видов нуклеотидов и 20 видов аминокислот. Следовательно, каждой аминокислоте соответствует сочетание из нескольких нуклеотидов. Как образно выразился открыватель генетического кода Ф. Крик, «белок представляет собой некое длинное предложение, записанное с помощью двадцати букв» [91, с. 150].

Важнейшая особенность ДНК — ее способность к удвоению в период интерфазы. Незадолго перед делением клетки двойная спираль ДНК под влиянием фермента начинает с одного конца раскручиваться, и на каждой цепи из находящихся в окружающей среде нуклеотидов собирается новая цепь. В результате вместо одной молекулы ДНК возникают две молекулы точно такого же нуклеотидного состава, как и первоначальная. Следовательно, если до начала синтеза в состав одной хромосомы входила одна молекула ДНК, то после завершения синтеза в состав каждой хромосомы входят две совершенно одинаковые молекулы ДНК. Продолжительность синтеза у разных видов животных и растений различна. Например, в клетках млекопитающих этот процесс продолжается 6—10 часов, и за это время каждая молекула ДНК строит себе подобную вторую молекулу.

Основная роль в определении структуры синтезируемого белка принадлежит ДНК. В молекуле нитевидной ДНК заключена информация о первичной структуре белков данной клетки. *Отрезок молекулы, содержащей информацию о первичной структуре определенного белка, называется геном*, или *ген — это единица наследственного материала, ответственная за формирование какого-либо элементарного признака* [25, с. 290]. То есть молекула ДНК по длине представляет собой набор генов, количество которых достигает нескольких сотен.

Чтобы понять, каким образом в ДНК запрограммирована первичная структура белка, стоит вспомнить азбуку Морзе, по которой все буквы алфавита, знаки препинания и цифры обозначаются комбинациями коротких (точка) и длинных (тире) сигналов. Такое собрание условных знаков называется кодом или шифром. Оказывается, существует и код ДНК.

Вспомним, что ДНК представляет собой цепь из последовательно расположенных нуклеотидов, а белок — цепь из последовательно расположенных аминокислот. Как в коде Морзе каждой букве соответствует определенное сочетание точек и тире, так в коде ДНК определенные сочетания последовательно расположенных нуклеотидов соответствуют определенным аминокислотам в молекуле белка. Знать код ДНК — это значит знать, какое сочетание нуклеотидов соответствует каждой аминокислоте. Так как нуклеотидов всего 4 вида, а аминокислот 20, то очевидно, что каждой аминокислоте соответствует сочетание из нескольких нуклеотидов. Каждая аминокислота белка кодируется сочетанием *трех* последовательно расположенных в цепи ДНК нуклеотидов: из четырех элементов по три можно составить 64 различных сочетания. Эти три последовательно расположенных нуклеотида, кодирующих конкретную аминокислоту белка, называются триплетом, или кодоном. Почему в живой материи участвуют только 20 аминокислот, несмотря на огромное разнообразие этих соединений, ученые пока ответить не могут. Это же относится и к четырем видам нуклеиновых кислот, которые являются основными составляющими носителей генетической информации ДНК.

В настоящее время код ДНК расшифрован полностью. Для каждой аминокислоты точно установлен состав кодирующих ее триплетов (или кодонов).

Итак, каждый ген ответственен за синтез определенного белка (фермента или др.). Контролируя их образование, гены управляют всеми химическими реакциями организма и определяют, таким образом, его признаки. Но не только. Одни гены стоят на страже полноценных клеток, а другие дают команду на уничтожение клеток, исчерпавших свой срок или подвергшихся мутации. Все старое и больное организму в тягость.

Запрограммированную клеточную смерть — один из механизмов, регулирующих существование почти всего живого на Земле, назвали апоптозом (самоубийство). Известно, что по ходу апоптоза разрушаются клеточные структуры, например, митохондрии — своего рода «электростанции», снабжающие клетки энергией, но при этом клеточная мембрана остается целой. Таким образом, клетка разрушает сама себя изнутри без каких-либо негативных последствий для организма. Когда клетка становится как бы лишней, ненужной, она получает приказ на уничтожение и кончает свою жизнь самоубийством. А отдают его, как считают многие ученые, специальные ферменты и белки, которые вырабатываются в нужном количестве и в нужный момент. И все это происходит под контролем генов. В этом случае апоптоз заканчивается исчезновением клетки, а ее компоненты ассимилируются в окружающих тканях.

Здесь стоит отметить, что есть и другая точка зрения на апоптоз. Ученые Института клинической и экспериментальной медицины СО РАМН под руководством академика В. П. Казначеева считают, что апоптозный процесс — это «коренной эволюционный механизм информационного потока, связанный с полевыми и структурными элементами клетки, включая и нуклеиновые образования генома» [80, с. 292]. То есть существует постоянный информационный поток апоптозно измененных элементов клеток, названных информасосами, которые не исчезают бесследно, а постоянно присутствуют в космофизической и полевой среде. Они находят свою мишень и, попадая в следующие генерации клеток, стимулируют их к размножению, дифференцировке, необходимой для продолжения функции ткани.

Во всяком случае, без такого информационного феномена, как апоптоз, была бы невозможно сама жизнь. Апоптоз начинает работать уже в человеческих эмбрионах, когда в процессе их формирования совершенно безболезненно «исчезают» клетки жабр, хвоста, других рудиментарных органов. Во взрослом организме ежедневно самоуничтожаются миллиарды старых клеток, материал которых идет на строительство новых.

И лишь одни клетки не самоуничтожаются по заранее заданной программе — раковые. Они, по сути, наделены бессмертием и в лабораторных пробирках могут жить до ста лет. Изучение процесса апоптоза, в частности, может помочь бороться с клеточными кощеями бессмертными. Над этой задачей работают во многих научных лабораториях мира. Работы генетиков уже сегодня позволяют искать лекарства, которые могли бы вызвать апоптоз в раковых клетках.

Совокупность генов, которую организм получает от родителей, составляет генотип человека. А совокупность генов, содержащихся в одинарном наборе хромосом данного организма, называется геномом [25, с. 291].

Расшифровкой генома человека ученые занимались много лет. И вот 15 апреля 2003 года в программе «Вести» диктор телевидения сообщил, что, по заявлению Фрэнка Коллинза из Института исследований генома человека, **геном расшифрован полностью**. И буквально на следующий день все СМИ на первых полосах опубликовали сообщение об этом уникальном событии. В работе по установлению структуры генома участвовали сотни ученых из шести стран: Великобритании, Германии, Китая, Франции, США и Японии.

Итак, международный проект по составлению карты генома человека завершен [96]. Как заявили участники Международного консорциума по секвентированию генома человека, точность созданной ими карты составляет 99,99 процента. По словам ученых, завершение проекта, в ходе которого была установлена практически точная последовательность почти трех миллиардов генетических «букв» в знаменитой молекуле ДНК, хранящей всю генную информацию о человеке, открывает новую эру в биологии и медицине. Как отмечают эксперты, работы удалось завершить на два года ранее намеченного срока, а их стоимость составила 2,7 млрд долларов.

Новая карта генома человека будет размещена в компьютерных базах данных и доступна ученым всех стран мира. Позже, ровно через 50 лет после того, как Фрэнсис

Крик и Джеймс Уотсон объявили, что они раскрыли строение молекулы ДНК, американские ученые собираются выступить с заявлением о будущем геномных исследований и объявить о вступлении «в эру генома». Все-таки в какое удивительное время мы живем! Знания даются нам свыше, как из рога изобилия. Нужно только не лениться и работать на благо человечества!

Однако эксперименты по лечению генетических заболеваний до сих пор проводились, в основном, не на человеке, а на различных животных, в частности, на мышах. И ученые также тщательно исследовали геном мыши. Оказалось, что «около 99 процентов генов человека соответствуют генам этого лабораторного грызуна, 80 процентов из них абсолютно идентичны», — говорит Эрик Ландер, директор Уайтхедовского центра генных исследований в Кембридже, штат Массачусетс. Да и по длине мышиный генетический код (2,5 млрд пар нуклеотидов) лишь немного отстает от человеческого (2,9 млрд пар). Общее число генов тоже совпадает: и у человека, и у наших маленьких собратьев их около 30 тысяч. Лишь 300 генов человека и мыши принципиально несхожи. Например, у мыши гораздо больше генов, отвечающих за обоняние. Как сообщает агентство CNN со ссылкой на публикацию в журнале «Nature», у всех позвоночных животных есть гены, отвечающие за формирование хвоста. Однако у людей они не «работают».

Выяснилось, что до 90 процентов генов, ответственных за возникновение различных заболеваний, у человека и мыши идентичны. По словам исследователей, в процессе расшифровки генома мыши было открыто около 1200 человеческих генов. Вообще, на мыши изучать функции генов человека легче, чем на самом человеке. Определив сходные гены, можно создать мышей без них, выяснить, что именно изменится в организме лабораторного животного, и сделать правильный вывод о функции гена.

Результаты совместного исследования нескольких институтов Великобритании и США размещены на открытом доступе в Интернете. На страницах авторитетного научного журнала «Nature» была опубликована и карта генома мыши, включающая до 95 процентов наследственной информации животного. Теперь сообщество биомедицинских исследователей имеет возможность пользоваться этими ресурсами для борьбы с самыми тяжелыми человеческими недугами [97, с. 7].

Исследователи из Массачусетсткого технологического института сообщают, что уже научились управлять единичными молекулами ДНК с помощью радиоволн [98]. Практически к любым биологическим молекулам можно прикрепить наночастицы из золота или полупроводников, чтобы с помощью электронных приборов контролировать их поведение. «Это можно делать на расстоянии, обратимо и точно, — говорит Сюган Цзан, заместитель директора Центра биомедицинской инженерии МТИ, один из авторов исследования. — Это пригодится для того, чтобы как следует разобраться в тонкостях взаимодействия между молекулами».

Инициатором этих работ был квантовый физик Дж. Якобсон. Он начал заниматься биологией, чтобы создавать машины нанометрового размера, орудующие отдельными атомами и молекулами. Ученый поставил очень смелую цель, поскольку сегодня инженеры пока еще с большим трудом делают компьютерные чипы меньше 30 нанометров. А в живом организме полным-полно более компактных работающих систем. Любая клетка — это целый комбинат с источниками энергии, чертежами клеточного хозяйства, станками и конвейерами.

Якобсон и его коллеги из Центра биомедицинской инженерии прикрепили к молекуле ДНК радиоантенну, сделанную из примерно сотни атомов металла. Когда их облучали радиоволнами с подходящей длиной волны, молекула переходила в новое состояние. Таким образом, можно во всех деталях изучать поведение отдельных молекул, не тревожа соседние. Оценивая выполненную работу, Цзян приводит такое сравнение: «Это все равно, что разговаривать с человеком из толпы не через громкоговоритель, а по мобильному телефону». Не правда ли, какую изощренность проявляют исследователи, стремясь техническими средствами воздействовать на клетки, чтобы обеспечить здоровье человека. Уместно напомнить, что академик Г. П. Грабовой и его ученики с целью оздоровления воздействуют на клетку человека сознанием, мыслью, словом.

Например, экспериментально подтвердилось, что на состояние клеток чрезвычайно влияет психическое состояние человека. А, как все мы знаем, психическое состояние зависит не только от самочувствия, но и от обстановки, от окружающих нас людей, от их слов и действий. Вполне вероятно, что утверждение о том, что нервы портят кровь, не лишено смысла.

В здоровом теле, считали древние греки, здоровый дух. Ученые из Сибирского государственного медицинского университета (г. Томск) решили выяснить: существует ли обратная закономерность, то есть остается ли здоровым тело человека, если его душевное здоровье нарушено [99]?

Под их наблюдением было 53 пациента в возрасте от 17 до 52 лет с диагнозами шизофрения, умственная отсталость, а также с невротическими расстройствами. Все пациенты чувствовали себя удовлетворительно и перед экспериментом в течение полугода не принимали никаких психотропных лекарств.

Ученые исследовали эритроциты — клетки крови, переносящие в организме кислород. Для этого они изготавливали препараты для трансмиссионной электронной микроскопии, которая позволяет увидеть структуру клетки. Сначала под объективом электронного микроскопа были исследованы эритроциты здоровых добровольцев, которые составляли контрольную группу. Подавляющее большинство их красных кровяных клеток были дисковидной формы с четко выраженной мембраной и зернистым содержимым. Это были гранулы гемоглобина, который равномерно заполнял все внутреннее пространство. Хотя иногда встречались с поврежденной мембраной или деформированные, но это были просто старые клетки, которые есть в крови всегда, естественное старение и смена клеток происходят постоянно.

Но вот под микроскопом — кровь страдающих шизофренией. «Неправильных» эритроцитов здесь гораздо больше. У многих клеток повреждена мембрана: либо разорвана в нескольких местах, либо неравномерно утолщена, либо вообще отслаивается от внутреннего содержимого. Такие же повреждения ученые обнаружили в эритроцитах умственно отсталых пациентов. Кроме того, во многих их клетках гранулы гемоглобина распределены неравномерно, образуют отдельные скопления. Даже невротические расстройства сказываются на картине крови. В крови невротиков оказалось довольно много клеток со сходными изменениями: их было меньше, чем у больных шизофренией и умственно отсталых, но больше, чем у здоровых добровольцев. Известно, что если в крови много поврежденных эритроцитов, она хуже снабжает кислородом ткани и органы. Выходит, что болезни психики вызывают сбой в работе всего организма. Интересно, что подобные изменения ранее находили в эритроцитах больных раком, острым вирусным гепатитом, инфарктом миокарда и ишемической болезнью сердца.

Вот так. Ученые тратят массу сил и времени, чтобы научиться защищать организм уже на уровне клеток, а мы своими нервными расстройствами и стрессами крайне негативно воздействуем на собственные клетки, разлаживаем их работу. Обидно. Ладно бы, если бы это не зависело от нас. Как, например, реакция отторжения, которая возникает из-за защитной функции белков.

Любой чужеродный орган, любая чужеродная клетка отторгается организмом. Это проблема проблем при пересадке органов. Но почему, например, не отторгается плод из организма матери? Где же в этом случае защитная функция белков?

Осенью 2000 года в Ватикане состоялся конгресс, организованный по инициативе Института гинекологии и акушерства при Римском католическом университете [100, с. 5]. С интересным докладом выступил профессор Сальваторе Манкузо.

Оказывается, в период беременности между организмом матери и плода происходит своеобразный обмен, но не односторонний (от матери к плоду), как считалось раньше, а обоюдный. И женщина просто «вынуждена» приобретать некоторые черты и характеристики своего будущего ребенка, — иначе плод не выживет. А эмбрион, как известно, несет в себе наследственность не только матери, но и отца. Это означает, что женщина через посредство развивающегося в ней ребенка и в самом деле приобретает на физиологическом уровне определенные черты собственного мужа!

Профессор С. Манкузо рассказал на конгрессе, что с пятой недели беременности организм женщины начинает получать от эмбриона бесчисленное количество разнообразных «посланий». Эти послания передаются матери через химические субстанции типа гормонов и пр. «Более того, — сказал Манкузо, — теперь обнаружено, что *эмбрион посылает также и стволовые клетки*, которые „колонизируют" материнский костный мозг и „обживаются" в нем. Но и это еще не все. Производимые ими лимфоциты остаются в организме матери на всю жизнь. Иными словами, через младенца мать получает „в наследство" некоторые генетические „подарки" от мужа, доставленные в ее тело с клеточками „посланника" — их совместного ребенка». Как и почему это происходит?

Информация, получаемая беременной женщиной от эмбриона, необходима для того, чтобы организм будущей мамы легче адаптировался к развивающемуся в ней новому существу.

Зародышу досталось от папы половина генетической программы, и для маминого организма эта часть «наследства» не своя, по логике, она должна быть отторгнута как чужеродная. Чтобы не быть принятым за чужака, этот комочек новой плоти должен приспособиться сам и помочь маме приспособиться. Чем быстрее и лучше он это сделает, тем больше у него шансов «удержаться» на завоеванных рубежах весь положенный срок и появиться на свет вовремя. А иначе у мамы начнутся всякие неприятности (тошнота и рвота), ее иммунная система может взбунтоваться и ради собственного спасения вытолкнуть из организма то, что по каким-то параметрам с ним «не стыкуется». Так что беременных женщин иногда тошнит от мужских хромосом.

Хотя «обмен верительными грамотами» происходит с пятой недели, информационные послания поступают уже в момент зачатия. Даже в самой первой фазе деления клеток, когда эмбрион «по-пластунски» еще только пробирается вдоль фаллопиевых труб к матке и касается материнских тканей, от него уже идет своего рода «трансляция» некоторых «установочных информационных данных». Позднее, после имплантации зародыша в матку, диалог между ним и материнским организмом становится более активным, он теперь происходит через кровь и иные клетки, так что химические вещества эмбриона постоянно попадают в кровяное русло матери. Эта кроха постоянно подсказывает своей маме, что нужно прибавить, а что убавить в питательном рационе, чтобы ее иммунная система приняла новое живое существо, как свое родное, и он мог бы нормально развиваться.

И, наконец, в женский организм в большом количестве поступают стволовые клетки плода, будь то нормальные роды или кесарево сечение и даже при аборте — самопроизвольном или искусственном.

У профессора Манкузо спросили, как долго сохраняется влияние эмбриона на организм матери. Он ответил: «Стволовые клетки обнаруживаются даже спустя 30 лет после родов! Можно сказать, поэтому, что в каком-то смысле беременность длится не 40 стандартных недель, а всю оставшуюся жизнь». Итак, однажды приняв в себя «чужака», у которого папина доля генетического наследства была для будущей мамы стопроцентно инородной, женщина, по сути дела, обрекла себя на то, что эти привнесенные изменения будут сохраняться в ней, модифицировать ее организм и влиять на нее всю последующую жизнь [100, с. 5]. Поэтому не удивительно, что супруги, прожившие совместно много лет, очень похожи друг на друга.

О СТВОЛОВЫХ КЛЕТКАХ

В изложенном выше материале мы уже дважды встречались с новым понятием «стволовые клетки». Большинство из нас остается совершенно спокойным, услышав такое название, не догадываясь, что речь идет о великом чуде, заложенном Творцом изначально в наш организм. Ведь вполне возможно, что благодаря знаниям о феноменальных свойствах стволовых клеток и умениям использовать эти свойства лица, о которых речь идет в Библии, могли жить по 600—800 лет. Как и многое другое, эти знания, скорее всего, были утеряны. И вот на рубеже третьего тысячелетия они вновь открыты человечеству. Во всяком случае, возможность избавиться от «неизлечимых» болезней и весьма существенно продлить жизнь людям реально замаячила в нашей пока еще довольно туманной медико-биологической перспективе.

Учение о стволовых клетках относится к перспективнейшим технологиям, создаваемым биологией XXI века. Достаточно сказать, что до 1990 года практически ничего не было известно даже о существовании таких клеток в организме человека. Первым удалось выделить и изолировать их из внутриклеточной массы четырехдневного человеческого эмбриона Джеймсу Томпсону из Университета штата Висконсин.

В эмбрионе стволовые клетки являются базовыми, исходными, это начало начал. В книге «Кардинальный поворот» мы писали о стволовых клетках, которые образуют Яйцо Жизни [15, с. 85]. Именно они в процессе деления производят абсолютно все разнообразные типы клеток (начиная от клеток мозга и кончая клетками, выстилающими, например, кишечник), из которых формируется организм ребенка.

А все дело в том, что, в отличие от обычных клеток, обреченных выполнять строго определенные функции в организме (скажем, быть только кожными клетками или клетками печени), стволовые клетки изначально обладают «свободной специализацией». Эти клетки являются исходными при образовании специализированных дифференцированных клеток. Но до тех пор, пока они не получат генетический сигнал, их деятельность в организме ограничивается только многократным дуплицированием (удвоением какого-либо участка хромосомы) [25, с. 421].

Сегодня «стволовые исследования» по значимости могут быть сопоставимы даже с пресловутыми работами по клонированию или дешифровке генома: применение стволовых клеток в медицине позволит, по мнению ученых, справиться чуть ли не со всеми «проблемными» заболеваниями человечества (в том числе со многими формами рака, диабетом, рассеянным склерозом, болезнью Паркинсона и др.). Тем более что способность стволовых клеток длительное время воспроизводить себе подобных также является уникальной: в отличие от «нормальных» стволовые клетки могут быть практически неограниченным источником первичного клеточного «сырья» [101]. При их делении часть из дочерних клеток остается стволовыми, а другая начинает процесс дифференцировки.

В первое время ученые считали, что только стволовые клетки эмбриона обладают способностью производить клетки всех типов, которых насчитывается более двухсот. Но чтобы получить такие клетки, нужно было погубить человеческий зародыш. Поэтому во всем мире поднялся шум против такого варварского способа исцеления одних за счет гибели других. Безусловно одно: нельзя разрушать человеческий эмбрион для экспериментов с «выращиванием» различных клеток из стволовых.

Эмбриональная терапия вызвала много споров из-за морально-этической стороны вопроса. Волна возмущения заставила ученых искать другую возможность «получения» стволовых клеток. И они нашли. Кто ищет, тот всегда найдет!

Оказалось, что стволовые клетки есть в организме не только эмбрионов, но и у детей, взрослых и даже пожилых людей, хотя у последних стволовых клеток значительно меньше, чем у детей. Их небольшое количество сохраняется до глубокой старости, но они рассеяны по всему организму, и их очень трудно выделить.

Первоначально стволовые клетки были выделены из костного мозга (не путать со спинным мозгом) и были названы взрослыми, а в настоящее время в медицине уже используются стволовые клетки, полученные из костного мозга, периферической крови (содержащаяся в венах и артериях), крови плаценты и пуповинной крови.

Например, академик Е. И. Чазов в своем интервью газете «Аргументы и факты» № 18 за 2003 год говорит: «Мы начали использовать для лечения больных с инфарктом стволовые клетки. *Берем их из костного мозга и вводим в коронарный сосуд*. Сейчас „клеточный" бум идет по всему миру. Но все еще в стадии клинического эксперимента».

По способности производства различных типов клеток стволовые клетки делятся на тотипотентные, плюрипотентные и унипотентные [102].

Стволовыми клетками-универсалами являются тотипотентные, которые могут давать в процессе последовательных превращений все множество типов клеток организма. Такими клетками являются эмбриональные стволовые клетки.

Плюрипотентные стволовые клетки характеризуются способностью давать множество разных типов дифференцированных клеток в определенном типе ткани. К таким клеткам относятся, например, клетки костного мозга, из которых образуются все зрелые клетки крови. Иногда стволовые клетки — родоначальники всех клеток определенной ткани — также называют тотипотентными.

Унипотентные стволовые клетки способны образовывать только один тип дифференцированных тканей. Эти клетки детерминированы. Это означает, что они могут давать только строго определенные типы конечных дифференцированных клеток.

Одним словом, стволовые клетки можно уподобить универсальному строительному материалу, из которого *при умелом генетическом манипулировании* «произрастет» все, что угодно, от нейронов мозга до клеток тканей, выстилающих кишечник или другие внутренние органы. На рис. 25 показана схема выращивания стволовых клеток.

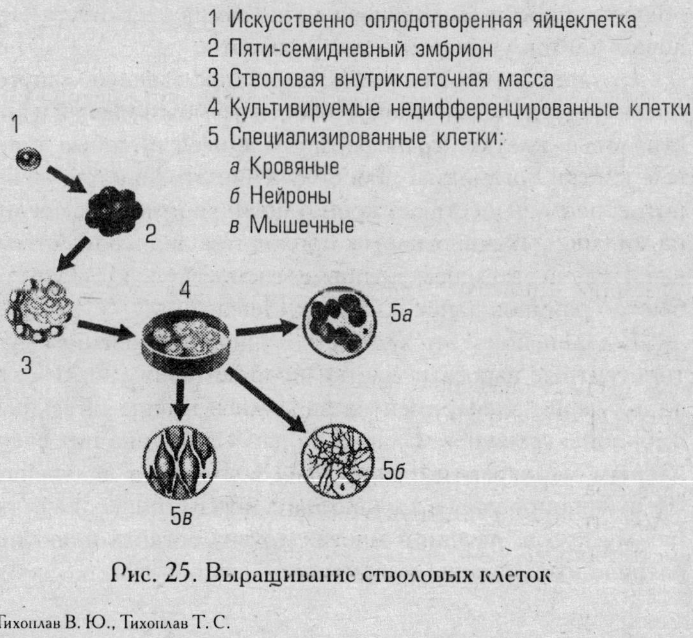

Рис. 25. Выращивание стволовых клеток

До последнего времени ученые полагали, что подобным универсализмом обладают только стволовые клетки, получаемые из эмбрионов, а аналогичные клетки взрослых организмов обладают ограниченной функциональностью, то есть их возможная тканевая специализация в той или иной степени лимитирована. Но чуть ли не каждый месяц в научной прессе появлялись сообщения об очередных успехах в «направленной дифференциации» таких клеток (например, из кровеобразующих взрослых стволовых клеток костного мозга удалось в результате генетического репрограммирования и последующей трансплантации в «нужные» ткани вырастить нейронные, мускульные клетки и клетки печени, а из родственных им стромальных мозговых — жировые и хрящевые).

В результате возникла мысль о том, что, быть может, особой разницы в степени универсализма между обычными и эмбриональными клетками нет. Экспериментальное доказательство этого факта впервые представили широкой общественности американские ученые из Института стволовых клеток университета Миннесоты.

Группе Кэтрин Верфейль, директора вышеупомянутого института, удалось извлечь из костного мозга мышей и крыс стволовые клетки, трансформирующиеся в любые тканевые клетки организма! Для получения этих клеток ученым потребовалось шесть лет кропотливой работы — в среднем на миллион обычных клеток приходится лишь одна стволовая. Будучи затем помещенными в клеточную культуру, они быстро размножались в чашках Петри.

В дальнейшем эти клетки, получившие название «мультипотентные взрослые клетки-прародители» (MAPCs), в одной серии экспериментов вводились в виде инъекций в эмбрионы грызунов. Благодаря нанесенным на них специальным маркерам потомки MAPCs были в дальнейшем идентифицированы в крови, мозге, легких, кишечнике, тканях мускулов, печени и многих других органах животных, развившихся из этих эмбрионов.

Конечно, стопроцентной уверенности в том, что MAPCs способны «рождать» клетки всех двухсот с лишним известных современной науке типов, у авторов открытия сейчас нет, но, судя по многочисленным комментариям коллег Кэтрин Верфейль по «стволовым исследованиям», долгожданный прорыв действительно произошел. Теперь ученым предстоит долгая рутинная работа по изучению генетических последствий проделанных опытов над животными: прежде всего, проверке их иммунной реакции на вторжение клеток-чужаков, в том числе перспективы образования в организме так называемых производных опухолей (что нередко случалось после пересадки «необработанных» эмбриональных стволовых клеток в различные ткани взрослых животных). Кроме того, Кэтрин Верфейль надеется, что взрослые стволовые клетки можно будет перепрограммировать таким образом, что они станут развиваться в специализированные клетки, производящие допамин, для лечения болезни Паркинсона, и в специализированные клетки, производящие инсулин, для лечения диабета.

Первая статья о результатах экспериментов группы Верфейль была напечатана в респектабельном журнале «Nature». Сторонники запрета экспериментов с эмбриональными стволовыми клетками выразили поддержку и восхищение опытами американских цитологов: по их мнению, эти эксперименты стали «решающим подтверждением» того, что использование взрослых стволовых клеток представляет для науки не меньше практических возможностей, чем «преступное искусственное разведение» эмбриональных клеток. Ультраконсервативный американский сенатор Сэм Браунбэк, один из апологетов полного запрета клонирования в США, заявил: «Достигнутые доктором Верфейль результаты ясно показали, что серьезный прорыв в регенеративной медицине может быть достигнут и без упования на эксперименты с жонглированием человеческими жизнями».

Конечно, лучше всего было бы, чтобы стволовые клетки, имеющиеся в каждом организме, сами при первой же необходимости поступали бы в больной орган для его «ремонта». Оказывается, они поступают. Если в какой-нибудь ткани возникает повреждение, то ее гибнущие клетки посылают в кровь информационный сигнал, а костный мозг под влиянием сигнала выбрасывает в кровь стволовые элементы, которые, поступая в места повреждения, могут превратиться в нужный вид ткани.

К примеру, сразу же после инфаркта костный мозг начинает подавать в кровь стволовые клетки, но их необходимое количество в крови достигается только на шестой день. Это поздно: в зоне повреждения уже образовался рубец. Эксперименты на мышах, проведенные американскими исследователями, показали фантастические результаты введения дополнительных стволовых клеток: в 100 процентах случаев на месте инфарктного рубца образовалась живая ткань. Клинические результаты пока не отработаны, но ученые считают, что подобным образом стволовые клетки могут использоваться в онкологии, ортопедии, гематологии и пр.

Как установили американские ученые, стволовые клетки могут проникать в центральную нервную систему. Для этого не нужно делать трепанацию черепа. Ученые из Национального института неврологических заболеваний и инсульта изучили образцы ткани мозга женщин, которым в свое время трансплантировались стволовые клетки от мужчин. В них оказалось достаточно заметное число клеток с Y-хромосомой, которая, как известно, есть только у мужчин. По мнению исследователей, это означает, что стволовые клетки проникли в головной мозг и превратились в здоровые нервные клетки. Их не трансплантировали в головной мозг, они проникли сами. Ученые пришли к выводу: «Стволовые клетки могут быть использованы для восстановления нервных клеток, пострадавших в результате заболеваний мозга или травм».

Однако ученые все же констатировали, что дальнейший прогресс в «науке о стволовых клетках» может быть достигнут только благодаря исследованиям как взрослых, так и эмбриональных клеток, поэтому ни одно из направлений замораживаться не должно. Тем более что для экспериментов можно использовать эмбрионы после проведения абортов и выкидышей.

Например, в Канаде одобрено проведение исследований с использованием эмбриональных клеток человека, которые будут финансироваться из казны. Грант размеров 5,3 млн долларов предоставлен Оттавскому институту здоровья. Официальный представитель корпорации Ани Перро подчеркнула, что при проведении исследований будут учитываться одобренные нормативы, разрешающие использование для научных экспериментов невостребованных зародышей, созданных путем искусственного оплодотворения для лечения бесплодия, а также эмбрионов после проведения абортов [95].

Японские исследователи из медицинского НИИ при Токийском университете также сумели обойти моральную проблему, связанную с гибелью зародыша человека при опытах с его клетками. Ученые объявили, что им удалось первыми в мире культивировать нервную и костную ткань из *клеток плаценты* — органа, осуществляющего связь между плодом и организмом матери. В эксперименте использовалась особая группа стволовых клеток, на основе которых формируется большая часть соединительной ткани эмбриона. Скопление этих клеток было обнаружено в той части плаценты, из которой плод получает кислород и питательные вещества. Под воздействием специальных препаратов за сутки одна группа стволовых клеток развилась в нервные клетки, а другая — в клетки, вырабатывающие костную ткань [103].

Весьма престижный журнал «Nature» опубликовал статью американского исследователя, цитолога Рональда Мак-

Кея, одного из пионеров искусственного выращивания эмбриональных клеток. Его статья в журнале посвящена последним успехам, которых он и его коллеги по Национальному институту неврологических расстройств (Бетесда, штат Мэриленд) достигли в лечении болезни Паркинсона при помощи трансплантации в пораженный мозг (правда, не людей, а мышей) генетически модифицированных эмбриональных стволовых клеток. Группе Мак-Кея впервые удалось в лабораторных условиях с помощью обработки этих клеток специфическим геном Nurr1 и применения «факторов роста» вырастить из них клетки-нейроны. Новые клетки способны производить в больших количествах допамин, нехватка которого в мозге и приводит к развитию болезни Паркинсона.

Паркинсонизм — клинический синдром, обусловленный поражением подкорковых ядер головного мозга при атеросклерозе, энцефалите, травмах, параличе дрожательном и др. Проявляется отсутствием активных движений вследствие параличей, болей, неподвижности суставов, скованностью, дрожанием рук и ног, нарушением походки и речи и т. д. Описан английским врачом Дж. Паркинсоном в 1817 году [25, с. 979].

Для имитации этой болезни мышам были удалены ответственные за производство допамина нейронные клетки одного из полушарий, что привело к частичной потере ими двигательных ориентаций (животные стали бегать по клетке кругами). Успешно вживив полученные нейронные клетки в мозг больных мышей, ученые смогли вылечить их (по крайней мере, спустя два месяца после операции мыши вели себя вполне нормально). Важным итогом экспериментов Мак-Кея является то, что в ходе послеоперационных наблюдений за мышами у них не было обнаружено никаких следов опухолевых образований, бича многих предыдущих опытов с пересадками эмбриональных стволовых клеток в ткани взрослых животных. Однако нужно еще несколько лет для экспериментирования на обезьянах, и при положительном результате потом можно будет использовать этот метод и для людей.

В феврале 2002 года специальная комиссия британской палаты лордов пришла к заключению, что «для достижения максимальной отдачи в медицинских исследованиях следует всемерно развивать оба терапевтических подхода».

В России исследования эмбриональных клеток — теоретически легальный вид научной деятельности. Правда, в 1998 году группа парламентариев, поддержанная Русской Православной Церковью, пыталась наложить запрет на эксперименты с клетками человеческих зародышей, но Дума такого закона не приняла. Тем не менее любое клиническое использование эмбриональных клеток недавно запрещено решением Экспертного совета Минздрава РФ.

К сожалению, пока какими-либо успехами в этой области наши ученые похвастаться не могут, так как, по оценкам специалистов, для технического оснащения только одной лаборатории необходимо не менее полумиллиона долларов. Кроме того, на отставании наших генетиков от западных очень сказалась борьба с «лженаукой» и разгром генетики в стране в середине прошлого века. Впрочем, недавно отечественные генетики подготовили специальную программу научных исследований по стволовым клеткам и, по словам ректора Российского государственного медицинского университета Владимира Ярыгины, эта программа будет обсуждаться на одном из заседаний президиума РАМН. Также рассматривается возможность создания в стране банка стволовых клеток, получаемых из пуповинной крови, плаценты и взрослых клеток костного мозга.

В Европе банки стволовых клеток из пуповинной крови существуют уже несколько лет. По договору с банком родители могут заготовить «впрок» стволовые клетки для своего ребенка. Клетки хранятся в жидком азоте и могут быть использованы для лечения самого ребенка, для родственных трансплантаций, а также в качестве донорских. В данное время по всему миру зарегистрировано большое количество доноров крови из пуповины и плацентарной крови. Все банки данных о донорах связаны в общую компьютерную систему.

«До родов ребенок связан пуповиной с плацентой. Обычно отрезанная пуповина вместе с плацентой не использовались. А там остается кровь, которая богата кроветворными клетками. Эти клетки можно использовать для трансплантации, при лечении и других заболеваний», — говорит доцент Ян Старый, который в больнице Мотол (Прага) занимается вопросами трансплантации крови, полученной из пуповины.

Стволовые клетки из пуповинной крови обладают большим преимуществом.

1. Такая кровь собирается немного легче и вне контакта с матерью и ребенком.

2. Стволовые клетки пуповинной крови генетически идеально подходят вашему ребенку, с большой вероятностью они подойдут его братьям и сестрам и, возможно, вам.

3. Трансплантация пуповинной крови не вызывает появления реакции «трансплантат против хозяина».

4. Снижается риск передачи инфекционных заболеваний от донора к реципиенту.

5. Будучи собранной и сохраненной, эта кровь может быть использована в любое время. Ученые утверждают, что пуповинная кровь может стать достойным альтернативным источником гемопоэтических клеток для трансплантации при многих тяжелых заболеваниях крови.

Первую трансплантацию стволовых клеток, собранных после родов из пуповины, провела в 1990 году в клинике Людвига в Париже Элиан Глюкман.

В 1994 году первую подобную трансплантацию в Чехии провели пражские врачи. Врожденное нарушение защитной функции организма лишило шестилетнего чешского мальчика будущего, врачи не надеялись его вылечить. Был применен метод Элиан Глюкман. Шестилетнему Лукашу помогла вылечиться кровь из пуповины его родного брата Доминика, недавно появившегося на свет. Сегодня Лукаш абсолютно здоров и не принимает никаких лекарств.

По материалам Радио Чехии, пражские врачи используют стволовые клетки для лечения тяжелейших заболеваний уже восьмой год. В 1994 году при поддержке министерства здравоохранения Чехии был создан Банк крови пуповины. Кровь, полученная из пуповины, хранится в специальных контейнерах при очень низких температурах. Качество сохраняется в течение многих лет. Метод Элиан Глюкман помог уже тысячам пациентов.

В этом направлении сейчас интенсивно работают во всем мире. Россия также проводит эксперименты со стволовыми клетками. Уже удается получить из них специфические ткани — массу клеток миокарда, которые даже сокращаются, клетки печени, поджелудочной железы. С подобными исследованиями связано много надежд.

Главный гематолог Санкт-Петербурга доктор медицинских наук, профессор Абдулкадыров в журнале «Гематология и трансфизиология» (февраль 2002 года) пишет: «Заготовка и использование гемопоэтические стволовых клеток пуповинной крови для пересадок имеет целый ряд преимуществ перед другими источниками кроветворной ткани. Прежде всего, отсутствует риск здоровья матери и ребенка (донора), не требуется общая анестезия при заготовке пуповинной крови, а риск передачи некоторых латентных инфекций (от донора реципиенту) значительно ниже, чем при использовании костного мозга или периферических стволовых клеток взрослых доноров».

Гемопоэтические клетки крови (или клетки — предшественницы кроветворения) содержатся не только в пуповинной крови, но и в костном мозге, а также имеются в небольшом количестве в периферической крови. Еще совсем недавно стволовые клетки получали только из костного мозга, который содержится в плоских костях. Для этого у донора под наркозом производили прокол кости таза и забирали шприцом необходимое количество костного мозга. После такой процедуры донор несколько дней находился под наблюдением врача в стационаре. Такой способ получения гемопоэтических клеток используют и сегодня.

Но в настоящее время разработан более щадящий метод получения гемопоэтических клеток из периферической крови донора. Донор несколько часов проводит в кресле для взятия крови, а кровь из вены на руке проходит через специальный прибор для сепарации нужных для трансплантации гемопоэтических стволовых клеток и возвращается в кровяное русло донора через вену на другой руке. При этом донора не надо госпитализировать, не нужен наркоз, но нужно 5—6 часов провести в относительно неподвижном состоянии. Восстановление взятых клеток происходит за 7—10 дней.

Однако пока удавалось выращивать лишь специализированные ткани, к примеру, массу клеток сердечной мышцы, нервные клетки, клетки костной или соединительной ткани. Но в любом органе соседствуют несколько видов тканей, поэтому получить полноценно работающий орган — задача неизмеримо более сложная. Судя по сообщениям журнала «Nature Medicine», группе исследователей из Вейсмановского института (Израиль) эту задачу удалось решить [104].

Ученые пересадили клетки — предшественники почек, взятых из эмбриона человека, в тела экспериментальных мышей. Через определенное время из них сформировались маленькие, но совершенно полноценные почки — человеческие по всей биологической природе. Они исправно работали, продуцируя урину. Это значит, что команде исследователей удалось решить сразу две фундаментальные задачи: получить из стволовых клеток полноценный орган и преодолеть реакцию отторжения. Стоит отметить, что в газете «Известия» от 26 июля 2002 года приведена фотография гибрида мыши и человека, который уже научился сосать палец. Фотография потрясает: сидит что-то вроде мышонка и сосет палец задней лапы.

Еще одна серия экспериментов была посвящена выращиванию в мышиных телах почек свиней по той же технологии для пересаживания человеку:

Альтернативные технологии — выращивание почек из стволовых клеток свиней непосредственно в теле человека — также возможны, говорят ученые. Но пока это этически неприемлемо, поскольку до конца не ясна степень риска: стволовые клетки животных могут содержать вирусы, против которых организм человека окажется беззащитен...

Вообще стоит отметить, что за последнее десятилетие Нобелевские премии по медицине и физиологии чаще всего присуждались не в клинических областях, а генетикам и молекулярным биологам, что лучше всего подтверждает лидирующее положение этих наук в современном мире.

Триумф генетики подтверждается списком открытий, за которые их авторы получили Нобелевскую премию:

1989 год — открытие целого ряда генов, которые задействованы в процессе развития рака;

1991 год — за открытие каналов транспорта ионов, что пролило свет на механизмы возникновения таких заболеваний, как диабет и кистозный фиброз поджелудочной железы;

1992 год — за открытие процесса «обратимого фосфорилирования белков», что позволило объяснить, как дисбаланс внутри клеток приводит к болезни;

1993 год — за открытие «расколотых генов», которое изменило представления науки об эволюции и продвинуло изучение наследственных заболеваний и некоторых видов рака;

1994 год — за открытие протеинов, которые искажают сигналы, передаваемые клетками, и вызывают различные заболевания;

1995 год — за открытие генного контроля развития плода в матке;

1999 год — за изучение белков, которое пролило свет на понимание природы кистозного фиброза поджелудочной железы и почечно-каменной болезни;

2000 год — за открытие путей передачи сигнала в клетках мозга, которое позволило лучше понимать функции мозга и искать средства лечения неврологических и психических расстройств;

2001 год — за открытие ключевых регуляторов процесса клеточного деления, которые способны привести к созданию новых методов лечения рака;

2002 год — за открытие «генов смерти».

Однако клетки и гены таят в себе еще очень много загадок, много важных вопросов требуют объяснений, и особенно — вопросы информационных взаимодействий. Ибо вышеуказанные открытия все еще не дают полного и четкого ответа на вопрос о том, что и как объединяет клетки в единую функциональную систему, каковы механизмы, обеспечивающие взаимодействие клеток.

Еще в 1961 году П. Вейс писал: «Взаимодействия между клетками служат средством, при помощи которого клеточное сообщество организма создает и поддерживает гармоничность своей организации... Взаимодействие между клетками — это практически все, что совершается в организме» [105, с. 6].

Проблемы передачи биологической информации, записи и хранения ее как в клетках, так и между клеток и органов в настоящее время приобрели первостепенное значение.

ИНФОРМАЦИОННЫЕ КЛЕТОЧНЫЕ ВЗАИМОДЕЙСТВИЯ

Следует отметить, что все, чем занимается энергоинформационная медицина, в сущности, связано именно с информационным взаимодействием с клеткой. Казалось бы, не следует выделять этот вопрос в самостоятельный, поскольку чуть ли не вся книга посвящена информационному воздействию на организм. И все-таки мы решили акцентировать внимание читателей еще раз на этом чрезвычайно важном моменте для того, чтобы, во-первых, легче было понять принцип воздействия целителей «Ноосферы» на больного, и, во-вторых, рассказать об интересных исследованиях ученых в этой жизненно важной для всех нас сфере. Ведь не секрет, что многие ортодоксы не признают существования информационного поля, его воздействия на человека, возможности использования этого поля для передачи информации органам и системам.

Еще в 20-е годы XX века, в сущности впервые, была сформулирована гипотеза, что в регенерации и приеме информации в биологических системах принимает участие весь генетических аппарат. Эту идею впервые высказали русские ученые Гурвич, Любищев и Беклемишев. Согласно этой идее, хромосомы не исчерпывают свои функции как чисто вещественные структуры, а продолжают свое влияние на энергетическом и информационном уровнях.

В частности, Гурвич высказал предположение, что информация о строении организма содержится в неком так называемом фитонном поле, излучаемом каждой отдельной хромосомой. Интегральное поле этих отдельных излучений создает биополевой каркас (форму), который служит матрицей для логической конструкции тела, ограничивающей пространственно-временную структуру до форм, которые определяют в конечном счете архитектуру самих организмов.

Биологическая наука не восприняла эти идеи, так как фундаментальная физика в то время не могла объяснить полностью информационную мощь биологической материи. Физика еще не была готова обеспечить развитие новых идей.

Поэтому приоритетное положение в биологии заняли принципы классической генетики, в которой важную роль сыграло открытие англичан Уотсона и Крика, касающееся спиралевидной структуры ДНК. В результате этого исследования все силы в биологии были направлены на расшифровку «генетического кода», что означает раскрытие вещественной структуры этих действительно сложных биохимических соединений. Так возникла идея генной инженерии, которая основывается на убеждении, что в химической структуре ДНК сосредоточена **вся** информация о строении биологического организма. Таким образом, была воспринята гипотеза, в соответствии с которой сложные информационные процессы, протекающие в биологических системах, сводятся единственно к слабым в информационном отношении взаимоотношениям, характерным для химических взаимосвязей и соединений. Однако не все ученые были согласны с такой постановкой вопроса.

С 1965 года группа российских ученых под руководством В. П. Казначеева (в настоящее время действительного члена РАМН, РАЕН, доктора медицинских наук, Советника при дирекции Научного Центра клинической и экспериментальной медицины СО РАН) занималась научными исследованиями межклеточных взаимодействий. Было проведено огромное количество экспериментов, свидетельствующих о том, что на основе дистантных межклеточных взаимодействий (ДМВ) строится не только развитие многоклеточного организма (которое и начинается с взаимодействия двух клеток), но и его жизнедеятельность как целого. Практически все регуляторные механизмы в многоклеточном организме функционируют посредством взаимодействия клеток [105, с. 5].

Встал вопрос: что лежит в основе такого взаимодействия? Из всех известных на то время взаимодействий более всего подходило электромагнитное. И ученые попытались объяснить феноменальные явления, связанные с воздействием биологический информации на организм с позиций электромагнетизма.

В 1981 году вышла в свет книга В. П. Казначеева «Сверхслабые излучения в межклеточных взаимодействиях», в которой он пишет: «Наши наблюдения о роли электромагнитных полей в передаче биологической информации в системе клетка—клетка дают основание высказать предположение, что чисто химический механизм этой связи может быть не первичным, а есть следствие более сложных полевых процессов, которые, по существу, и представляют собой истинный механизм передачи информации структуры внутри клетки. В таком случае функционирующая клетка является источником и носителем сложного электромагнитного поля, структура которого, сама порождаемая биохимическими процессами, постоянно направляет и управляет всей метаболической деятельностью клетки. В таком понимании, с одной стороны, клетка — это сложный биохимический комплекс, с другой — электромагнитное поле, то есть клетка — это поле, порожденное обменом веществ, и обмен, порожденный полем» [105, с. 109].

Огромное достоинство работы — экспериментальное подтверждение того, что в живом веществе существуют не только макромолекулярные белково-нуклеиновые структуры, но и полевые формы живого вещества, которые, несомненно, играют ведущую роль.

В течение сорока лет ученые под руководством академика В. П. Казначеева пытались понять и осмыслить происходящие в клетке информационные взаимодействия. «В 60-е годы в Новосибирске мы получили эффект зеркального переноса сигнала из изолированных клеток в другие клеточные структуры в оптическом канале, продолжая идеи А. Г. Гурвича (более 20 тысяч экспериментов). Внимательно следя за подобными работами в мире, мы хотели понять — является ли этот эффект только физическим выражением поля, которое может быть отлично от электромагнитных, парамагнитных, околомагнитных, гравитационных, микролептонных и других полей или имеет не просто физическую основу» [80, с. 8].

В одной из последних своих работ академик В. П. Казначеев подчеркивает: «Результаты исследований, которые мы получили в Международном институте космической антропологии по трансперсональным связям, и большое количество других фактов указывают на то, что полевая форма живого вещества может быть принята в качестве первичного космофизического масштаба, а молекулярная белково-нуклеиновая сущность — как результирующая (следствие) форма полевых космических потоков» [80, с. 286].

В результате исследований ученым пришлось расстаться с гипотезой об электромагнитном поле клетки. Дело в том, что электромагнитные поля имеют линейный характер. Сумма линейных величин — это снова линейная величина, обладающая тем же характером. Если взять несколько хромосом, каждая из которых генерирует свое электромагнитное поле, и определить их суммарный эффект, то он также будет линейным. Это значит, что суммарное линейное поле поглотит в себя частные линейные поля каждой хромосомы, и выделить в этом суммарном поле какое-либо индивидуальное поле одной хромосомы невозможно. В действительности это не так. В общем поле человека сохраняется информация о составляющих его полях органов и даже клеток.

Болгарский физик Б. Палюшев по этому поводу пишет: «Поскольку электромагнитное поле имеет линейную структуру, в нем, в принципе, не могут образовываться сложные стабильные конфигурации, которые определяют соответствующие организмам формы пространственно-временной организации» [91, с. 135].

И вопрос о том, что же это за поле, остался открытым. Но исследования информационных взаимодействий клетки и генома продолжались, и ученые все больше знакомились с удивительными свойствами этого неизвестного поля.

Исследования позволили установить, что химические соединения ДНК и РНК погибают вне живого, выдерживая даже в капсулах только ограниченное время. ДНК, являясь не просто химическим соединением, но и генетическим кодом, для выполнения своей функции активной среды, порождающей все, что связано с существованием организмов, нуждается в помощи белковых ферментов, которые выполняют свои функции под строгим контролем самой ДНК.

В связи с этим можно поставить следующий вопрос. Если ДНК под видом, например, вируса погибает вне живого (вирус — самый простой фермент), то отсюда следует, что чистая ДНК не может возникнуть первой и существовать самостоятельно как активная живая субстанция, а белок не может быть синтезирован без ДНК, то есть без необходимой информации и управления. И снова риторический вопрос: как же зародилось все живое на Земле? Здесь, пожалуй, стоит сказать несколько слов об эксперименте академика Гаряева, описанном в книге «Физика веры» [3, с. 164].

Целью эксперимента было доказательство возможности непорочного зачатия. Только и всего! Из неоплодотворенной икринки удалили все части ДНК, содержащие наследственную информацию. В оставшийся микроскопический кусочек ткани с помощью генератора ввели информацию, снятую с уже оформившегося головастика. И ткань начала развиваться: появились мышцы, нервы, кровь. «Вот Мария и родила, когда Святой Дух передал ее хромосомам волновую голограмму божьего образа. *Кстати, этим можно объяснить и возникновение жизни на Земле. Ведь тогда еще не было ДНК с заложенной в нее информацией. Значит, кто-то должен был направить волновые голограммы, заставившие простые молекулы собраться в более сложные, вплоть до белков, ДНК, РНК и далее в сложный организм. И здесь мы неизбежно приходим к идее некоего Супермозга — могучего Разума полевой формы, основой которого, вероятнее всего, является вакуум. Именно из вакуума нисходят волны, несущие всему живому генетическую информацию и энергию»*, — говорит Гаряев.

Болгарский физик Б. Палюшев в своей книге «Физика Бога 2», которая удивительным образом перекликается с нашей книгой «Физика веры», также подчеркивает принципиальное отличие ДНК как химического соединения от ДНК как биологической субстанции и указывает, что этот факт «служит показателем того, что существует некий скрытый от наших глаз фактор, который так значительно влияет на характер и состояние этих систем» [91, с. 144]. По его мнению, этим скрытым фактором является физический вакуум, «проявляющий свойства своеобразного поля сознания» [91, с. 32]. Вот мы и вышли на поле Сознания, о котором много писали в книге «Начало начал».

Итак, ДНК — не просто химическое соединение, а некая биологическая субстанция, которая в условиях организмов проявляет свойства, совершенно отличающие ее от химического соединения, пусть даже очень сложного.

Кстати, влиянием поля Сознания можно объяснить и процесс устранения нарушений в структуре ДНК. В случае разрыва или потери части в одной из двух цепей спирали по оставшейся дополнительной части матрицы второй цепи ДНК перестраивается поврежденный участок. Но интересно то, что *при потере части структуры обеих спиралей, когда матрица-носитель информации полностью утрачена и биохимическая информация, заключенная в ней, уже не может повлиять на восстановление химическим путем, все равно происходит восстановление структуры.* По какой такой информации? По информации из поля Сознания.

Например, Б. Палюшев пишет: «Необъяснимо также и явление, когда хромосома занимает точно свое место в области, где „повреждение" в структуре ДНК превышает ее собственный информационный блок. Такие события очень редки, но они реально установлены и доказаны многочисленными исследованиями и наблюдениями. Они означают, что разорванные нити ДНК находят точно своих «собратьев», то есть что они как будто узнают друг друга по неизвестным, отличным от характера их биохимической природы критериям» [91, с. 149]. И это явление объяснимо, если признать существование поля Сознания.

Вывод, который делает болгарский физик Б. Палюшев, очень хорошо перекликается с идеологией, отраженной в наших книгах. «*Бог создает по образу и подобию своему не только человека, но и наполняющую среду вселенского пространства, которая обладает качествами человеческого сознания в масштабах, многократно превышающих масштабы человеческого мозга. Это поле всемирного сознания — результат творческой деятельности, которая базируется не на оперировании грубой материальной вещественной средой, а на утонченных информационных процессах... Информация о любом физическом теле или процессе отражается и сохраняется в информационном блоке всемирного поля сознания как единая целостная структура... В этом бесконечном информационном агрегате содержится полная информация обо всех материальных организациях в физической реальности, охватывающих весь возможный спектр — от элементарных частиц до масштаба Вселенной»* [91, с. 48].

И еще: «Программа биологических систем заложена не столько в ДНК (в вещественно-энергетической структуре ядер биологических клеток), сколько в бесконечно малых областях определенного субстрата ФВ (ФВ — физический вакуум), проявляющего свойства своеобразного всемирного сознания. Так, этот субъект ФВ представляет одну объективную реальность, которая проявляет качества человеческого сознания, но в более широких масштабах» [91, с. 31].

В физическом вакууме фундаментальную роль играют торсионные поля. Если представить, что каждая хромосома создает свое торсионное поле, которое сугубо нелинейное, то ансамбль хромосом создаст торсионное поле, которое не является линейной суммой, как электромагнитное, а представляет конгломерат индивидуальных торсионных полей каждой хромосомы. Образно говоря, в поле Сознания «слышен» голос каждой клетки, а значит, можно информационно воздействовать на конкретную клетку.

Для лучшего понимания приведем такой пример. На сцене поет хор. Очень красиво поет, но как звучит голос конкретно Петрова или Иванова, не ясно. (Вот так же в электромагнитном поле не выделить «звучание» конкретного органа или клетки.) Но вот на оперной сцене поет много певцов, и при этом каждый поет свою партию. Гармоничное, слаженное исполнение, но, прислушавшись, можно услышать каждого и понять, о чем он поет. Так дружный многоголосый ансамбль наших клеток, «поющих каждая свою партию», создает общее торсионное поле организма.

В книге «Физика веры» мы писали о том, что каждая клетка человека, состоящая из атомов и молекул, обладающих спином, создает свое торсионное поле [3, с. 154]. Клетки, соприкасаясь друг с другом, образуют общее торсионное поле, которое, как магнит, притягивает и ориентирует их в определенном положении в пространстве, создавая комбинацию клеток, предусмотренную энергоинформационной голограммой. Образуются различные клеточные объединения: органы, мышцы кости и т. д. Торсионные поля клеток и всех клеточных объединений создают общее торсионное поле человека, которое принято называть эфирным телом.

В своем открытии в области теории человека, зарегистрированном под № А—079, В. В. Ярцев утверждает следующее: полевое биоэнергоинформационное (эфирное) тело связывает клетки организма энергией и информацией в единый слаженный организм; при помощи эфирного тела до каждой клетки доносятся мысли, чувства, желания, устремления человека; именно оно является основой всего живого, так как служит носителем информации организма в целом и его клеток о структуре и состоянии как внутреннего, так и внешнего мира человека. Эфирное тело осуществляет связь между духовной и физической составляющими человеческого существа.

О том, что молекулы ДНК и хромосомы не только принимают информацию, но и генерируют когерентное излучение, П. П. Гаряев писал еще в 1994 году в своей книге «Волновой геном»: «Принципиальным в нашей версии биоморфогенеза является фактор продуцирования геномом голографических и иных отображений, организующих пространство—время биосистем и являющихся производными известных физических полей» [106, с. 169].

А в 2001 году академик Гаряев в замечательной статье «Волновые биокомпьютерные функции ДНК» отмечает: «Эндогенные (эндогенный — внутреннего происхождения [25, с. 1564]) физические поля очень малой мощности являются быстрым волновым генетическим информационным каналом, соединяющим хромосомы отдельных клеток в целостный континуум, работающий как биокомпьютер... Есть некоторые основания полагать, что генетический аппарат высших биосистем обладает способностью быть квантово нелокальным. Это дает возможность клеткам, тканям и организму находиться в суперкогерентном состоянии» [107, с. 30].

Вот вам и предположение Гурвича о фитонном поле хромосом. Но если генетический аппарат нелокальный, значит, он вездесущий. Значит информация об организме, органе, клетке есть везде! И если на клетки (а значит, на органы или системы) можно влиять информационно, то почему бы не влиять и адресно?

На основе исследований, выполненных под руководством академика В. П. Казначеева в Новосибирском медицинском институте и Институте клинической и экспериментальной медицины СО РАМН в течение 40 лет, были получены уникальные результаты воздействия торсионных полей на клетки и органы человека. Для этого был сконструирован торсионный генератор. Когда такой генератор создавал левое торсионное поле (закручивал эфирный поток против часовой стрелки), то тканевые культуры (клетки человека), на которые он был направлен, начинали активно размножаться, а синтез белка и полисахаридов шел обычным порядком. Под воздействием правого торсионного поля деления клеток не было вообще, но синтез белка в клетках и активность их геномов были необычайно высокими.

Пример адресного воздействия не менее интересен. «В генератор Козырева помещается пробирка с инсулином, эфиро-торсионное пространство „считывает" информацию с молекул инсулина, далее полученная информация проникает в тело человека сквозь кожные покровы, и у испытуемого меняется концентрация глюкозы в крови, то есть так же, как и в случае непосредственного воздействия инсулина» [105, с. 334].

А с помощью гипогеомагнитных камер ученым удается безлекарственно «существенно купировать такую патологию, как детская эпилепсия, целый ряд генетических дефектов, с помощью переноса „голограммы памяти“ (информации. — *Прим. авт.*) из организма матери в организм ребенка. Сущность самого процесса жизнедеятельности в клетках меняется».

На биофаке МГУ под руководством Александра Бурлакова за счет передачи биологическим объектам информации уже выведены рыбы с двумя, четырьмя и даже шестью головами. Есть экземпляры, у которых шесть сердец или позвоночник раздвоен сразу в десяти точках. Причем сам ученый признается, что механизм взаимодействия ему пока неизвестен. Он просто переносит определенную информацию на биологические объекты и тем самым как бы задает им заранее запрограммированные исследователями свойства [29, с. 35].

В газете «Московские ведомости» от 14 августа 2000 года в статье «На рубеже веков человечество наконец-то получило ключ к бессмертию!» описываются опыты биохимика Николая Исаева, которому удалось «замкнуть в кольцо» жизнь деревьев. Патент на изобретение выдан ему еще в советские годы. Как граммофонную пластинку можно «зациклить» на одном витке, так же ученый «зациклил» жизнь растений.

«У клена я просто удаляю с определенным интервалом точки роста, — рассказывает корреспонденту газеты Исаев. — На мышей и кроликов влияю с помощью биологически активной воды, на которую записываю нужную мне информацию... Для каждого организма сигнал различен, но суть его в том, чтобы организм перестал считывать с генома данную природой программу развития. Он перестает распознавать время и начинает многократно проходить один и тот же отрезок жизни» [90, с. 63].

В институте общей генетики Н. Исаев успешно провел опыты на мышах. Себя энтузиаст зациклил еще в 1995 году на возрасте в 40 лет. А экспериментировать с людьми, даже безнадежно больными, ему не позволяют.

Профессор Института физиологии растений им. К. А. Тимирязева, доктор биологических наук Ольга Кулаева в результате экспериментов с растениями пришла к выводу: в живых организмах существуют несколько программ развития и существования как минимальных, так и максимальных. И на этот выбор можно влиять [29, с. 35]. Правда, она работала с гормоном цитокинина, на основе которого базируется программа жизни. Этот гормон был открыт еще в середине 60-х годов профессором Висконского университета Скугом.

Открытие было подтверждено опытами немецкого ученого Курта Мотеса, а затем и другими учеными. Ольга Кулаева провела серию опытов, в которых пыталась «заразить жизнью» умирающие растения. Лабораторными методами удалось не только запустить второй и третий циклы жизни растений, но и добиться такого необычного эффекта, когда одна половина листа, в которую вводили цитокинин, начинала зеленеть и молодеть, а вторая, не простимулированная гормоном, продолжала стареть и умирать.

К сожалению или, наоборот, к счастью, попытки перенести этот механизм воздействия на человека оказались безуспешными. Какой-то не выявленный учеными комплекс биоинформационных и биоэнергетических условий мешает реализации идеи.

В статье «Волновые биокомпьютерные функции ДНК» академик Гаряев подчеркивает, что хромосомный аппарат биосистем функционирует одновременно как источник и приемник генознаковых лазерных, солитонных и голографических полей и является неким подобием пространственно-временной голографической решетки, в которой свернуто пространство-время организма. С позиций академиков РАЕН А. Е. Акимова и Г. Н. Шипова, физическим носителем сознания являются торсионные поля, а сознание в Тонком Мире представляется в виде торсионного солитона, несущего большой объем информации [108, с. 213].

А солитонные и голографические поля хорошо воспринимаются хромосомным аппаратом человека. Значит, на хромосомный аппарат (на клетки, органы и весь организм в целом) можно влиять сознанием!

Так оно и есть. Информационное воздействие мыслью (сознанием) на людей с целью исцеления уже давно и успешно проводят академик Г. П. Грабовой и выпускники его Школы. В том числе А. Н. Петров и И. В. Арепьев. Не случайно технология исцеления Г. П. Грабового носит название «технология сознания». Он утверждает: «Есть некая структура инициализации человека в общей информации. Мышление позволяет самостоятельно инициализировать сторону неразрушения человека» [47, с. 7]. То есть сознанием можно спасти человека.

В последнее время в мире проявляется огромный интерес к работе академика Грабового, возглавляющего «Международную программу оздоровления человека». Метод оздоровления включает в себя диагностику, обработку информации, восстановительный процесс. Все циклы работ Г. П. Грабовой осуществляет, применяя свои способности ясновидения и дистанционного управления информацией сознанием. Он говорит: «Задачу свою вижу не только в излечении. Провожу регенерацию (восстановление) материи независимо от первоначального состояния» [47, с. 3]. Так как Григорий Петрович восстанавливает после биологической смерти, излечивает от рака четвертой степени и СПИДа четвертой степени, когда многие органы уже разрушены, он, естественно, исцеляет от любых заболеваний.

«Любое событие можно преобразовать в благоприятное, научившись целенаправленно изменять мыслеформу, что посильно только структурированному сознанию. Этот подход структуризации сознания по управлению мыслеформами лежит в основе моего Учения „О спасении и гармоничном развитии“. Это Учение официально утверждено в уставных документах ЮНЕСКО. Моя многолетняя практика полностью подтвердила все положения моего Учения. Полученные результаты изложены в трехтомнике „Практика управления. Путь спасения“».

И академик Грабовой утверждает: «Первичным является Бог, Создатель. Далее идут Душа и Дух. Затем сознание. Причем сознание выступает и самостоятельно, само по себе, и как связующее звено между духовным и физическим, между Духом и материей. Физическая материя представляет собой определенную форму развития сознания. Так устроен мир. Жизнь построена на духовной основе» [10, с. 461].

Наше сознание — фрактал Сознания Создателя! «Оно построено Создателем по его собственному образу и подобию. Следовательно, мы тоже можем создавать любые объекты реальности, которые нам нужны для выполнения наших планов. Для этого нужно только, чтобы любую созидательную идею мы формировали так, как ее формирует Создатель. И тогда для нашего созидательного творчества открываются безграничные перспективы» [10, с. 462].

Итак, с точки зрения академика Грабового, сознание — это структура, позволяющая Душе управлять телом. Душа, материальной частью которой является тело, через структуру сознания взаимодействует с реальностью. Но есть также взаимодействие между телом и клетками этого тела. Это взаимодействие осуществляется тоже сознанием, но это уже *клеточное сознание*. В широком смысле сознание — это структура, объединяющая духовную и физическую материю. Обладая необычайно высоким уровнем развития сознания, Григорий Петрович лечит людей, воздействуя своим сознанием на физическую материю.

Перед нами копии официальных документов, подтверждающих тяжелое заболевание пятилетнего Кости Л. Это — документ, выданный клинико-диагностической лабораторией Института клинической онкологии ВОНЦ АМН РФ, и справка, выданная онкологическим научным центром им. акад. Н. Н. Блохина РАМН, в которой зафиксирован диагноз-приговор: лимфосаркома, бластный тип, пре-пре-В. иммуновариант с поражением лимфоузлов средостения, легких, плевры, костного мозга. И дана рекомендация: «Оформить инвалидность в соответствии с приказом Минздрава № 117 от 04.07.94». И малыша отправили умирать [114, с. 491].

Мать Кости обратилась к Грабовому с просьбой помочь мальчику и в своем заявлении на имя Г. П. Грабового указала, что «диагноз был установлен на основе пункции костного и спинного мозга, УЗИ средостения и грудной клетки, лабораторно-инструментальных исследований. После сеанса, проведенного Григорием Петровичем Грабовым 11 ноября 1997 года, была сделана пункция костного и спинного мозга сына 14 ноября 1997 года, которая показала отсутствие опухолевых клеток.

Через пять дней было проведено УЗИ средостения и грудной клетки, лабораторно-инструментальные исследования, показавшие нормальное состояние организма сына. Эти исследования (после сеанса Грабового) были проведены теми же специалистами РАМН». Далее подпись и число.

И прилагается еще один документ из той же самой клинико-диагностической лаборатории, но результаты исследований, выполненных после сеанса Грабового, ничего общего не имеют с предыдущими [114, с. 491–493]. Сразу же укажем, что все заявления об установлении фактов излечения заверены нотариально.

А вот второй пример. И. Н. Митина обратилась к Грабовому с просьбой исцелить ее сына 1987 года рождения от рака. Мы приводим заявление Митиной дословно. В нем сказано: «Я заявляю, что Грабовой Григорий Петрович действительно является целителем. Так как в результате одного лишь сеанса, проведенного Грабовым Григорием Петровичем с целью исцеления моего сына, гистологический анализ от 31.X.97 у сына показал отсутствие злокачественных клеток, хотя до сеанса гистологический анализ от 17.06.97 г. по некоторым компонентам показывал злокачественные клетки (например, до сеанса на гистологической консультации в институте Герцена у профессора Франка был установлен диагноз наличие злокачественных клеток у сына). Так как гистологический анализ до сеанса и после сеанса производился в Институте ЦИТО г. Москвы, находящегося в районе М. „Войковская" на одном и том же оборудовании, следует, что Грабовой Григорий Петрович исцелил моего сына от рака» [114, с. 494].

И таких примеров исцеления от раковых заболеваний, от СПИДа, других болезней, а также примеров диагностики огромное множество. Каждый такой документ — это крик души! Ведь в нем дикая боль и неизмеримая радость! Когда врачи бессильно разводят руками (мол, иди умирай), вдруг приходит помощь. Разве это не чудо! Чудо, которое вполне возможно!

В газете «На грани невозможного» № 10 за 2003 год (с. 4—5) опубликовано потрясающее интервью ее главного редактора Е. Голомолзина с военным космоэнергооператором Виталием Леонидовичем Рехловым. А если попроще, то с военным экстрасенсом (парапсихологом, мистиком и т. д.), который закончил командный факультет Военно-воздушной академии им. Ю. А. Гагарина по специальности космоэнергооператор. Обучение проходил по программе Мюнхенского института парапсихологии.

> Наша первая официальная группа была набрана в 1994 году, до этого все существовало на неофициальной основе. Отбор курсантов производился штатными специалистами в этой области по фотографиям претендентов. За рубежом в каждой цивилизованной стране есть подобные специалисты. Чем они занимаются? Разведкой! А также лечением... Программа Мюнхенского института парапсихологии основана на знаниях Тибета еще при Гитлере, это заведение именовалось тогда Институтом радиологии. Программа рассчитана для развития сверхчувственного восприятия путем самоуглубления через практики медитаций... Медитация есть созерцание внутреннего мира...

Познав себя, вы поймете, что ваша душа — бессмертна, умирает только то, что снаружи, тело, бренное тело. Осмыслив это, вы избавитесь от низких желаний и взойдете на более высокий духовный уровень развития, познаете ответы на все существующие и не существующие еще вопросы, потому что все ответы явлены раньше, чем появились вопросы. Какой бы вопрос ни прозвучал, ответ на него уже есть, он был всегда, сидел и ждал, когда его найдут. Заранее знать ответы, не это ли ясновидение?

И Виталий Рехлов рассказывает о том, как в 1995 году с помощью ясновидения абсолютно точно указал место нахождения разбившегося пассажирского самолета ТУ-154 на склоне горы Бо-Джуа, как отыскивал разбившиеся военные самолеты и погибшие экипажи в Камране, как предсказывал будущее своим знакомым. В частности, он увидел до мельчайших подробностей автомобильную аварию, в которую попадет мэр г. Быково (Подмосковье) на автомобиле ВАЗ-2108 белого цвета. На это предсказание мэр не обратил внимания, заявив, что он ездит только на «Волге», которой управляет очень опытный водитель. Но так случилось, что «Волгу» с водителем он отпустил, а ему срочно позвонили, сказав, что его жена попала в больницу. Выбежав на улицу, он взял ключи от стоявшего ВАЗа коллеги и понесся в больницу. А дальше все по предсказанному сценарию.

По поводу лечения В. Л. Рехлов рассказывает следующее: «Когда я уходил на занятия (в академию. — *Прим. авт.*), создал головную боль своей жене, просто подумав об этом. Когда через шесть часов я вернулся с занятий, голова ее была закутана в мокрое полотенце, а рядом лежали упаковки от таблеток. Оказывается, ничего не помогло. Головную боль я снял в доли секунды. Второй опыт — вылеченные парализованные ноги у мамы. После этого она, врач по профессии, вынесла всю медицинскую литературу в огород и сожгла. И стала заниматься методиками самолечения, данными нам в академии.

А когда дочь заболела менингитом, я использовал состояние, с помощью которого наша группа оказывала помощь Б. Н. Ельцину во время операции на сердце. Дочь выписали из больницы на 18-й день после двух пункций спинного мозга и четырехдневной комы! Есть все документальные подтверждения стационара...

А год назад ко мне обратилась женщина-врач с онкологией: поражение прямой кишки, желудка и печени. Ее выписали из больницы, честно сказав, что она обречена. Я занимался с ней пять месяцев. Не поверите! Ни одного метастаза. Ее коллеги-врачи уже похоронили».

Вот так! Такие феноменальные результаты и в таком огромном количестве! И все это не интересует ортодоксальную науку, потому что «этого не может быть никогда!» Зачем нам такая наука? Ведь в конце концов ее кормим мы, налогоплательщики.

Поражает одно: почему светила науки не бросят все свои дела и не займутся исследованием феномена Грабового? Почему не учатся у него? Если не верят, должны проверить. Если не хотят, зачем нам такие ученые? Это касается не только медиков, это касается всех — физиков, биологов и т. д. Может быть, не нужно три десятка лет заниматься ТОКОМАКом, накручивая одну проблему на другую, и строить атомные электростанции, от которых всего можно ожидать? Может быть, стоит работать над использованием энергии физического вакуума? Ведь однозначно решатся все проблемы энергоресурсов и экологии. А каких успехов во всех областях науки могли бы достичь российские ученые, изучив феномен Григория Петровича! Но самое главное — они могли бы лечить людей и обеспечить бессмертие человечества в недалеком будущем! А может быть, это все уже делается для власть имущих? Ведь работали военные экстрасенсы на Ельцина! Ведь работает Г. П. Грабовой в команде Президента! Ведь занимаются по программе Мюнхенского института парапсихологии слушатели Военно-воздушной академии им. Ю. А. Гагарина! А сколько еще таких, о которых мы не знаем.

Может быть, приняв концепцию, что к 2050 году население России составит 90—95 миллионов человек [80, с. 178], сильные мира сего спокойно ждут этого момента, не предпринимая никаких усилий для изменения ситуации? Если честно, нам очень не хочется так думать. Ведь есть же ученые, которые могут «все, что угодно, за правду отдать». Вот на них и можем рассчитывать мы, рядовые жители страны. Вот их и призываем изучить феномен Грабового ради спасения каждого человека. Ведь жить хотят все!

Трудно даже спрогнозировать, каких высот могла бы достичь православная церковь, взяв на вооружение идеологию и методы Грабового!

Но, увы! В газете «Комсомольская правда» от 5 июля 2002 года на «Прямой линии с читателями КП» председатель комиссии по борьбе с лженаукой Академии наук России Э. П. Кругляков и сопредседатель комиссии академик В. Гинзбург отвечают на вопросы читателей.

Владимир Иванов из Хабаровска задал вопрос: «Есть ли в ФСБ, в службе охраны Президента РФ экстрасенсы?» Ответ академика Круглякова на этот вопрос мы приводим полностью.

«Расцвет лженауки у нас, увы, связан с эпохой Ельцина. В 90-е годы вокруг президента крутилась масса проходимцев. Например, генерал Рогозин, зам. начальника службы безопасности. В октябре 1998 года он предсказал, что в июле-августе 99-го начнется ядерная война. Покровительствовал астрологам, поддерживал „торсионных" активистов.

При президенте подвизался и господин Гробовой (Обращаем внимание читателей на умышленную ошибку в фамилии. Чувствуете, какой приемчик! — *Прим. авт.*). Согласно сообщениям, академик итальянской академии наук, доктор технических наук, доктор физматнаук Гробовой „контролировал" президентский самолет перед вылетом. Мысленно он определял, нужно ли, например, заменить левое шасси. А еще создал прибор, с помощью которого можно „уменьшать силу ядерного взрыва". И даже испытывал его при подземных испытаниях в Семипалатинске. А потом предложил устанавливать прибор на АЭС.

Я провел официальное расследование и выяснил: никаких научных званий у него нет, в Италии его никто не знает. Да и ни в каких испытаниях в Семипалатинске его „кристаллический модуль" не участвовал».

В книге Г. П. Грабового «Воскрешение людей и вечная жизнь — отныне наша реальность!» приводятся копии официальных документов, подтверждающих высочайший научный уровень академика и потрясающие результаты его деятельности. Но, к сожалению, тираж этой книги мал, поэтому для наших читателей мы решили привести некоторые сведения о Григории Грабовом.

Прежде всего, это номера дипломов: доктора физико-математических наук — ДФМ № 0052, доктора технических наук — ДТ № 0129, выданных Г. П. Грабовому высшей межакадемической аттестационной комиссией (ВАК) РФ, а также перечень других дипломов:

— диплом, выданный итальянской академией наук;

— диплом о присуждении ученой степени доктора информатики и менеджмента МАИНБ [10, с. 647];

— диплом Европейского университета о присуждении ученого звания доктора наук по специальности *технические науки* [10, с. 648];

— диплом ПР № 0057 профессора, выданный ВАК по специальности 05.02.21 «Безопасность особо сложных объектов» [10, с. 650];

— аттестат профессора ПР № 0182, выданный ВАК, по специальности «Аналитические и структурно-аналитические приборы и системы» [10, с. 651];

— диплом действительного члена академии Российской академии естественных наук [10, с. 653];

— документ об избрании академиком Российской академии медико-технических наук [10, с. 657];

— диплом академика Российской академии космонавтики [10, с. 660].

Кроме всего этого, имеются еще пять иностранных дипломов и сертификатов. В этой книге приведено также большое количество копий протоколов, подтверждающих экстрасенсорные способности Грабового по диагностированию техники (космического орбитального комплекса «Мир» РФ и космического корабля «Атлантис» США — протоколы выданы в ЦУПе; самолетов — протоколы выданы национальной авиакомпанией Узбекистана; шахт; компьютерной техники). Во всех протоколах отмечается, что Г. П. Грабовой «диагностирует фактически моментально и совершенно точно с конкретным указанием места расположения дефекта» [10, с. 544].

Источники указаны. Сомневающиеся могут проверить указанные документы.

Но давайте вернемся к Г. П. Грабовому. В книге «Воскрешение людей и вечная жизнь — отныне наша реальность!» он приводит интересный пример излечения от рака четвертой степени и дает объяснение методу излечения [10, с. 370]. Приведем пример полностью.

Антипова Галина Степановна. Диагноз: внутрипротоковая карцинома молочной железы. Галина Степановна обратилась ко мне после посещения онкологического диспансера, где на основе анализов у нее была обнаружена внутрипротоковая карцинома молочной железы. Внутрипротоковая карцинома — это фактически неизлечимая форма рака. По данным Всемирной организации здравоохранения, при данной форме рака больному остается всего лишь несколько месяцев жизни.

Лечение Галины Степановны я проводил дистанционно, на расстоянии. Когда через несколько месяцев она вновь прошла онкологическое обследование, причем в том же диспансере и у того же самого врача, то было установлено, что никакого рака у нее больше нет.

Обрисую кратко использованный мною подход. Сначала я строю все нужные последующие события. Затем соединяю их с реальными клетками. Настраиваю все клетки на самовоспроизводство. Настраиваю также и все события на то же самое воспроизводство, чтобы иметь согласованность здоровых клеток и всего организма с благополучным ходом дальнейших событий, и рак излечивается. Как и любая другая болезнь.

И все!

Если говорить проще, то суть лечения заключается в следующем. Давайте представим себе, что вся жизнь человека записана на информационный носитель — видеокассету или, лучше сказать, на «ленту событийного ряда». Вся информация о деятельности каждой клеточки, каждого органа и всего организма зафиксирована на этой ленте. И мы в любое время можем ее посмотреть. Кстати говоря, именно так все и есть, вся информация о нашей жизни фиксируется в нашем каузальном теле, только вот мы, к сожалению, не умеем вставить в видеомагнитофон эту «кассету», проанализировать свою собственную жизнь и внести в нее необходимые поправки. А академик Г. П. Грабовой и его ученики это делать умеют. Просматривая информационную ленту нашей жизни на уровне клеток, они ищут ту хромосому или набор хромосом, в которые когда-то была внедрена информация болезни и откуда пошло первоначальное воздействие на физическое тело, то есть «откручивают ленту назад» до того момента, когда болезни еще не было вообще. А дальше следует стереть эту негативную информацию и записать новую о нормальном состоянии, о здоровой жизни. Такую информацию содержит в себе информационный (канонический) двойник человека.

«Существует система архивных двойников. Здесь у вас на уровне информации всегда содержится каноническая форма — архивный двойник вашего здоровья. Цель такая, чтобы ваш архивный двойник, то есть ваша протоструктура, активизировалась и приняла уровень реальной структуры» [47, с. 6].

Чтобы избавить человека от болезни, целитель своей мыслью (своим сознанием) активизирует тот участок информации информационного двойника (абсолютно здорового), который соответствует больному физическому органу. Информация здоровья вводится в ДНК клеток органа и, являясь обязательной программой, заставляет унипотентные клетки этого органа производить себе подобные новые (здоровые) клетки. А активизация здорового информационного двойника в целом позволяет согласовать работу новых (здоровых) клеток и всего организма. Чтобы ситуация в организме оказалась под полным контролем и новые раковые клетки, клетки, вышедшие из повиновения, больше не появлялись, целители производят воздействие на гипофиз пациента, сообщая ему, что он был введен в заблуждение посторонней информационной конструкцией (по сути — чуждым нам разумом), и передает ему признаки для распознавания пораженных раком клеток. С этого момента ограничения иммунной системы по распознаванию ситуации в организме снимаются, и клетки вновь контролируются [29, с. 147].

Если речь идет о регенерации удаленного органа, то «информация здоровья» должна вводиться в стволовые плюрипотентные клетки, которые под информационным воздействием начнут делиться и производить клетки именно данного органа. Давайте вспомним слова Арепьева: «Более того, для регенерации органов я работаю со стволовыми клетками... По этой информации я создаю голограмму органа на том месте, где орган должен быть. Координаты этого органа хорошо просматриваются. А потом я запускаю процесс деления стволовых клеток, смотрю на голограмму, и орган растет». — «А когда вы не смотрите, орган растет или нет?» — «Конечно, растет. Ведь я своей энергией запускаю программу материализации клеток органа. А потом они растут (делятся) по информации, заложенной в голограмме». Вот и все. И никаких хитростей! Просто для того, чтобы быть в состоянии производить подобные изменения, нужно обладать более высоким состоянием сознания.

Вот так он и запустил программу регенерации желчного пузыря в моем организме. В апреле 2003 года мне сделали очередное УЗИ. Врач, правда, не тот, что работал со мной в марте, поинтересовался моим огромным швом на животе и, узнав, что я хочу исследовать область желчного пузыря, не смог скрыть своего удивления. И, естественно, никакого желчного пузыря не обнаружил. Правда, имели место какие-то пятна. А в конце июня я пришла к нему снова. Очень тщательное исследование с доплеровским эффектом выявило наличие «некой полости», которая, по мнению врача, является, скорее всего, веной. Почему-то этой вены в апреле не было. Ну что же! Через пару месяцев я приду к нему снова.

Нужно сказать, что подобные проблемы в отношениях с профессиональными медиками имеются и у самих целителей. Так, в своей книге «Спаси мир в себе» Аркадий Наумович описывает процесс очень трудного «признания» врачами, проводящими УЗИ, наличия у самого Петрова регенерированного желчного пузыря. Вот что он пишет.

«Недавно мы заключили договор о совместной деятельности с РОО „Медико-оздоровительной лиги“ при поликлинике научно-производственного объединения „Квант“, специализирующегося на тематике космических исследований. У них прекрасная диагностическая аппаратура, мощные лаборатории. Начать решил с себя» [29, с. 196].

Тринадцать лет назад академику А. Е. Петрову доктор Л. М. Гинзбург удалил желчный пузырь. И вот теперь, после излечения от букета болезней и регенерации удаленного органа, академик, захватив все медицинские заключения, обратился к главному врачу поликлиники Владимиру Анатольевичу Кушниру с просьбой провести инструментальное обследование его организма.

— С чего начнем? — деловито осведомился Владимир Анатольевич. И опять сквозь вопрос довольно явственно прозвучало: «Одно дело — людям головы морочить, другое дело — приборы. Их не обманешь».

Предлагаю начать с желчного пузыря. Он с сомнением смотрит на огромный шов, память о размашистом хирургическом почерке Льва Моисеевича, пытливо спрашивает:

— Думаете, уже вырос?

Я не отвечаю, хотя знаю, что желчный пузырь на две трети восстановлен. Там есть матрица пузыря и его энергетическое наполнение. Более того, уже и клетки закончили процесс регенерации. Но они сейчас, если смотреть с помощью ясновидения, какие-то прозрачные, как стекляшки. Что можно увидеть в этом случае с помощью ультразвукового обследования — мне и самому неизвестно... Я ложусь на кушетку. Владимир Анатольевич включает аппарат, мажет мой живот какой-то клейкой гадостью и начинает обследование. Он ворочает меня и так и сяк, заставляет надувать живот, дышать и не дышать. Наконец выносит свой вердикт:

— Чудес не бывает. Если отрезали — значит, отрезали.

Я не спорю. Прошу только все зафиксировать. Написать заключение, подписать и заверить печатью учреждения.

Через два дня снова иду к Владимиру Анатольевичу. Он с сомнением во взоре интересуется:

— Неужели надеетесь, что орган вырастет?

— Надеюсь, — отвечаю лаконично, без пространственных комментариев, которые сейчас неуместны.

— Хорошо, — соглашается Владимир Анатольевич, и мы вместе идем в кабинет ультразвуковых обследований.

Но на этот раз что-то все-таки изменилось. Владимир Анатольевич в некотором смущении.

— Полежите пока, — просит он. — Я позову еще одного специалиста.

Через несколько минут уже два врача изучают экран, обмениваясь короткими репликами:

— Что за тень?

— Непонятно.

— И точно в области желчного пузыря. И форма похожая.

Второй врач пыхтит, думает.

— Может, с прибором что случилось?

Я опять прошу написать все, как есть. Тень так тень. Лучше еще дня через два приду.

Когда я снова пришел через несколько дней на обследование, Владимир Анатольевич сразу меня предупредил:

— Диагностировать будем вдвоем. Я пригласил очень хорошего специалиста, чтобы разобраться с этой непонятной тенью.

Опять кушетка, к которой я уже привык, как к родной. Два врача у экрана и их короткие, но весьма выразительные реплики.

— Размер почти нормальный.

— Толщина стенок три-четыре миллиметра.

— Почему наверху размытые края?

— А внизу очень четко. Вот стенка желчного, вот проток.

Вскоре консультант ушел. Я сел на кушетке.

Владимир Анатольевич сидел в метре от меня, но смотрел мимо, в стену. У него был какой-то странный, отсутствующий взгляд.

Я дотронулся до его руки.

— Что с вами?

Он вздрогнул и вышел из состояния прострации, в котором со всей очевидностью пребывал до этого.

— Но ведь я же знаю, что его там нет, — потерянно произнес он.

На него невозможно было смотреть без боли. Такое ощущение, что он внезапно потерял жизненную опору.

— А теперь есть? — спрашиваю.

— Теперь есть, — подтвердил он. — Только наверху нечеткие края.

— Давайте еще дня через три посмотрим, — предлагаю. — Может, до конца материализуется?

— Вы уверены, что это регенерация?

— А что же еще?

— Не знаю.

— Но ведь вы не в первый раз с этим сталкиваетесь, — достаю из рукава свою козырную карту.

Главный врач смотрит на меня с немым удивлением.

— Позвольте, я достану из портфеля несколько бумажек.

Он отодвигается, давая мне возможность подняться.

— Две недели назад к вам обратилась женщина с просьбой провести обследование щитовидной железы. Она, кстати, тоже врач, терапевт.

— Да, смутно вспоминаю, — подтверждает Кушнир.

— Вот ваше описание. Вы констатируете отсутствие левой доли щитовидной железы, которая действительно была удалена хирургическим путем.

— Да-да — я помню.

— А через несколько дней вы снова провели обследование этой женщины, которая, естественно, не очень старалась вам напомнить о себе. И что в результате?

— Что? — переспрашивает он.

— Вот ваше заключение, где вы описываете левую долю щитовидной железы как имеющуюся в наличии.

Он просматривает свои заключения, сравнивает записи.

— Этого не может быть.

— Почему? Ведь вы же констатируете у меня, кроме желчного пузыря, совершенно здоровую печень, почки, в которых уже нет камней, вполне нормальную поджелудочную железу. Вы ведь их не лечили? С чего это они вдруг стали такими нормальными, хотя мы имеем документы, утверждающие прямо противоположное. Да и может ли быть в моем возрасте что-либо нормальное? Ну, подумайте сами.

Вскоре через поликлинику научно-производственного объединения «Квант» пошел новый поток клиентов. Врачи собственными глазами наблюдали, как восстанавливались отсутствующие органы, исчезали буквально за две-три недели раковые опухоли.

Иногда Владимир Анатольевич впадал в неравновесное состояние и отсылал наших пациентов. Так было с одной женщиной, у которой были обнаружены доброкачественные образования в груди.

— Я не могу это регистрировать, — убеждал он не столько присланную нами на обследование женщину, сколько себя. — Два дня назад я лично осматривал вас. У вас были опухоли, затвердения в груди, кисты и еще что-то. А теперь ничего нет. Я должен собрать комиссию. Пригласим маммологов, проведем дополнительные обследования крови, тогда и будем решать. Если я сейчас все подпишу — мои коллеги сочтут, что я сошел с ума.

Через день собранная главным врачом комиссия после жарких прений все же была вынуждена зафиксировать факт чудесного исцеления.

Проиллюстрированные выше растерянность и недоумение медиков, и даже неприятие «объективных показаний приборов», попытка объяснить чем угодно то, чего, по их фундаментальному убеждению, «не может быть никогда», но только не признание уже существующих феноменальных фактов, — все это служит прекрасной иллюстрацией невысокого уровня развития сознания современных людей. Именно на это обстоятельство обращает главное внимание академик Г. П. Грабовой. И поскольку Сознание творит мир и все в мире, то переход на новый, более высокий уровень развития нашего человеческого сознания позволит человечеству навсегда избавиться от болезней. А сегодня более высокий уровень развития сознания некоторых целителей позволяет им лечить людей, воздействуя на ДНК, хромосомы, клетки и органы.

Вот что по этому поводу пишет в своей книге «Спаси мир в себе» академик А. Н. Петров.

«Импульсу нашего сознания подчиняются и ДНК человека, и хромосомы. Клетки и органы обмениваются между собой энергией, информацией, веществом. Руководит этим процессом сознание через гипофиз. Следовательно, именно через сознание можно добиться осуществления поставленной цели. Причем импульс воздействия — это и энергия, и информационное кодирование. Ты послал импульс — энергия духа и знания души вошли в клетку. С помощью импульса оздоравливаем клетку, делим ее, убираем раковые заболевания. Плохие клетки уничтожаются той же энергией, которая запускает процесс регенерации. Меняется только информация в точке. Это мир внутри нас.

Так как сознание представляет собой, по сути, энергоинформационную матрицу, а геном имеет волновой (информационный) канал связи между словом и речеподобными структурами, записанными в геноме, то можно импульсом-словом влиять на все органы через управленческую функцию гипофиза» [29, с. 48].

Именно к этому полным ходом идет наука. К сожалению, как говорил Бармалей устами Ролана Быкова, «нормальные герои всегда идут в обход». А обход бывает очень длинным и долгим. Особенно когда во главе колонны исследователей марширует инерция мышления.

И, тем не менее (как говорил когда-то наш вождь: «Все дороги ведут к коммунизму!»), все дороги ведут к Богу!

Однако быть здоровыми и радоваться жизни мы хотим сейчас. Так давайте воспользуемся знаниями о том, что «словом можно спасти», словом можно лечить, не забывая при этом, что «словом можно убить». Давайте возьмем под контроль свои слова и мысли, не будем жалеть добрых, теплых слов для своих друзей, стыдиться слов любви для своих родных и близких. Эта уникальная энергетически емкая информация будет творить чудеса в наших организмах. Так давайте сделаем все от нас зависящее, чтобы наладить гармонию в отношениях друг с другом, с природой, с мирозданием.

Как утверждает академик Г. П. Грабовой: «При духовном подходе неизлечимых болезней не существует в принципе. Более того, при духовной гармонии никакие болезни даже не возникнут. Ибо вы всегда будете находиться в гармонии с Миром. А всякую болезнь можно рассматривать как следствие нарушения этой гармонии. Поэтому рецепт для излечения от любой болезни очень прост: надо восстановить гармонию с Миром». Тем более что, как нам кажется, у всех нас есть основания воспринимать свою жизнь, подаренную нам Богом, радостно и с благодарностью.

В одном из номеров газеты «На грани невозможного» журналист С. Анина приводит потрясающие данные, которые позволяют оценить положение практически каждого жителя нашей страны в общей картине мира.

Если бы мы сократили все население планеты до размеров одной деревни, в которой проживает 100 человек, и применили бы к этой деревне все те соотношения, какие характерны для нашей планеты в настоящее время, то получилась бы следующая потрясающая картина [109, с. 15].

57 человек в деревне — азиаты, 21 — европейцы, 14 — из западного полушария, 8 — из Африки;

52 человека было бы женского пола, 48 — мужского;

70 по расовой принадлежности — цветные, 30 — представляли бы белую расу;

70 — нехристианской веры, 30 — христиане;

89 — придерживались бы традиционной сексуальной ориентации, 11 — нетрадиционной;

8 человек обладали бы 59 процентами всего деревенского (мирового) богатства, и все они были бы выходцами из США;

80 проживали бы в условиях, не соответствующих минимальным человеческим нормам;

70 были бы не способны читать;

50 страдали бы от постоянного голода;

1 был бы при смерти;

1 был бы готов вот-вот родиться;

1 имел бы образование на уровне колледжа и выше;

1 имел бы компьютер.

Так что если вы пробудились утром, ощущая себя в большей мере здоровым, чем больным, это означает, что Судьба благоволит вам намного больше, нежели миллиону человек, которых не будет в живых уже на этой неделе.

Если вы никогда не испытывали чувство опасности, которому подвергается человек на поле боя, если вам не знакомо чувство одиночества, какое испытывает человек в тюремной камере, или вы не знаете, что такое агония пыток или муки голода, то вы — счастливчик: вам повезло больше, чем каждому из 500 миллионов других людей в мире.

Если вы можете пойти в церковь без опасения, что вас будут за это преследовать, могут арестовать, подвергнуть пыткам или даже убить, то вам повезло гораздо больше, чем трем миллиардам других людей на нашей планете.

Если у вас есть еда в холодильнике и одежда на теле, есть крыша над головой и место, где вы можете поспать, то вы без всякого сомнения несравненно богаче, нежели 75 процентов людей в этом мире.

Если у вас есть деньги в банке и что-то есть в вашем бумажнике или кошельке, то не сомневайтесь: вы принадлежите к тем 8 процентам населения Земли, которые находятся на вершине иерархической лестнице богатства.

Если ваши родители все еще живы и все еще женаты, то вы представляете собой очень редкий вид счастливчиков — таких мало даже среди самых богатых людей в тех же Соединенных Штатах, Канаде или в любой другой «жирной» стране.

А если вы сумели прочитать все то, что написано в этой книге, то вы — баловень судьбы в большей мере, нежели другие два миллиарда людей на этой планете, которые не умеют читать вовсе.

А теперь ответьте себе: так ли уж много оснований у вас лично, чтобы плакаться и жаловаться на свою судьбу? Не вправе ли вы считать себя счастливыми? А считать себя счастливым, значит, быть здоровым! Так что будьте здоровыми!

СПИСОК ЛИТЕРАТУРЫ

1. *Вильямс Б.* Новые измерения в биржевой торговле: как извлечь прибыль из хаоса: рынки акций, облигаций и фьючерсы / Пер. с англ. — М.: ИК «Аналитика», 2000.

2. *Вильямс Б.* Торговый хаос. Экспертные методики максимизации прибыли. — М.: ИК «Аналитика», 2000.

3. *Тихоплав В. Ю., Тихоплав Т. С.* Физика веры. — СПб.: ИД «Весь», 2002.

4. *Налимов В. В.* Спонтанность сознания. — М.: Прометей; МГПУ им. Ленина, 1989.

5. *Глейк Дж.* Хаос. Создание новой науки. — СПб.: Амфора, 2001.

6. *Генералов В.* Формула творения жизни // На грани невозможного. 2002. № 15. С. 14.

7. *Пригожин И., Стенгерс И.* Время, хаос, квант. — М.: Издательская группа «Прогресс», 1994.

8. *Дульнев Г. Н.* Введение в синергетику. — СПб.: Проспект, 1998.

9. *Тихоплав В. Ю., Тихоплав Т. С.* Начало начал. — СПб.: ИД «Весь», 2003.

10. *Грабовой Г. П.* Воскрешение людей и вечная жизнь — отныне наша реальность! — М.: Издатель А. В. Калашников, 2002.

11. *Волошин А. В.* Об эстетике фракталов и фрактальности искусства // Синергетическая парадигма, линейное мышление в науке и искусстве. — М.: Прогресс-Традиция, 2002. — С. 213–246.

12. *Мейланов Р. П.* Концепции фрактала в естествознании: Докл. на зас. през. дагест. науч. центра РАН. — Махачкала, Институт проблем геотермии, 2002.

13. *Праушкин А.* Аналитическое программирование информационно-обменных процессов активных биологических форм. — СПб.: AIRES, 2000.

14. *Рыбина Л. А., Серов И. Н.* Аналитическое программирование информационных обменных процессов активных биологических форм. — СПб.: AIRES, 2002.

15. *Тихоплав В. Ю., Тихоплав Т. С.* Кардинальный поворот. — СПб.: ИД «Весь», 2002.

16. *Сокалло С.* Аналитическое программирование информационных обменных процессов активных биологических форм. — СПб.: AIRES, 2000.

17. *Серов И. Н.* Общий курс BIP. Аналитическое программирование информационно-обменных процессов активных биологических форм. — СПб.: Акцидент, 2002.

18. *Тихоплав В. Ю., Тихоплав Т. С.* Великий переход. — СПб.: ИД «Весь», 2002.

19. *Варнер Д.* Вдохновленная медицина. Влияние Сатья Саи Бабы на медицинскую практику. — СПб.: Саи Веда, 2002.

20. *Сатпрем.* Разум клеток. — СПб.: Мирра, 1995.

21. *Анина С.* Солнцееды // На грани невозможного. 2001. № 5. С. 10–11.

22. *Писаренко Д.* Зинаида Баранова. Три года без пищи и воды // Аргументы и факты. 2003. № 21. С. 23.

23. *Джасмухин.* Духовный резонанс. Уроки аффирмации, визуализации и внутренней силы / Пер. с англ. — СПб.: Будущее Земли, 2002.

24. *Клюев А. В.* Уроки из будущего. — М.: ООО «АиФ-Принт», 2003.

25. Советский энциклопедический словарь. — М.: Сов. энцикл., 1981.

26. *Алексеев А. А., Ларионов И. С., Дудина Н. А.* Врачи — заложники смерти. — М.: Триада плюс, 2000.

27. *Гербер Р.* Вибрационная медицина. — К.: София, 2001.

28. *Степанов Е. С.* Синхронные и слабые взаимодействия в биологии, медицине, технике // Материалы Всеросс. науч.-практич. конф. 21—23 сент. 1999 г., Сочи.

29. *Петров А. Н.* Спаси мир в себе. — Ч. II. — М.: Культура, 2003.

30. *Судаков К. В., Аганян Г. Ц., Вагин Ю. Е. и др.* Системокванты физиологических процессов. — М.: Междунар. гуман. фонд арменоведения им. акад. Ц. П. Аганяна, 1997.

31. *Лощилов В. И.* Информационно-волновая биология и медицина. — М.: Аллегро-пресс, 1998.

32. *Левин Ю.* В человеке струятся реки жизни // Известия. 2003. 5 янв.

33. *Мейланов Р. П.* Энергетика человека и современное естествознание. — Махачкала: Бари, 1998.

34. *Осколкова А.* От кислых мыслей киснет молоко // На грани невозможного. 2001. № 6. С. 5—6.

35. *Зятьков Н.* Водный человек: Интервью с профессором Э. Р. Мулдашевым // Аргументы и факты. 2002. № 51. С. 18.

36. *Зятьков Н.* Как нашли «живую воду»: Интервью с профессором Э. Р. Мулдашевым // Аргументы и факты. 1998. № 51. С. 12.

37. *Зятьков Н.* «Живая» и «мертвая» вода исцеляет // Аргументы и факты. 1999. № 51.

38. *Курик М. В.* О фрактальности питьевой воды // Физика сознания и жизни, космология и астрофизика. 2001. № 3. С. 45—47.

39. Нейтрализатор электромагнитных аномалий AIREC. — 2-е изд., доп. — СПб.: AIRES Technologies, 2002.

40. *Зайлер Б.* Тайна жизни // Zeiten Schrift. Почерк времени. 2002. № 2. С. 13–16.

41. *Коротков К. Г., Чумак А. В.* Влияние сознания на материальный мир — концепции и эксперимент // От эффекта Кирлиан к биоэлектрографии: Сб. ст. — СПб.: Ольга, 1998. — С. 158–168.

42. *Госьков П. И.* Энергоинформационные технологии в сфере духовности в начале XXI века // Биоинформатика. Биоинформационные и биоэнергоинформационные технологии. Доклады 4-го Международного конгресса «БЭИТ-2001»: Сб. — Т. 1. Ч. 1. — Барнаул: Изд-во АлтГТУ, 2001. — С. 3–14.

43. *Полонников Р. И.* Феномен информации и информационного взаимодействия. — СПб.: С.-Петерб. ин-т информатики, 2001.

44. *Малахов Г. П.* Здоровое питание. — СПб.: ИК «Комплект», 1997.

45. *Лескова Н.* Бессмертные мышки. Интервью с биофизиком А. Смирновым // На грани невозможного. 2001. № 25. С. 6–7.

46. *Дмитрук М.* Здоровье это информация // Чудеса и приключения. 2002. № 5. С. 2–4.

47. *Грабовой Г. П.* Унифицированная система знаний. — М.: Издатель А. В. Калашников, 2001.

48. *Мирзалис И. В., Серебренникова Л. В.* О принципиально новых методах биопсихоэнергоинформатики в профилактической и клинической медицине: Тез. докл. 1-го Междунар. науч. конгр. «Традиционная медицина и питание: теоретические и практические аспекты» 26–29 июля 1999, Москва.

49. *Крюк Э. А.* Современная концептуальная модель энергоинформационного взаимодействия // Бинар Аура Z. 1997. № 3. С. 14–17.

50. *Каленикин С.* Мы как часть высшей реальности: Интервью с акад. Г. И. Шиповым // Наука и религия. 1999. № 8. С. 2–7.

51. *Каленикин С.* Во имя духа, души и тела... // Наука и религия. 1999. № 12. С. 8–12.

52. *Каленикин С.* Мы как часть высшей реальности: Интервью с академиком Г. И. Шиповым // Наука и религия. 1999. № 8. С. 2–7.

53. Описание установок ВНИИ «Бинар» // Бинар Аура Z. 1997. № 3. С. 30–31.

54. *Заболотная Н. Б.* Обзор работы Междунар. науч. конф. 16–18 апреля 1999 г. // Аномалия. 1999. № 9.

55. *Каленикин С.* Крестная сила круга: Интервью с академиком Г. И. Шиповым // Наука и религия. 2000. № 1. С. 40–42.

56. *Правоторова Т.* Исцеление молитвой // Наука и религия. 2000. № 1. С. 14–15.

57. *Голубев Е.* Как измерить силу веры // Аргументы и факты. 2001. № 1.

58. *Дмитрук М.* Не спешите проклинать // Женское здоровье. 1996. № 1.

59. *Дмитрук М.* Телепортация «При дверех есть» // Чудеса и приключения. 1999. № 3. С. 2–4.

60. *Пеунова С. М.* Учебник жизни. — Ч. 1. — Самара: Путь к солнцу, 2003.

61. *Пеунова С. М.* Некоторые аспекты авторского метода // Сб. докл. на 1-й Всеросс. конф. «Россия: народная медицина». — Самара: Путь к Солнцу, 2003. — С. 65–76.

62. *Степанов Е. С., Пименов Ю. С., Затулина Н. И.* Современная концепция возникновения болезни и ее лечения // Науч.-практич. аспекты нар. мед. По материалам II Междунар. конгр. «Народная медицина России — прошлое, настоящее, будущее». — Ч. II. — М.: ВНИЦТНМ «ЭНИОМ», 1995.

63. *Степанов Е. С.* Современная концепция лечения человека // Цитомедина. Иммунитет, старение, долголетие: Сб. работ. — Вып. 1. — Самара, 1995.

64. *Степанов Е. С.* Немного предистории // Вестник будущего. 1998. № 1. С. 2–3.

65. Тезисы докладов международного научного конгресса «Наука, информация, сознание, 99». 29 мая–1 июня 1999 г., СПб.

66. *Серебренникова Л. В.* К механизмам паранормальных явлений. — Ч. 1–3. — Томск: Сиб. НИЦ АЯ, 1993.

67. *Мостовая Л.* Я не волшебник, но я хочу помочь людям: Интервью с доктором Л. В. Серебренниковой // На грани невозможного. 1994. № 5. С. 3

68. *Винокуров И. В.* Парапсихология. — М.: Олимп; ООО «Фирма «Изд-во АСТ», 1999.

69. *Голованова Е.* Наследники Самуэля Генемана // На грани невозможного. 2002. № 23. С. 4–5.

70. *Лупичев Н. Л.* Гомеопатия и энергоинформатика. — М.: ТОО РИФ «Рой», 1994.

71. *Баракин С. В.* Вам поможет гомеопатия. — СПб.: Культурная Инициатива, 2002.

72. *Семина О. В., Семенец Т. Н.* Влияние VMM на кроветворение и опухолевый процесс. Отчет об экспериментальных исследованиях // Клиническая апробация нутрицевтиков и парафармацевтиков компании NEWAYS: Сб. ст. — М., 2000. — С. 21–28.

73. *Юсупов Г. А.* Энергоинформационная медицина. — М.: ИД «Московские новости», 2000.

74. *Бобров А. В.* Проникающая способность торсионного излучения // Биоинформатика. Биоинформационные и биоэнергоинформационные технологии. Доклады 4-го Междунар. конгр. «БЭИТ-2001». — Т. 1. Ч. 1. — Барнаул: Изд-во АлтГТУ, 2001. — С. 97–104.

75. *Батенева Т.* Одна молекула на ведро воды // Известия. 2003. 14 февр.

76. *Токарев В. Ф.* Возвращение к первоистокам. — Киров: ГИПП «Вятка», 2002.

77. *Тихоплав В. Ю., Тихоплав Т. С.* Жизнь напрокат. — СПб.: ИД «Весь», 2002.

78. Чудо мелатонина / Пер. с англ. — М.: Восточн. книжн. компания, 1997.

79. *Осокина Л.* Самурайский закон в биологии // Известия. 2002. 18 сент.

80. *Казначеев В. П., Акулов А. И., Кисельников А. А. и др.* Выживание населения России. Проблемы «Сфинкса XXI века». — Новосибирск: Изд-во Новосибирского ун-та, 2003.

81. *Александров А. Н., Лавренова Г. В., Шахназаров А. Э.* Заболевания органов дыхания. — СПб.: Диалог, 2000.

82. *Батенева Т.* Ответный удар // Известия. 2002. 25 окт.

83. Методические рекомендации по применению биологически активных добавок к пище «VISION INTERNATIONAL PEOPLE GROUP». — М.: VIP Publishing, 2000.

84. INSIDE NEWAYS. 1997. № 5.

85. *Богомолова В.* «Средство Макропулоса» или лекарство от смерти // На грани невозможного. 2001. № 17. С. 7–9.

86. *Дегтярева Е. А.* Введение // Клиническая апробация нутрицевтиков и парафармацевтиков компании NEWAYS: Сб. ст. — М.: Компьютерная верстка, 2000.

87. *Торбин Б., Данилов Д.* БАД требуют к себе серьезного отношения: Интервью с д-ром биолог. наук, проф. А. Васильевым // Сетевая газета. 2003. Февр.—март. С. 6–7.

88. *Дегтярева Е. А.* Станут ли биологически активные препараты лекарствами XXI столетия? // INTERNATIONAL MEDICAL JOURNAL. 1999. № 9–10.

89. Наша награда // Планета людей. 2003. № 1. С. 5.

90. *Носков В. Г.* Воскрешение: сегодня и навсегда. — М.: Лазурь, 2003.

91. *Палюшев Б.* Физика Бога 2. Пограничные пространства. — Балашиха: ООО Изд-во «Астрель», 2003.

92. *Юзвишин И. И.* Основы информациологии. — М.: Междунар. изд-во «Информациология»; «Высш. школа», 2002.

93. *Репьев С. И., Муромцев В. А.* Биология — смена научной парадигмы // Парапсихология и психофизика. 1999. № 1. С. 10–11.

94. Айрес — сенсация XXI века?: Интервью с президентом Фонда Айрес И. Н. Серовым // Петровский курьер. 2000. № 13.

95. Эмбрионы из казны // Известия. 2002. 19 апр.

96. *Новая* эра в биологии и медицине // Санкт-Петербургские ведомости. 2003. № 71. 16 апр.

97. *Сестра* мышь // Здоровье от природы. 2003. Март. С. 2.

98. Управление молекулой // Известия. 2002. 18 янв.

99. *Славина Л.* Портрет души виден в каждой клетке // Известия. 2002. 25 янв.

100. *Анина С.* Мать «наследует» черты ребенка и становится похожей на... // На грани невозможного. 2001. № 3. С. 5.

101. *Оганесян Т.* Клетки свободной специализации // Эксперт-наука и технология. 2002. № 26.

102. *Сыщиков В.* Клеточные технологии в медицине. — К.: Implant, 2002.

103. Клетки без эмбрионов // Известия. 2002. 19 апр.

104. Человекомышь... // Вариант управления ПРОГНОЗ. — М.: Фонд Г. П. Грабового. 2003. № 3. С. 7.

105. *Казначеев В. П.* Сверхслабые излучения в межклеточных взаимодействиях. — Новосибирск: Наука, 1981.

106. *Гаряев П. П.* Волновой геном. Энциклопедия русской мысли: русское физическое общество. — М.: Общественная польза, 1994.

107. *Гаряев П. П., Тертышный Г. Г., Леонова Е. А и др.* Волновые биокомпьютерные функции ДНК // Сознание и физическая реальность. 2001. Т. 5. № 6. С. 30–48.

108. *Шипов Г. И.* Теория физического вакуума. — М.: НТ-Центр, 1993.

109. *Анина С.* Считаете ли вы себя счастливыми? // На грани невозможного. 2002. № 11. С. 15.

110. *Серов И.* Введение в технологию BIP. Некоторые технологические особенности BIP-теории. — СПб.: AIRES, 2000.

111. *Егорова Н.* Теоретическая модель BIP-конвертации Универсальной Базовой Основы. Пространства с точки зрения традиционной математики. — СПб.: AIRES, 2000.

112. *Белимов Г. С.* Нетрадиционные и поисковые концепции в естествознании: Учеб.-методич. пособие. — Волгоград: Изд-во ВГУ, 1998.

113. *Полонников Р. И., Хлуновский А. Н., Юсупов Р. М.* Биомедицинская информационная система для оценки и прогнозирования динамики возможного развития процессов в организме и сознании // Биомедицинская информатика и эниология (проблемы, результаты, перспективы). — СПб.: Ольга, 1995. — С. 12–32.

114. *Судаков В. И.* Феномен тысячелетий — Григорий Грабовой. — М.: Издатель А. В. Калашников, 1999.

ИЗДАТЕЛЬСТВО «ВЕСЬ» — ДОБРЫЕ ВЕСТИ

Исцеление души и тела

Рудигер Дальке, Торвальд Детлефсен

БОЛЕЗНЬ КАК ПУТЬ
Значение и предназначение болезней

Весь мир прилагает огромные усилия для того, чтобы избавиться от болезней. Но способна ли медицина в одиночку справиться с этой задачей?

Новейшие исследования в области медицины показали, что все наши болезни имеют глубокий смысл: они передают ценнейшие послания психики. Авторы книги врач Рудигер Дальке и психолог Торвальд Детлефсен помогают понять, о чем свидетельствуют инфекционные заболевания, головные боли, несчастные случаи, сердечные приступы и желудочные колики, а также рак и СПИД. Если вы осознаете психологическую картину собственной болезни, то сможете найти новый, прямой путь к самому себе, путь к излечению.

Книга предназначена для широкого круга читателей — для тех, кто заботится о своем здоровье, стремится сохранить его и приумножить.

БОНУС!

ГЛАВА ИЗ НОВОЙ КНИГИ:

Рудигер Дальке
Торвальд Детлефсен

БОЛЕЗНЬ КАК ПУТЬ

ЗНАЧЕНИЕ И ПРЕДНАЗНАЧЕНИЕ БОЛЕЗНЕЙ

СПРАШИВАЙТЕ В МАГАЗИНАХ

14.

РАК

Чтобы понять, что такое рак, опять-таки необходимо научиться думать по принципу аналогий. Нужно понять тот факт, что любое явление, выделяемое и определяемое нами целое (единство среди единств) является, с одной стороны, частью другого, большего целого; а с другой стороны — состоит из множества более мелких целых единиц. Например, лес (выделяемое человеком целое) является частью большего целого (ландшафта) и состоит из деревьев (целое более низкого уровня). То же самое относится и к самому дереву. Оно является частью леса и состоит из ствола, корней и кроны. Получается, что ствол так относится к дереву, как само дерево относится к лесу или лес к ландшафту.

Человек является ***частью человечества***. В то же время он ***состоит из органов***, которые, в свою очередь, ***являются частью человека и состоят из клеток***, представляющих собой части органов. ***Человечество ожидает от отдельного человека, что он, по мере возможности, будет вести себя так, как наиболее выгодно для сохранения и развития человечества в целом. Человек же ожидает от своих органов, что они будут работать так, как наиболее выгодно для него. Орган ожидает от клеток, что они будут выполнять свою работу так, как нужно для сохранения этого органа.***

Как правило, система спокойно реагирует на исчезновение одной маленькой единицы. Но существует определенная граница, за которой существование системы может быть нарушено.

Так, например, государство может спокойно пережить тот факт, что ***некоторое количество*** его граждан не работает, ведет себя асоциально или выступает против существующего порядка вещей. Однако рост группы асоциальных элементов в какой-то момент становится опасным: под вопрос ставится само существование государства как системы. Какое-то время оно будет пытаться защищаться, но, возможно, из этого ничего не выйдет, и распад государства будет предрешен. Самым перспективным средством защиты является своевременное привлечение к привычному порядку «выбивающихся» из системы граждан. Для этого им нужно создать привлекательную возможность работать для общих целей. Но обычно государство насильно подавляет или искореняет инакомыслие, лишь приближая наступление хаоса. С точки зрения государства, хаос порождается не подавлением инакомыслия, а самим фактом его существования.

Государство требует послушания, группа бунтарей хочет свободы для воплощения в жизнь своих идей. Понять можно правоту обеих сторон, но реализовать и те, и другие интересы, не идя на определенные жертвы, невозможно.

Смысл наших рассуждений ни в коей мере не связан с попыткой создания новой социальной теории. Мы просто пытаемся объяснить, что происходит при раке: все большее количество клеток организма меняют свое поведение и, активно размножаясь, начинают процесс, который заканчивается не сам по себе, а при полном исчезновении питательной почвы. Раковые клетки не приходят извне, как, например, вирусы, бактерии или токсины. Это клетки, которые до определенной поры усердно служили на благо органа и, тем самым, на благо всего организма. Их задачей было поддержание жизни. Внезапно «мировоззрение» клеток меняется, они теряют свои прежние «жизненные ориентиры». У них появляются собственные идеи, которые они начинают активно воплощать в жизнь, отказавшись от членства в союзе клеток, цель которых — благо органа. Хаотическая деятельность (деление) распространяется очень быстро, при этом нарушаются всяческие морфологические границы (инфильтрация), везде появляются «опорные пункты» этих клеток (метастазы). Остальные клетки они используют для питания. Рост и увеличение раковых клеток происходит так быстро, что снабжение через кровеносные сосуды не способно больше удовлетворить их потребности. Поэтому раковые клетки переходят от кислородного дыхания на более примитивную форму — брожение. Дыхание зависит от сообщества (обмен), брожение любая клетка может осуществлять в одиночку.

Быстрое размножение раковых клеток подходит к концу, когда они буквально сгрызают человека, которого использовали для питания. Возникает дефицит питания, и они терпят поражение. Но до этого времени их деятельность весьма успешна.

Почему же эти клетки так себя ведут? На самом деле их мотивы вполне понятны. Раньше раковая клетка была одной из многих, вынужденных выполнять скучную работу «для кого-то другого». Долгое время она так и поступала. Но в один прекрасный момент организм вдруг утратил для нее свою привлекательность, потому что стал препятствовать ее индивидуальному развитию. Являясь частью многоклеточного существа, клетка была смертной и несвободной. Одноклеточное существо свободно и независимо, оно может делать, что угодно, и может стать ***бессмертным за счет неограниченного размножения***. Разве можно удивляться тому, что клетка вспомнила о своей прежней свободе и возвратилась к существованию одиночки? Она бросает прежнее сообщество в угоду собственным интересам и хочет реализовать собственную свободу.

Раковая клетка использует ошибочную концепцию свободы и бессмертия. Ошибка, заключенная в этом, казалось бы, стопроцентно успешном процессе, становится видна слишком поздно, когда не остается сомнений, что использование других клеток в качестве пищи обозначает и собственный конец.

Естественно, человек не рад тому, что должен пожертвовать своей жизнью для жизни раковой клетки, но ведь и клетка (не ставшая еще раковой) без особого восторга жертвовала своей жизнью ради жизни человека. Аргументы клетки настолько же правомерны, как и аргументы человека, но у них разный угол зрения. Оба хотят жить, реализовывая свои представления о свободе и защищая собственные интересы. Каждый готов пожертвовать ради этого жизнью другого. Происходит то же самое, что и в нашем примере с государством. Государство хочет жить и реализовывать ***свои представления***. Но несколько инакомыслящих тоже хотят жить и реализовывать ***собственные представления***. Государство пытается пожертвовать бунтарями. Если ему это не удается, революционеры приносят в жертву государство. Ни те, ни другие не принимают в расчет интересы соперника. Человек оперирует, облучает и травит раковые клетки до тех пор, пока в состоянии это делать. Но если побеждают они — жертвой становится человек. Это самая древняя дилемма в природе: съешь ты или съедят тебя? Конечно, человек видит и бесперспективность поведения раковой клетки, и ее недальновидность. Но замечает ли он, что, ведя себя так же, пытается обеспечить свое существование с помощью той же самой раковой концепции?

Здесь лежит ключ к пониманию характера раковых заболеваний. Не случайно в наше время рак получил такое широкое распространение. Мы самозабвенно боремся с ним, но до сих пор безуспешно. В форме рака мы переживаем только то, что существует в нас самих. Раковые заболевания — это характерная примета нынешнего времени и мировоззрения. Мы делаем все возможное, чтобы реализовать потребность в безудержном расширении собственных интересов. В политической, экономической, религиозной и частной жизни люди пытаются преследовать только собственные интересы, не обращая внимания на «морфологические» границы, расставляя, где только возможно, опорные пункты своих интересов (метастазы). Для людей существуют лишь собственные представления и цели, всех остальных они пытаются поставить на службу себе (принцип паразитов).

Мы используем в общественной жизни те же самые аргументы, что и раковые клетки! Наш рост происходит так быстро, что снабжение питанием серьезно отстает. С помощью коммуникативных систем мы можем охватить весь мир, но никак не найдем времени пообщаться с соседом или супругом. В течение многих десятилетий мы используем окружающий мир как питательную среду, а потом с удивлением замечаем, что смерть источника питания — это и наша собственная смерть. Слепота и недальновидность современного человека не отстают от слепоты и недальновидности раковых клеток.

Имеют ли люди право жаловаться на рак? Ведь это отражение нас самих — оно демонстрирует нам наше поведение, наши аргументы, и... конец пути. У людей образуется рак, потому что ***они сами и есть рак***. Его нужно не побеждать, а понять, чтобы научиться понимать самих себя. Это наш великий шанс обнаружить слабые звенья в той концепции, которую и люди, и рак используют в качестве общей картины мира. Рак терпит фиаско от противопоставления себя сообществу. Он следует только принципу «или — или» и защищает свою, независимую от окружающих, жизнь. Ему не хватает осознания великого всеохватывающего единства. Это непонимание характерно и для человека, и для раковых заболеваний: чем больше отграничивает себя Эго, тем быстрее оно теряет ощущение цельности, частью которой является. У Эго возникает иллюзия, что оно способно сделать что-нибудь «в одиночку». Но один — в той же степени означает «единый со всеми», в какой и «отъединенный от остальных».

Человек теряет связь с истоками бытия в той степени, в которой отграничивает себя «Я». Эго пытается удовлетворить свои потребности и диктует человеку путь, считая правильным и полезным только то, что способствует его дальнейшему отграничению и проявлению. Оно боится возможности «стать единым со всем сущим», потому что это предопределяет его смерть. Вежливо, интеллигентно и аргументировано Эго защищает свое существование, используя самые благородные теории и самые чистые намерения, за которыми скрывается Закон джунглей: главное — выжить.

Вот так и возникают в нашей жизни цели без цели. Считать целью прогресс нелепо, потому что он бесконечен. Цель может заключаться только в преобразовании чего-либо, а не в продолжении того, что и так есть. Заключенный вряд ли будет считать своей целью переход в более комфортабельную тюрьму, ибо его цель — свобода, ибо ***свобода — качественно иное состояние.***

Если же целью является единство со всем сущим, то это тоже переход на качественно новый уровень бытия. Единство недостижимо постольку, поскольку ему в жертву нужно принести собственное «Я». Покуда оно существует и существует полярное ему «все остальное», «возрождению в духе» будет предшествовать смерть этого самого ничтожного «Я».

Исламский суфий Руми великолепным образом раскрывает это в следующей притче:

«Некий человек подошел к двери любимой девушки и постучал.

— Кто там? — раздался голос.

— Это я, — ответил юноша.

— Здесь не хватит места для меня и тебя. — Дверь осталась закрытой.

Через год одиночества и лишений человек вернулся и постучал снова. И снова голос спросил:

— Кто там?

— Это ты, — ответил человек, и его впустили».

Пока наше «Я» стремится к вечной жизни, мы будем терпеть поражение так же, как раковые клетки. Раковая клетка отличается от обычной завышенной оценкой своего Эго. Ядро клетки соответствует мозгу. В раковой клетке возрастает значение ядра, и оно начинает увеличиваться в размерах. Изменения ядра соответствуют преобладанию эгоцентрического мышления. Раковая клетка жаждет бессмертия и находит его в делении и экспансии. Ни рак, ни человек не понимают, что, путая форму и содержание, ищут жизнь там, где ее нет и быть не может, — ***в материи***.

Иисус говорил: «Пытаясь сохранить жизнь, человек ее теряет». Чтобы получить содержание, необходимо принести в жертву форму. Другими словами: «Я» должно умереть, чтобы мы могли возродиться в Сущем, у которого нет обособленного бытия, потому что оно охватывает все. Здесь, наконец, теряет смысл вопрос: «Я или кто-то другой?»

Большинство людей терпят неудачу, как на эзотерическом, так и на религиозном пути, пытаясь впихнуть свое «Я» в цель освобождения и просветления. Мало кто вообще отдает себе отчет в том, что «Я», с которым они себя отождествляют, не может быть ни светлым, ни спасенным.

Великое дело всегда связано со смертью Эго. Мы не можем освободить «Я», но можем освободиться от него, тогда и сами получим свободу. Чаще всего с этим связан страх, что прекратится само существование. Но он говорит только о том, как мало мы о себе знаем.

А ведь именно здесь и кроется возможность решить проблему рака! Только обуздав свое стремление к отграничению и научившись раскрываться и впускать, мы сможем стать частью целого и брать на себя ответственность за него. Тогда мы поймем, что общее благо — это и наше благо, потому что мы — его часть, единая со всем сущим. Каждая клетка содержит в себе генетический код всего организма — ей нужно только понять, что она — во всем! Вспомните: «Микрокосм подобен макрокосму»...

Раковые клетки считают, что существует внешний мир, отделенный от них и, зачастую, враждебный им. Мы тоже в это верим, и эта вера несет в себе смерть. Противоядием может быть только любовь. Любовь способна вылечить, потому что учит открывать границы и впускать в себя другого, чтобы стать с ним единым целым. Если один человек любит другого, он относится к нему, как к себе самому.

Если человек любит животное, он не будет рассматривать его как источник питания. Речь здесь идет не о «добрых делах» и не о «любви к животным», а о состоянии сознания, когда человек ощущает общность всего сущего.

❐ Любовь преодолевает все границы и барьеры.

❐ В любви объединяются и переплетаются противоположности.

❐ Любовь — это единение со всем сущим, она распространяется на все и не останавливается ни перед чем.

❐ Любовь не боится смерти, потому что любовь — это сама жизнь.

Тот, кто не ощущает такой любви, подвергается опасности, потому что его любовь может опуститься на соматический уровень и попытаться реализовать свои законы в виде рака.

❐ Раковые клетки тоже преодолевают все границы и барьеры, отрицают индивидуальность органов и распространяются, не останавливаясь ни перед чем (метастазы).

❐ Раковые клетки тоже не боятся смерти.

Рак демонстрирует ***искаженную любовь, низводя ее на материальный уровень***. Совершенство и единение могут быть реализованы ***только в сознании, но не на уровне материи***, потому что ***материя является тенью сознания.***

В полярном мире любовь ведет к застою, в мире единства — к свободному течению. Рак — это симптом неправильно понятой любви. Ну а символ любви истинной — это сердце. Сердце — единственный человеческий орган, недоступный раку!

Тихоплав В. Ю., Тихоплав Т. С.

ГАРМОНИЯ ХАОСА,
ИЛИ ФРАКТАЛЬНАЯ РЕАЛЬНОСТЬ

Подписано в печать с готовых диапозитивов 25.09.2003.
Формат $84 \times 108^1/_{32}$. Объем 11 печ. л.
Тираж 80 000 экз. Заказ № 966.
Налоговая льгота — общероссийский классификатор продукции ОК-005-93, том 2;
953130 — литература по философским наукам, социологии, психологии.

Издательский Дом «ВЕСЬ»
197101, Санкт-Петербург, ул. Мира, д. 6. Тел.: (812) 325-29-99.
E-mail: vespeter@mail.wplus.net

Посетите наш сайт: http://www.vesbook.ru

По вопросам оптовых закупок
обращайтесь в Отдел продаж.
Тел.: (812) 325 2999 (многоканальный)
E-mail: vespeter@comset.net

По вопросам размещения рекламы
в книгах Издательского Дома «Весь»
обращайтесь в Отдел рекламы.
Тел.: (812) 325 2999 (многоканальный)
E-mail: ad@idves.spb.ru

Московское представительство: ООО «Атберг 98».
Тел./факс: (095) 105-5139.
E-mail: atberg@aha.ru
http://www.atberg.aha.ru

Вы можете заказать наши книги: *в России («Книга — почтой»)*
по адресу издательства:
197101, Санкт-Петербург, ул. Мира, д. 6, ИД «Весь»,
или по электронной почте: **postbook@idves.spb.ru**

в Германии:
+ 49 (0) 721-183 12 12
+ 49 (0) 721-183 12 13
atlant.book@t-online.de
www.atlant-shop.com

на Украине:
(044) 230 2734
(044) 230 2732
epl@svitonline.com

Отпечатано с готовых диапозитивов в ФГУП ИПК «Лениздат»
(типография им. Володарского) Министерства РФ по делам печати, телерадиовещания и средств массовых коммуникаций.
191023, Санкт-Петербург, наб. р. Фонтанки, 59.